大夏书系 | 点灯人丛书

造梦课堂
创意语文13节

周益民 / 著

华东师范大学出版社
·上海·

图书在版编目（CIP）数据

造梦课堂：创意语文 13 节 / 周益民著．
— 上海：华东师范大学出版社，2023
ISBN 978-7-5760-3828-6

I. ①造… Ⅱ. ①周… Ⅲ. ①小学语文课—课堂教学—教学研究
Ⅳ. ① G623.202

中国国家版本馆 CIP 数据核字（2023）第 072562 号

大夏书系 ｜ 点灯人丛书

造梦课堂：创意语文 13 节

著　　者	周益民
策划编辑	李永梅
特约策划	亲近母语
责任编辑	韩贝多
责任校对	杨　坤
装帧设计	奇文云海·设计顾问
出版发行	华东师范大学出版社
社　　址	上海市中山北路 3663 号　邮编 200062
网　　址	www.ecnupress.com.cn
电　　话	021-60821666　行政传真 021-62572105
客服电话	021-62865537
邮购电话	021-62869887
地　　址	上海市中山北路 3663 号华东师范大学校内先锋路口
网　　店	http://hdsdcbs.tmall.com/
印 刷 者	北京博海升彩色印刷有限公司
开　　本	890×1240　32 开
印　　张	12
字　　数	267 千字
版　　次	2023 年 7 月第一版
印　　次	2023 年 7 月第一次
印　　数	6 100
书　　号	ISBN 978-7-5760-3828-6
定　　价	62.00 元
出 版 人	王　焰

（如发现本版图书有印订质量问题，请寄回本社市场部调换或电话 021-62865537 联系）

蝴 蝶

[英]迈克尔·布洛克

春天的第一只蝴蝶
身披橙色和紫色
从我的路上飞过

一朵飞行的花
改变了
我生活的颜色

（张文武　译）

目 录

序言　风景这边独好　1

01. 通往诗之深处　1

《诗中的声音》教学记录　1

周益民的立意和深度 / 成尚荣　16

02. 感受独特的表达　18

《一起看声音》教学记录　18

恰当样态的教学内容和"大"做文章的教学设计
——周益民《一起看声音》的课例分析 / 高　晶　37

03. 童话的意思、意味与意蕴　48

《声音的故事》教学记录　48

语文教学的"好声音" / 成尚荣　63
好的童话会让人"想了又想" / 刘咏春　66

04. 荒诞的合理与合理的荒诞 72

《冰冻声音》教学记录 72

"最近发展区"在地平线处
　　——评周益民《冰冻声音》一课 / 冯卫东　90

05. 传承一种中国表达 95

《谐音》教学记录 95

语文教学的另一片风景
　　——特级教师周益民《谐音》教学赏析 / 谈永康　112

06. 老故事就要讲出来 118

《夸父逐日》教学记录 118

讲述英雄的旅程，品味神话的传奇
　　——评周益民老师执教《夸父逐日》/ 宋　飞　131
让孩子从小就有精气神 / 于　漪　142

07. 还原故事的传奇 144

《九色鹿》（第二课时）教学记录 144

戴着镣铐跳舞
——我看周益民老师执教《九色鹿》/ 郭史光宏 164
《九色鹿》教学三题 / 周益民 170

08. 儿童也是评论家 177

"我看童书"沙龙记录 177

一节"安全"的课堂，一场"真心"的对话
——周益民老师儿童文学沙龙评析 / 刘 璟 194

09. 在讨论中开发灵性 200

《童话庄子·独脚兽与百足虫》教学记录 200

这一堂余音绕梁的庄子课 / 季晟康 221
哲学让思维走向深刻
——一节独特的课引发的思考 / 刘咏春 229

10. 让儿童看到"不一样" 235

《诗和图画的婚礼》教学记录　　235

满园桃李沐春晖
　　——听周益民《诗和图画的婚礼》的感受启迪 / 王中敏　　254

11. 语词的咂摸咀嚼 258

《与虫共眠》教学记录　　258

我教《与虫共眠》/ 周益民　　275
以切近儿童的方式教散文 / 瞿卫华　　278

12. 用语言唤醒与创造 284

《写出一个独特的"我"》教学记录　　284

在知识学习中生成创意写作
　　——评周益民《写出一个独特的"我"》一课 / 孔凡成　　302

13. 望见"月亮里的中国" 309

《望月》教学设计 309

教育家的教学设计
　　——周益民《望月》教学设计评析兼谈
其"诗化语文"探索 / 张心科　317

附　录

朋友周益民 / 孙卫卫　327

童话阅读：体验、想象与思索
　　——兼谈周益民老师的童话阅读教学 / 陈　莉　333

后　记　347

序 言

风景这边独好

　　益民的著作即将出版，让我给写篇序。这固然是对我的信任，然而却成为我的思想负担，唯恐我的文字终究使他失望，辜负了益民的这番美意。益民是小学语文教育界很有影响的特级教师，是新生代语文特级教师中的佼佼者，但我对益民的了解不多，与益民的日常往来更少。况且，与益民相知相交很深的师友有许多，其中不乏知名教授与权威学者。由他们来写，无论从哪个角度看，似乎都更为合适。想来想去，或许我作为一个边缘性的人物，会带有一份好奇，有一个独特的视角。我这懵懵懂懂的表述，大概会让读者产生某种陌生感吧，而陌生感不正是接受美学所期望的文学效果吗？但"以其昏昏"，恐怕很难"使人昭昭"，结果不免让益民和读者双重失望。"为赋新词强说愁"，这就是我现实的心境和处境。

我一直感到困惑的是，益民让学生喜欢这是可以理解的，普通教师敬佩一位著名特级教师这也是可以理解的。但特级教师，这一藏龙卧虎的群体，这些"人人握灵蛇之珠，家家抱荆山之玉"的同行，怎么对他也称赞有加呢？更何况还有那么多的知名教授、学者亦如此。益民好像不是一个善于交际的人，看上去很文静，还有点腼腆。益民是一个很好的听众，我在公众场合没听到过他的高谈阔论，只偶尔插几句话。他不是那种自来熟的人，跟谁都能扯上几句。他并不圆滑，偶尔的直率之词也有锋芒，会得罪人。然而，人们普遍喜欢他。李吉林老师、成尚荣所长、梅子涵教授都很器重他。为什么呢？

刘勰认为，诗情最深的根源是人的"本色"，归根到底是从人的自然性情中来的。他说："夫铅黛所以饰容，而盼倩生于淑姿；文采所以饰言，而辩丽本于情性。"意思是说，粉黛只可用来美化容貌，而顾盼生姿来自美女自身的风姿；辞藻可以润色言辞，而言辞的美丽却来自人本来的性情。童庆炳解读说："如果人的'情性'本身没有内涵，不够丰厚，不够活跃，不够真实，那么无论如何地能说会道，他的言语也不会有美丽的文采。"益民正是因其"性情"的本色——诚恳而率真、有学问但谦和，受到大家的欢迎。

中国古典文论说，"文如其人"；西方文论也有名言，"风格就是人"。读益民的文章，听他的课，与他交谈，总让人有一种冲淡自然、人淡如菊的感觉。他的课没有声震林木、响遏行云的豪情，没有决江河而下百川的气势，更不会有惊人之论、愤激之词。他的课如一支别有韵味的小夜曲，轻轻地咏唱，却引人入胜；又如山涧的小溪，曲折前行，泉水叮咚，扣人心弦。不过，我还是常常感到纳闷：千人听课的宏大场面，益民这种不事张扬的风格，如何能够镇住全场的听众呢？事实证明，我的担心是多余的。他那种娓娓道来的风格，似乎有种催眠的效果，在不经意间就把学生和听课的老师带进课堂的意境里。他的文本解读完全是一种开放的对话，绵密细致的述说饱含着诗意与哲理，这是耐人寻味的课堂教学。

益民的课堂并非没有激情，但他的表达是那样不露声色。大禹治水，"三过家门而不入"，公而忘私。对此，人人称道，个个赞美。然而，益民却想到大禹的孩子，他们会有什么样的感受和期盼呢？益民说："这对孩子是不公平的。"对此，有教师表示质疑。当然，这并不奇怪。在他们的心目中，英雄是圣洁的，形象是标准的。然而，倘如此，这英雄形象却也是概念化的、苍白的。文当然是要载"道"，然而载什么"道"，怎么载，这需要斟酌。一切未经探究和理智把握的对象不能成为具有价值意义的对象。课堂教学当然要有价值观的导向，但价值观不能靠抽象的概念去灌输，论断性的话语要经得起多角度的盘问。其实，从儿子对父爱渴望的角度审视大禹的形象，何尝不是从另一个侧面展示了大禹的奉献精神与牺牲精神呢？语文教学不仅要有理性的分析，更要让儿童有情感性的切身体验。唯有这样，一种价值观才更丰富、更成熟，更能感染儿童，并进入他们的心田。

杜威说："我们不能把任何享受的东西都当作价值，以避免超验绝对主义观点，而必须用作为智慧行动后果的享受来界说价值。如果没有思想夹入其间，享受就不是价值，而只是有问题的善。只有当这种享受以一种改变了的形式从智慧行为中重新产生的时候，它们才变成价值。"杜威所理解的美是世俗的、当下的，可以为人人所享有的。儿童的活动不是被强制的，而是自愿的，只有如此，情感和认识才能内化为他们的知识结构和心理结构。对教师的教学活动而言，你不能保证你的每句话都精准，你的每一个教学环节都天衣无缝。但你的教学过程不是漫不经心的，而是在你的智慧控制之下有条不紊地进行的。这样你有开端与缺失，也有结束与收获；你经历了一个过程，同时也创造了一种事物。

益民对文本的理解因为不落俗套，所以会引起争议。争议恰恰说明受到关注，说明打开了别人的思路。争论的过程正是学术切磋的过程，是情感体验和思想锤炼的过程。道德的追问奠基于人生的终极价值，这是关于"善"是什么的追问，儿童经由道德的阶梯才能进入审美的境界。益民对儿童的理解与同情饱含着深沉的爱，但情感的表达却是"怨而不怒，哀而不伤"。这是情感的节制，也是语言艺术的分寸。丹纳曾经归纳过希腊人成为艺术家的三个心理和性格特征：一是感觉的精细，善于捕捉微妙的关系，分辨细微的差别；二是力求明白，懂得节制，讨厌渺茫与抽象，排斥怪异与庞大，喜欢明确而固定的轮廓；三是对现实生活的爱好与重视，对人的力量的深刻体会，力求恬静和愉快。益民的性格特征与教学风格不是与此很相似吗？以此来比况益民的"情性"不是非常适宜吗？

有人说，益民的语文教学有浓浓的诗意，这是一种诗意化的语文。对此，我没有异议。然而，什么是诗意？海德格尔说："人诗意地栖居。""栖居"不是现实的占有，而是精神的超越。诗的创造是在大地之上筑居，建立人的世界，让人获得栖居之地。诗意是使人成为真正意义上的人。这种诗意不仅有文学形象的隐喻，它更是个体自由的沉思体验。诗意是一种恬然澄明的境界。

《冰冻声音》一课是益民诗意化语文的代表作。课堂始终洋溢着一种跌宕起伏的情绪，闪耀着思维碰撞的火花。学生在益民的精心引导下时而深思，时而欢呼，有发现的意趣，有思想的锋芒，完全沉醉在童话的意境里。在妙趣横生的课堂气氛中，一个个儿童成为童话的作家、评论家和儿童哲学家。如恩格斯所言："我认为倾向应当从场面和情节中自然而然地流露出来，而不应当特别把它指点出来。"无论学生多么快乐和激动，课堂如何高潮迭起、峰回路转，作为教师的益民始终保持着儒雅淡定和从容自信。无论是艺术的感染力，还是思想的穿透力以及收放自如的分寸感，益民都不愧是一位出色的诗人。

诗有不同体裁，诗人有不同风格。作为诗人，益民的诗是闾巷之歌谣，而不是宴席之乐章。谈及诗风，益民的诗风是自然而婉约的一类，不是激情奔放的那一种。他的课堂是"小桥流水人家"，而非"醉里挑灯看剑"。你何曾看到益民的课堂有过剑拔弩张、咄咄逼人的气势？他的教风是款款而谈、娓娓道来，是行乎其当行、止乎其当止，是"随风潜入夜，润物细无声"。这便是教育的诗意：爱的温馨与淡然明净的风格。正唯如此，他的课有亲和力，更宜于儿童，这是教学的艺术。他创造课堂，也创造诗意的生活，课堂寄托着益民和儿童共同的梦想。"引领儿童诗意地栖居大地，倾听她的无声言说，沐浴她的恩典，滋养一颗纯净丰饶的心。"这是益民自己的话，这也是他对自己的期待。

语文教学的诗意令人心驰神往，但语文教学如何体现诗意呢？海德格尔反对把诗看作纯粹的形式或脱离生命意义的游戏和娱乐。他认为,诗的形象直观与思维的严肃深刻具有同一性,诗与语言也具有同一性。他说:"诗在语言中发生,就因为语言保存着诗的原始本性。"他又说:"语言是思想的家。""家"是栖居之所,也是诗与思的统一。语文教学的核心是语言,它的语言应有情感的温度,也有思想的深度。在益民的课堂上,你看不到任何夸饰与卖弄,他不追求学生情绪亢奋的活跃。在他的课堂上,学生显得很安静,然而,他们沉浸在心灵自由的沉思之中。这是真正意义上的诗意。如海德格尔所言:"语言说话宛如寂静的钟声。寂静通过世界和万物的意义和恒久性而平静下来。"益民的教学语言以及他所创设的课堂情境,像寂静的钟声那样,发出声音,唤起儿童的内心体验,让他们感受到符号化的语言与生活的联系,进而思考语言的含义与生活的意义。

李吉林老师说:"我是长大的儿童。"优秀的小学老师大概都是儿童,如益民,有孩子气,有孩子的好奇,有儿童的梦想。益民和儿童心心相印、息息相通,课堂是他们游戏之所在与梦想的天空。教师和儿童在游戏中,也创造着游戏;在梦想中,也放飞着梦想。弗洛伊德把处在创造活动过程中的文学艺术与在游戏中的儿童作了比较,他说:"难道我们不该在儿童时代寻找想象活动的最初踪迹吗?孩子最热衷、最喜爱的是玩耍和游戏,难道我们不能说每一个孩子在玩耍时,行为就像是一个作家吗?相似之处在于:在玩耍时,他创造出一个自己的世界,或者说他用使他快乐的新方法重新安排他那个世界的事物。"游戏是否意味着轻率、随意呢?课堂会不会娱乐性有余而知识性不足呢?显然不是。儿童在做游戏时非常认真,他真诚地对待那个被他创造出来的世界,并倾注了大量的热情。而且,他的游戏世界与现实的界限也是分明的。不必担心儿童因嬉戏而荒废学业,正如益民的课堂,语言文字的教养、思维品质的锤炼、审美情趣的激发,无不在轻松的气氛中,举重若轻、游刃有余地得到落实。在益民的课堂上,儿童是分外投入,特别认真。

童话是儿童梦想的结晶,童话教学集中体现了益民的教学风格。童话课堂是益民与儿童共同的游戏,课堂承载着他自己的梦想,并为之倾注巨大的热情。语文教学工具性与人文性的融合是他追求的目标和境界。童话塑造了一个个鲜活的形象,它让动植物人格化,并通过动植物的言行构成跌宕起伏的情节,这让儿童喜闻乐见。教师的职责在于披文以入情,把儿童引进童话的意境,教师和儿童一起在情节中感受形象,并思索它所包含的象征意义,从而建立符号世界与儿童生活世界的联系。无论是从《竹笋》中读出"梦想",从《给狗熊奶奶读信》中读出"爱",还是从《世界上最响的声音》中读出"安静",益民在教学中不断引导学生由浅入深、由表及里地进行思考。在师生对话中,在对语言文字的理解中,学生经历感受、冥思、顿悟、反思的学习过程。

神话故事的教学,益民尤能匠心独运,处理得丝丝入扣,好多课例已成为他教学的经典之作。我想,或许神话故事更契合益民的天性,更契合儿童的天性,抑或唤醒了他们沉睡的某种生命精神。如荣格所言:"每一个原始意象中都有着人类精神和人类命运的一块碎片。""夸父为什么要逐日?"课堂交织着老师的追问和儿童的猜测。这既使儿童放飞想象,又顺理成章地让儿童主动研究文本,自然而然地搭起现实与幻想、生活与文本的桥梁。"夸父为什么要逐日?"四种说法是思维的发散,一种选择是思维的聚敛;说明理由既是逻辑的训练,又是语言的概括。益民的神话教学是他和儿童在一起寻找,寻找作品中隐藏于象征里的东西。荣格认为,只有那些隐含着象征意义的作品才对人类富有永恒的魅力。同样的道理,只有不断寻找神话象征意义的课堂教学,才有思想的深度和情感的力量,才有让人着迷的艺术魅力。卡西尔曾经指出,语言和神话"是从同一母根上生发出的两根不同子芽"。益民的语文课堂,引领儿童感受形象并感悟语言,从而穿越语言符号的障碍,进入雄奇瑰丽的艺术天地。

神话是人类童年的梦幻,是一种原始人类流传和保存久远的记忆。人类童年的思维方式与精神成果，是人类文化艺术大厦的根基，它永恒而深刻地影响着人类的审美心理结构。只有在这个意义上，我们才能深刻理解华兹华斯的名言"儿童是成人的老师"，也进而理解益民的天赋与才气。如果说人类童年时代的原始意象有一种将新奇、宏丽蕴含在天真、浑朴、自然之中的特殊美感，那么，益民的课堂同样有一种基于童心、童趣的机智和美感——奇妙的构想，自然地展开，移步换形的视角，草蛇灰线、伏脉千里的含蓄以及大处着眼、小处着手的从容，让人领略到一种别有风味的美、一种创造的魅力。

有人用"诗化语文"来概括益民语文教学的思想与特色，这颇有见地，也颇为精准。益民不以"诗化语文"自命，更不打出"诗化语文"的旗帜去争奇斗艳。然而，他执着追求语文教学的诗化境界，全身心地投入，一步一个脚印地努力前行。他认为儿童是天然的诗人，儿童语言天然是诗意的语言，小学语文教学应该具有诗意，并努力做到诗化。他说："儿童通过语言跟世界缔结一种和谐、完满的关系，这样语言就不仅是一种信号，更成为一种象征。儿童与语言的这种关系就是一种诗性关系。"随着人类文明的进步，语言中想象、直觉的诗性特征日益减弱，逻辑、推理的理性特征日益增强，语言的世界将沦为概念和符号的世界。语言背离生命之源的沉沦，又必然导致人类生动活泼、丰富具体的生命体验的萎缩。人类寄希望于诗化的语言，使生命的体验在黑暗中被照亮和被凸显。因此，"诗化语文"既是语文工具性的体现，也是语文人文性的必然要求。

"诗化语文"是审美的语文，语文的审美教育是要培养一种审美人格。在中国传统美学中，人生如诗，人生就是一种艺术，儿童的审美教育是要让他们感受心情的愉悦，进而体悟精神的自由。益民的"诗化语文"着眼于言、象、意三者关系的相机处理，他的课堂以象为中心——象以言显、意以象蕴，体现了民族母语教学的特点和特色。他的文本审美教学引领学生由语言而语象，由语象而语味，这是一个涵泳品悟的过程。中华民族的思维特点是"象思维"，这是悟性的思维。它不像概念思维那样产生具有理性规定性的思想，而是产生具有"情感"意味的形象。他说："在这样的课堂上，儿童沉浸在语言编织的世界，像把玩魔术一般在语言所展示的瑰丽神秘里嬉戏、流连，体验着精神的狂欢，语言把儿童的虚构与真实、生活与幻想交融在一起。"

益民的"诗化语文"不是抽象的概念，更不是自我标榜的旗帜，而是一节又一节生机勃勃、生动活泼的语文课，是老师和学生心灵的对话。益民诗意与审美的课堂教学实践是对语言形式化和空洞化的批判，也是对语文教学抽象化和狭隘经验化的批判。益民的语文教育思想包含着对民族传统文化的自觉传承，他的课堂似乎有庄子的美学风格——如庄子那样，有见于语言之于生命的重要性，试图摆脱语言与世界的二元对立，而以神奇的想象、诗意的言说和寓言故事等各种可能的方式，打破我们思维的固有框架。如庄子那样，益民的语言不是一种工具化和技术化的语言，也不仅仅是一种传递信息、表达观点的语言，而是一种开启新的生命境界的语言。从益民的课堂教学中，我们似乎可以领悟到：语文教学固然要适应社会的现实需要，但更要有某种超越；既让学生感受到民族母语的奇妙，又为他们的精神成长助力，这或许是小学语文教学的根本任务。

"横看成岭侧成峰，远近高低各不同。"以上是我所看到的益民，也是我所理解的语文教学。一孔之见，差失与偏颇在所难免，以此求正于大方之家。"踏遍青山人未老，风景这边独好。"愿益民永葆童心与童趣，永葆青春的朝气；在民族母语教学求索的路上，永远保持追寻与追求的姿态。曾子曰："士不可以不弘毅，任重而道远。"是为序。

叶水涛

江苏省教育学会副会长

01. 通往诗之深处

《诗中的声音》教学记录

教学年级 / 五年级

教学时间 / 40 分钟

执教日期 / 2012 年 4 月

课前玩节奏游戏：教师击掌给出不同节奏，学生分别模仿。教师启发学生找到生活中的声音节奏类型，诸如闹钟声、雨滴声、母鸡叫声、拍皮球声、孩子与老人的走路声，等等。学生边想象边模仿，兴味盎然。

教师小结：这些节奏就在我们身边的各种声音中，我们生活在一个充满声音的世界。

一、有声之声

师：这节课，我们一起走进"夏日音乐厅"。（出示诗歌，指名读。）

夏日音乐厅
/ 林芳萍 /

打开耳朵安静听——
唧唧唧！啾啾啾！
这边响，那边静。

咕咕咕！蝈蝈蝈！
这里唱，那里停。

吱吱吱！咯咯咯！
这声远，那声近。

欢迎光临
夏日音乐厅！

师：谢谢你，读得很流畅。请一位同学再读，同学们注意听，你听到了谁的歌声、谁的琴声？（生读）

生："唧唧唧！啾啾啾！"，这是树上小鸟在唱歌；"咕咕咕！蝈蝈蝈！"，这是草丛里昆虫在说话。

生："吱吱吱！咯咯咯！"，我觉得可能是老鼠在唱歌。

生：我感觉有许多小鸟和小虫子在那儿叫啊、唱啊。

师：鸟鸣虫吟，你们觉得这"夏日音乐厅"在哪儿呢？

生：我觉得在草丛里。

生：我觉得可能在草地上。

生：我觉得是在树林中。

生：我觉得是在树林里的一个池塘边。

生：我也觉得在树林里的池塘边，不远处有一座小小的山。

师：同学们很善于想象。读诗，就是要根据诗句展开丰富的想象。下面，再请一位同学读，这次请大家边听边感受，这些歌声、琴声有哪些变化？（指名读）

师：这些歌声、琴声有哪些变化？用上"有的……有的……"或者"有时……有时……"说说。

生：小虫们的歌声有的很响，有的却轻轻的。

生：它们有时候唱得很起劲，有时候又停下来，应该是听别人歌唱吧。

生：有的琴声离我们很近，有的琴声从远处传来。

师：大家描述得真好，因为诗里说（师生齐读）"这边响，那边静；这里唱，那里停；这声远，那声近"。歌声、琴声起起落落，这里起来，那里下去，这叫——

生：（齐）此起彼伏。

师：这是一番怎样的情景呢？请大家轻轻闭上眼睛，听着音乐，想象一下。（播放乐曲《苗岭的早晨》片段）谁来说说想到的情景？

生：夜深人静的晚上，天空中的星星闪着点点光亮，池塘边——（说不下去了）

师："夜深人静"已经表明时间，不用再说"晚上"。夜深人静，星光闪烁，真美！池塘的水面——岸边——

生：（继续）池塘的水面平静得像一面镜子，偶尔吹来一阵风，水面荡起阵阵波纹。（师提示：这时，听到了什么？）这时，从远

处、近处,传来一声声小鸟的歌唱。哦,这是音乐会的尾声吗?(众鼓掌)

师:抓住环境的宁静,衬托出声音的美好。

生:清晨,第一缕曙光出现了,树叶发出"沙沙"的声音……(师:树叶上滚动着什么?像什么?)一颗颗小露珠在树叶上闪烁着亮光,好像一颗颗钻石。几只早起的小鸟已经开始放声歌唱……(师:它们要用歌声干什么呢?)它们要歌唱这快乐的一天。

生:它们要用歌声送别柔美的月亮,再唤醒熟睡的太阳。(众鼓掌)

生:这是黄昏,夕阳西下,映红了半边天,这是火烧云。我听到了各种各样鸟的叫声,还有很多小昆虫在跳舞,它们在举行音乐会。

师:夏天的清晨或黄昏,小动物们是怎样尽情欢歌的?下面,邀请一名同学和我对歌。

师:唧唧唧。

生:啾啾啾。

师:唧——唧——唧——

生:啾——啾——啾——

(师生变换不同节奏与音高对读。最后,教师用下行琶音的旋律唱"唧唧唧",学生很灵活地同样以下行琶音的旋律唱"啾啾啾"。大家笑着热烈鼓掌。教师肯定后追问:还有另外的对唱吗?有学生马上领悟,随即以上行琶音的旋律对唱"啾啾啾"。大家鼓掌。)

师:刚才,大家聆听了两只小鸟的对歌。你们觉得这两只小鸟是什么关系？它们在干什么？

生：我觉得它们是好朋友，一早起来就做游戏。

生：它们可能都是小鸟明星，在练声呢。

生：我觉得它们还可能是母子，妈妈煮好了饭，正喊孩子回家吃饭。

生：或许是时间不早了，妈妈呼唤孩子快回家，孩子撒娇不愿意回呢。

生：我想象它们是两个好朋友，清早，隔着小河，正在问好。

生：我觉得是妈妈在夸奖孩子考试很棒。

师：原来鸟的世界也有考试啊，它们的考试内容大概是捉虫之类的吧。

生：我想，因为一日之计在于晨，它们在"日有所诵"，诵读的是小鸟王国里的"泰戈尔"的诗。（众笑）

师：用诗歌唤醒太阳，真是美妙！我们每个人都有自己的想象，年龄不同，经历不同，想象也不同。声音有了情感，就更加耐人寻味。此时，四周那么安静，连一根小草弯腰的声音都能听到，谁能读出那种感觉？

（师指导学生将"唧唧唧！啾啾啾！"读出宁静的感觉。）

师：一只小鸟在这边的树上问候，另一只小鸟在小河那边的树上应答。谁能想着那个场景，读出那种感觉？

（师指导学生用虚声读出远处声音的感觉。）

师：体验想象，就能听出别人没有听出的声音里的情绪、场景。下面，请大家选择一小节，也可以自编一节，同桌合作设计诵读方式。（出示要求）

（1）设想两个小动物的关系、"对话"的内容等，先读鸟声虫吟，再作"翻译"。建议是一组"对话"。

　　（2）想象与设想要符合"音乐厅"的整体气氛。

（学生想象、讨论、练习。）

[学生展示时先读后解释（翻译"鸟声虫吟"），有的说是两只小鸟在商量事情，有的说是小虫在说悄悄话，还有的说是在谈恋爱……师生为大家的精彩想象鼓掌。最后，组织同学齐读整首诗。]

　　师：声音的世界那么美妙、清新，下面，请大家再到几首诗中去欣赏声音。自己诵读，读出不同声音的味道。[学生诵读诗歌《巴喳——巴喳》《老祖母的牙齿》《踢踢踏》《花朵开放的声音》《飞鸟集》（节选），约6分钟。]

　　师：这几首诗中，你们觉得哪首最有意思？（学生纷纷说是《巴喳——巴喳》，教师出示《巴喳——巴喳》。）

巴喳——巴喳
/ [英]里弗茨，韦苇译 /

穿上大皮靴在林子里走，
　　巴喳——巴喳！

"笃笃"听见这声音，
　　就一下躲到了树枝间。

"吱吱"一下蹿上了松树,
"蹦蹦"一下钻进了密林。

"叽叽"嘟一下飞进绿叶中,
"沙沙"哧一下溜进了黑洞。

全都悄没声儿地蹲在看不见的地方,
目不转睛地看着"巴喳——巴喳"越走越远。

师:不少同学被这首诗吸引住了。你认为这首诗哪些地方特别有意思?

生:这首诗中出现了很多声音,很有意思。

生:诗中声音很多,又不写明是谁的声音,让我们去想象。

师:是的,这么多的声音,都是谁的呢?同桌交换下看法。
(同桌讨论)

生:我觉得"巴喳——巴喳"是猎人,他穿着皮靴走过来了。

师:嗯,猎人迈着沉重的脚步。有没有别的看法?

生:我觉得也可能是猎人的孩子,穿着爸爸的大皮靴在林子里走,吓唬那些小动物。

生:也可能是大老虎,在寻找猎物呢。

师:总之,这个声音让小动物害怕。再看看别的声音,分别是谁的?

(教师引导学生抓住拟声词、动词,再与后面的地点结合起来猜测,最后大家认为,"笃笃"是啄木鸟,"吱吱"是松鼠,"蹦蹦"是兔子,"叽叽"是诸如百灵、麻雀之类的小鸟,"沙沙"是一条蛇。)

师：如果诗人直接写出动物名，你觉得这种写法好吗？选择一节读一读，比较比较。

生：不能换，换了感觉没有意思了。

生：我认为作者原创的写法好，这样更生动些，比较有趣味性。

生：原创的好，诗人用声音写出各种动物的形象，比较好玩。

师：我也同意你们的观点。这首诗描绘的情景就是一部惊险短片，读读诗，你看到了怎样的画面？

生：我看到小鸟、啄木鸟一下飞入了密林。

生：我看到小兔子吓得赶紧溜走了。

师：大家说的情景显得笼统了些。来几个特写镜头，比如眼神、耳朵什么的。

生：我看到松鼠竖起了耳朵，听到声音，一眨眼的工夫已经蹿到树上去了。它躲在密密的树叶里回过头察看，眼睛一直盯着猎人，看着猎人走远了才敢出来。

师：这个镜头很细腻，目光随着猎人的走动而移动，表现出了松鼠的警觉。

生：我看到小兔子一听到动静，就一下子钻进了密林，大气都不敢出，眼睛睁得大大的，透过密林的缝隙，紧张地看着声音传过来的方向。

师：你的镜头描绘出了小兔子的机敏和紧张。你们听到画外音了吗？

生：一个猎人穿着大皮靴，踩着树叶发出"巴喳——巴喳"的声音。

师：从头到尾都是一样的？

生：不是的，一开始，脚步声比较轻，因为还远；后来，声音越来越响；再渐渐地，声音又越来越轻；最后，听不到声音了，因为他已经走远了。

师：这么一首有意思的诗，诵读起来也得有意思。因为时间关系，咱们选择一句来读读，比如写蛇的那句"'沙沙'哧一下溜进了黑洞"。

（启发学生，如果那个洞离得有点远，怎么读？学生将拟声词"哧"延长读。如果到那个洞得绕过一个树桩，怎么读？学生通过声音的变化将"哧"读出拐弯的感觉。大家兴致很高。）

师：最后，我们合作诵读全诗。当然，也得特别一点。还记得刚才同学说的画外音吗？（生点头）请第一组同学负责音效，就是声音效果，专门制造那个也许是猎人、也许是顽皮小孩的脚步声，嘴里连续说"巴喳——巴喳"，但是得注意轻重的变化，看我手势指挥。其余同学读诗。（学生兴奋地诵读全诗）

师：看来，大家的兴致很高，建议课后把这首诗演出来。

二、无声之声

（师出示《花朵开放的声音》，最后三句隐去。）

花朵开放的声音
/金　波/

我坚信
花朵开放的时候，

有声音。

它们唱歌,
演奏音乐,
甚至欢呼、喊叫。

蜜蜂能听见,
蝴蝶能听见,
那只七星瓢虫也能听见。

师:(指名朗读后)花开的声音,这声音和前面所读到的声音有什么不一样?

生:花开的声音,感觉很美妙。

生:花开的声音,我们一般听不到的。

师:确实,这是一般情况下听不到的声音。如果把前面那些声音称作"有声之声"(板书),这叫——

生:(齐)"无声之声"。(师板书)

师:这就是诗人与一般人不一样的地方,他们对生活特别用心、特别敏锐。其实,这首诗最后还有三行,猜猜诗人会怎么写。(出示)

为什么我却听不见?

_____

_____

生：为什么我却听不见？难道花儿不愿意？

生：为什么我却听不见？因为我不懂花儿的心。

生：为什么我却听不见？可能我没有用心。

师：我们来看看诗人是怎么写的。（出示）

> 我摘下的鲜花，
> 已停止了开放。

（生齐读。）

师：在诗人心里，声音是生命的礼赞。这样的无声之声，怎么才能听到呢？需要特异功能吗？（生纷纷摇头）台湾作家桂文亚有篇很有名的散文——《你一定会听见的》。（出示片段，教师朗读，而后学生齐读。）

你一定会听见的
/桂文亚/

你听过蒲公英梳头的声音吗……

你听过八十只蚂蚁小跑步的声音吗……

你听过雪花飘落的声音吗……

你善于用你的耳朵吗？你听见了世界的声音吗？你用心听了吗？你听见了什么？

师：你善于用你的耳朵吗？你听见了世界的声音吗？你用心听了吗？你听见了什么？（出示繁体字"聽"）这是繁体的"听"字，

仔细观察，发现了什么？

生：我发现左边有个"耳"字。

师：确实有个"耳"字。不过，这是大家都会发现的。仔细点，会发现更有意思的。

生：我看到右下方是一个"心"字，意思是只有用心才能听到。

师：对，你这叫善于发现，发现"听"的繁体字里面隐藏着一个"心"。

生：用十五倍的心去听就能听到。（众笑）

师：呵呵，有意思。上面看着像"十五"，对吧？其实是"耳、壬、直、心"四个字。但是，你表达的意思很重要，是提醒大家多用心聆听。

生：这个字里面有个"耳"，也有"心"，我觉得是说，"听"不仅要用耳，还要用心。

师：分析得很好。"听"的繁体字由四个字组成——耳、壬、直、心，意思是说声音通过耳朵，直达于心，用心领悟。我们用心聆听，就能听到很多听不到的声音，体验很多微妙的感受。你们再找找，刚才读的诗中，哪首也是写的"无声之声"？（根据学生回答，教师出示泰戈尔《飞鸟集》中的诗句。）

夏天的飞鸟，飞到我的窗前唱歌，又飞去了。

秋天的黄叶，它们没有什么可唱，只叹息一声，飞落在那里。

师：这儿的"无声之声"是什么？

生：是秋天黄叶的叹息声。

师：秋风起，天气凉，黄叶落，无声响。可是，敏感的诗人却听到了。请全体女同学一起轻轻地读。（女生轻声齐读）

师：东晋有位大文学家叫陶渊明，每次喝酒，他都会抚弄自己的那张无弦琴。无弦琴是无声的，陶渊明却自得其乐。你们知道这是为什么吗？

生：无弦琴虽然没有声音，但却能表达他的心声。

师：如果他的心情愉快，那他这无弦琴的音乐就会——

生：那他的无弦琴的音乐就会轻快。

师：如果他的心里忧伤，那他这无弦琴的音乐就会——

生：那他的无弦琴的音乐就会缓慢。

师：无弦琴弹奏着他内心的情感，那弦在心里，叫作心弦。那声音——

生：无弦琴的声音陶渊明自己也能听到，那是他的心声。

三、聆听自我的声音

师：我们也来试着用心聆听。（出示图片）这个大眼睛女孩，她在诉说什么？春风里，发芽的柳条在与谁交谈？草地上，蜗牛默默地爬行，你可听见它的心声？盛开的花朵，你在等待着什么人？

（学生随着教师的话语引导，观察、沉思。教师出示桂文亚的《你一定会听见的》，学生齐读。）

> 你善于用你的耳朵吗？你听见了世界的声音吗？你用心听了吗？你听见了什么？

师：把"你"改成"我"，每个人都来追问自己。（出示改动后的句子）

> 我善于用我的耳朵吗？我听见了世界的声音吗？我用心听了吗？我听见了什么？

（学生齐读，下课。）

附阅读材料：

老祖母的牙齿
/曾妙容/

> 时间真是恶作剧，
> 爱在老祖母的牙齿上开山洞；
> 风儿更顽皮，
> 在那山洞里钻来钻去。

嘘！嘘！嘘！
老祖母的话儿半天才说一句：去！去！去！
逗得我们笑嘻嘻。

踢踢踏（节选）
——木屐怀古组曲之二
/余光中/

踢踢踏　踏踏踢

给我一双小木屐

让我把童年敲敲醒

像用笨笨的小乐器

从巷头　到巷底

踢力踏拉　踏拉踢力

周益民的立意和深度

周益民老师这堂课，在轻松、活泼、有趣中，开挖了语文教学的深度，尤其是诗歌教学崇高的立意。听他的课，需要以沉静的心去领悟、去思考。

其一，周老师对诗歌、对诗歌教学的认识很有深度。雪莱说过，诗人是未经公认的立法者；日本的池田大作说过，诗是诗、社会、人心的联结；阿根廷诗人博尔赫斯说过，诗歌只允许卓越。基于对诗的理解，周益民把诗歌教学的意蕴定位于倾听上：倾听大自然美妙的声音，倾听自己内心的声音。最美的声音发自灵魂，诗歌是对灵魂的唤醒，是关于灵魂的教育，美妙、神秘、崇高、卓越，让学生对生命有最初的体验，对世界有初步的感受。

其二，周老师对儿童、对儿童学诗的认识很有深度。在周老师的理念深处，定有两个重要的命题：儿童就是诗人，儿童是未被承认的天才。后一句是俄罗斯诗人沃罗申说的。周老师信奉这样的理念。他的这堂课，包括他所教过的课，就是让未被承认的天才得到承认，让儿童成为真正的诗人。教学中，他特别鼓励和引导儿童去想象，帮助儿童获得这第三种发展的力量。

其三，周老师对教学境界的认识与追求很有深度。对声音的追寻实质是对意义的开发、对生命意义的追寻。课堂上诸多声音及其节奏，都是生命发出的呼唤，是生命活力的呈现，是生命节律的描述。因此，他的教学在声音的背后，隐藏着意义，活跃着生命，让学生也让听课的教师进入一种圣洁的境界，而且让大家在夏天或秋天，在森林或田野，在清晨或傍晚，去憧憬本真和美好。值得关注的是他在教学中所说的"无声之声"。那张无弦琴，是巧妙的深度设计，儿童不只是聆听有声之声，也从无弦琴里听到了"无声之声"，而且，长大以后，他们一定会有更深的领悟。

其四，周老师一直在追求转型。他是语文教师，但又是课程的创造者，尤其是教材的开发者。这种转型是课改所提倡和鼓励的，也是教师专业发展的方向。当然，要做到这一点非常不容易，也不是所有教师都能达到的。但是周老师一直致力于教材的研究，致力于课程资源的开发，他走在了前面。我觉得周老师是在探索和建构小学语文课程体系，其中包括教材的体系。这与他的教学主张紧密联系在一起，"诗化语文"在他那儿不只是一句口号，不只是一个愿景，正在成为一个又一个行动。这堂课他又做了一次有益有效的尝试，为教师的专业发展、为小学语文教学提供了一个很好的范例。

希望周老师坚持走语文改革之路，走自己的路，让自己的风格更鲜明，发出更大的声音。当然，通过在行进中不断地反思、总结、改进和完善，周益民老师一定会取得更大的成就。

成尚荣

江苏省教育科学研究院

02. 感受独特的表达

《一起看声音》教学记录

教学年级 / 四年级
教学时间 / 45 分钟
执教日期 / 2013 年 5 月

课前诵读《颠倒歌》：

嘴巴听，
鼻子看，
耳朵说话眼吃饭。

手走路，
脚提篮，
肩膀跳舞腿挑担。

一、根据动词猜

师：请看一句诗（投影仪显示：它挂满教室），猜一猜什么"挂满了教室"？

生：是黑板。

师：教室里面挂满了黑板？

生：灯。

生：灯笼。

师：有这么多灯笼很喜庆的。

生：电风扇。

师：教室里密密麻麻都是电风扇？（笑）

生：是一幅画。

师：好，继续往下看（投影仪显示），什么东西能够"串在走廊上"？

它挂满教室，
串在走廊上，

生：是水吗？是水在走廊上走路。

师：水在走廊上走路？我觉得不是很明确。

生：我认为是栏杆。

生：我觉得应该是电灯，因为走廊上也可以有电灯。

师：继续看（投影仪显示），猜一猜，又是什么能够"跳下梯级"？梯级，就是楼梯。

  它挂满教室，

  串在走廊上，

  然后跳下梯级，

生：同学的心就挂满了教室，因为他日日夜夜都很想来上学。串在走廊，就是下课之后同学们很想跑出去玩，然后跳下梯级，跳舞。

生：我觉得是青蛙。（生笑）

师：大家都别笑，听他解释一下。

生：我觉得，青蛙才会一蹦一跳的。

师：想不想看看谜底？（投影仪显示）

笑　声

  它挂满教室，

  串在走廊上，

  然后跳下梯级，

师：你们怎么一点儿也不惊讶？笑声挂满教室，串在走廊上，然后跳下梯级。这是怎么回事？我们继续看。（投影仪显示）

笑　声

  下课钟声响后，

  笑声也就响了，

  它挂满教室，

串在走廊上，

然后跳下梯级，

越远，声音越细。

师：想象一下，这是怎样的情景？谁来描绘？

生：下课的铃声响了，同学们就一窝蜂地涌出教室玩，很高兴，就笑起来了。有的同学在教室里面玩，有的在走廊上玩，还有的在楼梯间玩。这首诗就是说，同学们会跑得越来越远，声音就会越来越小、越来越细。

生：下课铃一响，有一帮同学跑到走廊上，有人冲下楼梯，下楼的时候一般都是蹦着跳着，跑得很快，声音就越来越小了。

师：这首诗很有意思吧！它把我们听到的声音变成了我们能看到的。

二、猜动词

师：我们继续往下看这首诗。（投影仪显示）

笑声，

追逐在操场上，

给抓住的笑声，

又和几个笑声，

＿＿＿成一团，

分不开来了。

师：谁来填一个动词，使得听见的声音可以看到？

生："扭"成一团。

师：为什么？

生：因为操场上有人追逐打闹。

师：嗯，同学们追逐打闹，"扭"成一团。

生：我觉得应该是"揉"成一团。

师："揉"？同学们在干吗，会"揉"成一团？

生：我觉得应该是"融"成一团。

师：解释一下。

生：下课了，操场上有很多同学在一起，根本就不知道是谁在笑，因为全部的笑声都融在一起了。

师：笑声"融"在一起，这个词还是"听到"的，我们的要求是"看到"。你看前面两个同学说的，"扭成一团""揉成一团"，都是视觉呈现。再想想。

生："蜷"成一团。

师：蜷缩的"蜷"？为什么？

生：他们扭到一起哈哈笑，就变成"蜷"了。

生：笑声本来是很美好的，刚才讲的"扭""揉"，感觉好像几个人在打架一样。所以，我觉得应该是"笑"成一团。文中本来就是强调笑的，这里再加一个"笑"，就突出了它的层次感，让人感觉几个同学笑在一起，分不开来了。"笑"，第一个层次的意思是，几个笑声和在一起，分不清楚是哪一个在笑；深层次的意思是，这几个同学很开心，都在一起笑。

师：他刚才说的貌似很深刻的样子（众笑），但是"笑"成一团,还只是"听到"。刚才说的一个词"和"成一团,倒是很好,像面团一样"和"在一块儿了。"和"就使听到的变成看到的了。另外,他说"扭成一团"感觉像在打架,但我觉得还是非常欢乐的样子。

生:"打"成一团。

生:"曲"成一团。

生:"闹"成一团。

生:"抱"成一团。

师:"抱"成一团,像摔跤一样。咱们来看看诗人填的是什么。(投影仪显示:扭成一团。)

师:刚才有同学和诗人想到一起了。那么,我们来听听这首完整的诗。(显示全诗,学生朗读。)

笑　声

/ [马来西亚] 梁志庆 /

下课钟声响后,
笑声也就响了,
它挂满教室,
串在走廊上,
然后跳下梯级,
越远,声音越细。

笑声,
追逐在操场上,

给抓住的笑声,

又和几个笑声,

扭成一团,

分不开来了。

上课钟声一响,

笑声就和解了。

走进教室后的同学们,

再也不乱丢笑声了!

师:你们看到了什么?

生:下课钟声响后,笑声也就响了,它挂满教室,串在走廊上,然后跳下梯级,越来越远,声音越来越细。笑声在操场上追逐,给抓住了的笑声和几个笑声扭成一团,分不开来了。上课钟声一响,笑声就和解了,走进教室里的同学们,也不再乱笑了。

师:你们有没有发现这首诗最特别的地方?他用了这么多动词,使得这个笑声怎么样?你看,笑声竟然会挂、会串、会跳。

生:感觉原来只能听到的,现在好像在你面前能看到一样。

师:说得好。这些动词,使得原来只能听到的,现在可以看到了。把听觉化作视觉,这样的写法在诗歌里是很常见的。

三、猜题目

师:各位同学再看一首诗。请一位同学读,大家思考一下,这

回的"笑"是怎么样的笑？（一生读）

> 是谁笑成这百层塔高耸，
> 让不知名鸟雀来盘旋？
> 是谁笑成这万千个风铃的转动，
> 从每一层琉璃的檐边
> 摇上
> 云天？

师："万千个风铃的转动"，这是怎样的笑声？笑成"百层塔高耸"，笑成"万千个风铃的转动"。

生：我觉得，这个笑应该是很多人一起笑，而且笑得比较厉害吧！

师：厉害地笑，很多人一起笑。

生：我觉得，这个笑声应该很欢快。他们笑声很大，表现出快乐。

师：大笑，欢笑。

生：我觉得这个声音特别大，都能传到云天上了。

师：你看，笑成百层塔高耸了。这首诗的题目就叫《深笑》，作者是我国现代一位很有名的才女，叫林徽因，这个名字大家可以记一记。结合刚才第一首，两首诗都是写笑声，在写法上有什么相似的地方？

生：两首诗好像都让我们看见了笑声的样子。

师：你这句话特别关键，再说一遍。

生：都让我们看见了笑声的样子。

师：也就是把听到的化作看到的。刚才已经说了,这种写法在诗歌里面是很常见的。

四、猜句子

师：再看一首。(投影仪显示,学生和老师分段读诗。)

两个呼噜噜
/ 王宜振 /

小猫睡得香,

小猫睡得熟,

小猫喜欢打呼噜,

呼噜噜,呼噜噜……

爸爸睡得香,

爸爸睡得熟,

爸爸喜欢打呼噜,

呼噜噜,呼噜噜……

两个呼噜噜,

穿成_____

两个呼噜噜,

吓跑两只小老鼠。

师：想一想，两个呼噜噜，穿成什么？要让呼噜噜的声音能被大家看到。大家讨论一下。

生：两个呼噜噜，穿成一个捕鼠夹。

生：两个呼噜噜，穿成一个大黑猫。

生：两个呼噜噜，穿成一个机器人。

生：两个呼噜噜，穿成一座欢乐屋。

师：你考虑到了声音的特点。呼噜噜的"噜"和欢乐屋的"屋"，读起来朗朗上口。

生：两个呼噜噜，穿成糖葫芦。

生：两个呼噜噜，穿成一只猪。

生：两个呼噜噜，穿成一支舞。

师：好。我们来看诗人的原句。

两个呼噜噜，

穿成一串糖葫芦，

师：跟刚才这个同学讲的一样，给他掌声。我也想了一个："连成一根小木棍"。你们比较一下，哪个更好？

比　较

两个呼噜噜，穿成一串糖葫芦

两个呼噜噜，连成一根小木棍

生：我觉得第一个更好，因为读起来更顺畅、更押韵。

师：请你读一下。（生读）

师：他是从声音的角度比较。大家从形象的角度再来比较一下。

生：我也觉得第一个比较好，因为糖葫芦很甜嘛，吃起来就很开心。打呼噜的感觉，其实也是很开心的。

师：不是很开心，是睡得很甜。

生：而小木棍，就没有糖葫芦给人的感觉深切。

师：他是从睡觉的感觉来说的。模仿一下打呼噜，感觉怎么样？（学生模仿打呼噜）

师：好。从形象来看，打呼噜跟糖葫芦有什么相似的地方？

生：我感觉，打呼噜的声音就好像是圆圆的，那个糖葫芦也是圆圆的。

师：那小木棍呢？

生：小木棍是长条的。

生：糖葫芦是一个连一个，很清楚，不像小木棍给人的感觉是一直连下去了。

师：同学们都很善于体会、比较。我们一起来读一读。（生读）

五、说句子

师：声音可以是"百层塔高耸"，可以是"万千个风铃的转动"，可以是"一串糖葫芦"。下面，我们也来试试，让只能听到的声音也能被看到。试着说一说，生气的吼叫声是什么？看你说的能不能让我们看到。

生气的吼叫是_____。

安静的哼唱是_____。

生：生气的吼叫是猛兽的咆哮。

师：那还是听到的，要说看到的。

生：生气的吼叫是老虎。

生：生气的吼叫是猛虎野狼。

生：生气的吼叫是火山爆发。

师：是爆发的火山。

生：生气的吼叫是惊涛骇浪。

生：生气的吼叫是一声鞭子。

生：生气的吼叫是冰山崩塌。

师：好。继续试着说一说，安静的哼唱是什么？

生：安静的哼唱是燕子归来。

师：我觉得可以改成"是春天里低飞的燕子"。

生：安静的哼唱是潺潺的溪流。

生：安静的哼唱是柔风细雨。

生：安静的哼唱是蜻蜓的羽翼。

师：刚才我们说的都是看到的形状。继续想一想，声音会不会有颜色？哪位同学能够用颜色来说说？

生：生气的吼叫是红色的熔岩。

生：生气的吼叫是黑色的乌云。

生：生气的吼叫是红红的火焰。

生：生气的吼叫是白色的闪电。

生：安静的哼唱是冰山。

师：颜色呢？

生：冰山是白色的。

师：哦，把颜色涵盖在里面了。安静的哼唱，除了白色以外，还有什么颜色？

生：安静的哼唱是蓝色的调子。

生：安静的哼唱是充沛的阳光。

生：安静的哼唱是淡蓝的河流。

生：安静的哼唱是洁白的云彩。

生：安静的哼唱是火红的太阳。

师：火红的太阳？那肯定是春天清晨的那个，而不是夏天中午的。

生：安静的哼唱是彩虹。

师：嗯，彩虹是七彩的，颜色在里面。

生：安静的哼唱是蔚蓝的天空。

师：同学们的表达真是丰富。这种转化成视觉上的"看见"，在画家的艺术作品中也有表现。请看两幅画作，一幅是《婴儿的哭声》，一幅是《喧闹声》。（显示）

师：声音可以看到，这是视觉。你们有没有进一步联想，声音也许还可能——

生：闻到。

师：用嗅觉闻到。还可能清楚地摸到，这是触觉。还可能——

生：还可能尝到。

师：有味道。

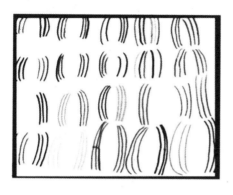 

生：应该还可以感觉到。

师：也就是可以有温度。声音也可能有温度，有味道，有触感，等等。下面来看几首诗，看看诗人们是怎么从这些角度描写声音的。我们从中评选出一个最特别的声音。（教师将印有三首诗的阅读材料发给学生，学生诵读。）

声音的味道
/王宜振/

渴了
饮你的声音
饥了
餐你的声音

你的声音
从电话里传来
有风的味道

有雨的味道

有甜的味道

有酸的味道

有冰激凌的味道

有巧克力的味道

有果酱面包的味道

有蛋黄饼干的味道

……

嚼着、嚼着

把日子嚼甜了

把生活嚼香了

把小虾嚼驼背了

把月牙儿嚼成弯弯的香蕉了

把天上的小雨点儿嚼成五颜六色的虹了

……

你用你的声音

做成美味的佳肴

让我去嚼

让我去品

那独特的风味儿

只需那么一丁点儿

就足够营养我的一生

这一夜（节选）
/ 王立春 /

这一夜

这位叫张继的书生

落榜后

投宿在枫桥边的客船上

……

这寒山寺悠长的钟声

撞了一位书生

也撞着了无数颗

落寞的心

雪花，是冬天的偏旁（节选）
/ 张晓楠 /

无雪的冬天

是不完整的

无雪的冬天

到处，都是错别字

枯寂的草木

昏黄的墙垛

僵硬的表情

连鸟儿的叫声

也缺斤少两
像冰冻的心事
渴望孵化

六、交流读诗的感受

师：你觉得最特别的声音藏在哪一首诗里？

生：我觉得最特别的声音藏在《声音的味道》里面。（学生读诗）最特别的是"你的声音，从电话里传来"这一小节。

师：这一小节里有很多的味道。声音的味道是最丰富的。你觉得这是谁的声音？

生：我觉得这是圣诞老人的声音。

生：我觉得是爸爸的声音。

生：我觉得是同学的声音。因为只有同学的声音，听起来才那么好玩。

师：那肯定是你的好朋友。

生：我觉得是您的声音。

师：谢谢你。那我一定要抽空给你打个电话。

生：我觉得是外卖的声音。

师：哦？因为有巧克力，有面包，有饼干，所以你感觉是打电话订餐了。还有同学觉得其他的诗有特别的声音吗？

生：我觉得《这一夜》很特别。

师：这首诗让你想到了哪首诗？

生：《枫桥夜泊》。

师：这首诗里面的声音特别在哪里？

生：声音，我们是可以听到却看不到的。而在这里，声音还可以"撞"，"撞"那个书生。

师：也就是说，声音也有重量，是吗？"撞了"，你觉得应该重重地读，还是轻轻地读？

生：我觉得是重读。（生读，"撞"读得重。）

师：有没有同学觉得应该轻轻地读？（另一生读，"撞"读得轻了一些。）

师：轻轻的感觉还不够。谁能读出轻轻的感觉？很轻很轻地一碰。（再一生读，"撞"读得又轻了一些。）

师：重"撞"和轻"撞"，感觉是不一样的。自己读读看，哪种感觉更有味道？你可以选择你认为好的方式。

师：还有第三首诗《雪花，是冬天的偏旁》。（师读）这个声音是怎样的？

生：我觉得有点寂寞。

师："缺斤少两"这个声音有什么？（生答：有重量）这其实也是描述了一个场景，这个场景是怎样的？请用简洁的语言说一说。

生：冬天没有下雪，草木都枯了，各处角落都显得很旧，有一点孤独凄凉的感觉。作者表情僵硬，听到鸟儿的叫声，也觉得缺斤少两。

师：鸟儿的叫声是怎样的？

生：应该是断断续续的。

师：只是偶尔地叫那么一声，这就是缺斤少两。刚才我们读了那么多诗，看到声音的形状、颜色，尝到了它的味道，感受到了它的温度、它的重量。有一本科普书，书名就叫《当彩色的声音尝起来是甜的》。

七、作业：尝试创作

师：下面，我们也来试着创造我们的声音，看看声音的动作、形状、色彩、触觉、滋味、重量、温度是怎么样的。

（教师播放三段音乐，学生闭眼聆听：一段轻盈跳跃的花腔女高音，一段重金属音乐，一段摇篮曲。）

师：想一想刚才听到的声音，将听觉化作视觉、嗅觉、味觉或者触觉，写一段文字。今天这堂课就到这里，下课。（下课铃响）

恰当样态的教学内容和"大"做文章的教学设计
——周益民《一起看声音》的课例分析

优秀教师的课例本身是我们语文教育理论与实践研究的重要组成部分。同时，对优秀教师的课例进行分析所获取的教学道理，也是增进语文教育理论成果的重要路径之一。下面从教学内容和教学设计两方面分析周益民老师《一起看声音》的课例，以期获益。

语文教育领域近年来一直聚焦"教学内容确定"这一重要问题。其背景是："在语文课程标准和教科书的改善、改进尚未实现之日，乃至见不着'善'或'进'的迹象之时，尽管处境艰难乃至严酷，语文教师终究不得不强忍着面对'语文教学内容'的问题，无论你愿意或不愿意，无论你自觉与否。""'语文教学内容'的问题，实质是语文课程内容的问题。"[1] 这就是说，对"教学内容确

---

[1] 王荣生. 关于"语文教学内容"问题的思考 [J]. 中学语文教学, 2010（9）: 4-7.

定"进行研讨，其意图是推进语文课程内容的重构和语文知识的除旧纳新。

周益民老师的《一起看声音》这一课例对"教学内容确定"研究的意义在于，它指出了合宜的教学内容，不仅包括所潜藏的语文知识的正确，更包括恰当地呈现语文知识的教学化样态。

一、恰当的"教学内容样态"

知识，是当研究强调教学内容的确定具有课程内容重构意义的同时，语文教师也必须明确教学内容与课程内容的样态不同，并在教学中能够呈现出恰当的教学内容的样态。关于这一点，在教师专业知识的研究领域中，"学科教学知识"的概念实际上已经有所揭示。

舒尔曼将"学科教学知识"界定为："教师将学科内容转化和表征为有教学意义的形式、适合于拥有不同能力和背景的学生的能力，是综合了学科知识、教学和背景知识而形成的教师特有的知识。它包括表达思想的最好方式，最有用的类比、样例、图示、解释和演示等易于学生理解的表征方法；也包括教师了解到的有关学生对某一特定学习内容感到容易理解或困难的原因，学生的偏见和误解，消除误解的策略，特定的话题、问题、论点，用怎样的方式组织、表达调试使不同兴趣、能力和背景的学生理解教学内容的知识。"[1] 这就是说，教师所具有的"学科教学知识"，使其能够针对

---

[1] 袁维新. 学科教学知识：一个教师专业发展的新视角[J]. 外国教育研究，2005（3）：10-14.

特定的学生将特定的学科内容（相当于课程内容）转化为具有可教性的内容（相当于教学内容）。"学科教学知识"被认为是教师专业特有的、与学科专家相区别的知识。

而"教学内容的样态"这一概念要说明什么？

"教学内容确定"的研究提出，语文教师的专业性不仅体现对"教什么"和"怎么教"的选择，更体现在能够理性地回答"为什么教这一内容"和"为什么这么教"。但是，在实践的备课研讨时，总是出现这样一种现象：当我们和语文教师共同审视教学内容所隐藏的语文知识是否正确时，语文教师常常不自觉地提出一个问题，即教某一语文知识，对学生而言是不是太难了？这一现象反映出：语文教师会用"教学内容样态"的问题，遮蔽对教学内容所潜藏的语文知识正确性的审视，从而影响合宜的教学内容的确定。

在《一起看声音》这一课例中，周益民老师自选六首诗歌，并为这一多重文本确定"一起看声音"的主题。这一主题不是对六首诗歌内容的概括，而是点明教学的主题，即教学内容。而"一起看声音"的教学内容，所潜藏的语文知识是文学修辞手法中的"通感"。

通感是指某一感观在受到刺激时产生的两种或两种以上的感觉经验。在文学上，这一术语表示用一种感觉来描述另一种感觉，如用色彩描绘声音，用气味描绘色彩，用声音描绘气味等。从荷马开始，诗人们就已经运用通感来捕捉意象。[1]

如果问语文教师面对小学四年级学生，能够教"通感"吗？答

---

[1] 袁维新. 学科教学知识：一个教师专业发展的新视角 [J]. 外国教育研究，2005（3）：10-14.

案肯定是"不可以"，因为这一知识太难了。如果问语文教师面对四年级的学生，可以教写诗吗？答案肯定也是"不可以"，因为这一目标太难了。那么，这一课例为什么能够教"通感"？

事实上，整节课上，周益民老师根本没有介绍过"通感"这一知识，准确地说，是没有讲解这一术语在文学词典中的含义。

但是，我们来看看课例中周益民老师的表述：

师：它把我们听到的声音变成了我们能看到的。

师：这些动词，使得原来只能听到的，现在可以看到了。把听觉化作视觉，这样的写法在诗歌里是很常见的。

师：刚才我们读了那么多诗，看到声音的形状、颜色，尝到了它的味道，感受到了它的温度、它的重量。

将"通感"的定义和周益民老师的表述进行对比就能发现，语文知识与恰当样态的教学内容，既有关联，又有所不同。这种关联和不同，反映的是课程内容与教学内容之间的关联和不同。语文教学是借助选文这一载体开展的，这点规约着语文学科课程内容与教学内容之间关系的特殊性。其他学科的教学内容大多是对课程内容的分解、细化，比如历史、地理等，并不讨论教学内容样态的问题。

语文学科"教学内容的样态"与课堂教学目标密切相关。显然，这堂课的教学目标，不是让四年级学生掌握"通感"这一概念，而是让学生"体验和感受"诗歌中的"通感"。学生处于浸润的学习状态中，即"通感"这一知识始终使学生处于不可言传的状态中。也就是说，四年级的学生虽然不知道"通感"的含义，但能够感受到：声音不仅能"看到"形状和颜色，还能"闻到""嗅到"，既有"触觉"，还有"重量"。

这一课例在教学内容方面提供的启发就在于，"某一语文知识，对学生而言是否太难"，是关于语文"教学内容的样态"的顾虑。确定"合宜的教学内容"必须关注两个问题：一是教学内容所潜藏的语文知识是否正确；二是如何恰当地呈现教学内容的样态。

二、"大"做文章的教学设计

我们知道，阅读能力就是知道读哪里以及在这些地方读出什么来。从教学内容确定的角度来看，阅读教学设计的关键是能够根据不同文本类型，抓住不同的关键词语。从教学设计本身的角度来看，阅读教学设计的关键是在关键词语上"大"

活　动	教师的行为	学生的状态
根据动词猜	1. 什么"挂满了教室"？ 2. 什么东西能够"串在走廊上"？ 3. 又是什么能够"跳下梯级"？ 4. 想不想看看谜底？ 5. 你们怎么一点儿也不惊讶？想象一下，这是怎样的情景？谁来描绘？ 6. 这首诗很有意思吧！它把我们听到的声音变成了我们能看到的。	1. 黑板、灯、灯笼、电风扇、画。 2. 水、栏杆、电灯。 3. 同学的心、青蛙。 4. 学生读诗。 5. 学生描述。 （略）

做文章。

下面讨论这堂课是如何在关键词语上"大"做文章的。其实，只要我们梳理一下教学活动，这一点就可以很明显地表现出来。

将第一个活动中教师和学生的行为巨细无遗地罗列出来，其目的是能够描画出教师和学生这两条线以及这两条线的走向。在第一个活动中，教师出示了三个语句让学生猜，从此时学生的答案可以判断出学生的"猜"是根据语句中的某些信息，依照自己真实的生活经验所进行的逻辑推理。学生的想法是"黑板、灯、灯笼、电风扇、画是可以挂在教室里的"。学生这种逻辑推理的"猜"，与老师所希望的"对诗歌中的通感有体验"的"猜"，其间的距离有十万八千里之遥。

我们再将第五个"说句子"活动中学生的回答罗列出来：

> 生气的吼叫是老虎。
> 生气的吼叫是猛虎野狼。
> 生气的吼叫是火山爆发。
> 生气的吼叫是惊涛骇浪。
> 生气的吼叫是一声鞭子。
> 生气的吼叫是冰山崩塌。
> 安静的哼唱是燕子归来。
> 安静的哼唱是潺潺的溪流。
> 安静的哼唱是柔风细雨。
> 安静的哼唱是蜻蜓的羽翼。

生气的吼叫是红色的熔岩。

生气的吼叫是黑色的乌云。

生气的吼叫是红红的火焰。

生气的吼叫是白色的闪电。

安静的哼唱是冰山。

安静的哼唱是蓝色的调子。

安静的哼唱是充沛的阳光。

安静的哼唱是淡蓝的河流。

安静的哼唱是洁白的云彩。

安静的哼唱是火红的太阳。

安静的哼唱是彩虹。

安静的哼唱是蔚蓝的天空。

这时,学生的"说句子"已经达到了教师所希望的"对诗歌中的通感有体验"的"说"。周益民老师的这堂课是如何帮助学生跨越这十万八千里的距离的呢?其关键就是在关键词语上"大"做文章。

所谓"大"做文章,在本课例中有两点含义。

(一)从不同侧面打开一个点

这堂课共设计了七个活动:

"根据动词猜—猜动词—猜题目—猜句子—说句子—交流读诗的感受—作业:尝试创作",都是聚焦一个内容,那就是对诗歌中通感的体验。

"从不同侧面打开一个点"包括两个层次：一是用不同的方式让学生能达到"有所感受"；二是不断突破学生对通感的体验。这一点，我们可以通过罗列教师的行为来验证。

第一，用不同的方式让学生能达到"有所感受"。

> 师：猜一猜什么"挂满了教室"？
> 师：什么东西能够"串在走廊上"？
> 师：又是什么能够"跳下梯级"？
> 师：想不想看看谜底？
> 师：想象一下，这是怎样的情景？谁来描绘？
> 师：谁来填一个动词，使得听见的声音可以看到？
> 师：你们有没有发现这首诗最特别的地方？他用了这么多动词，使得这个笑声怎么样？
> 师：这回的"笑"是怎么样的笑？
> 师：结合刚才第一首，两首诗都是写笑声，在写法上有什么相似的地方？
> 师：想一想，两个呼噜噜，穿成什么？

第二，不断突破学生对通感的体验。

> 师：你考虑到了声音的特点。呼噜噜的"噜"和欢乐屋的"屋"，读起来朗朗上口。
> 师：他是从声音的角度比较。大家从形象的角度再来比较一下。

师：从形象来看，打呼噜跟糖葫芦有什么相似的地方？

师：让只能听到的声音也能被看到。试着说一说，生气的吼叫声是什么？

师：继续试着说一说，安静的哼唱是什么？

师：刚才我们说的都是看到的形状。继续想一想，声音会不会有颜色？哪位同学能够用颜色来说说？

师：声音可以看到的，这是视觉。你们有没有进一步联想，声音也许还可能——

师：用嗅觉闻到。还可能清楚地摸到，这是触觉。还可能——有味道。

师：声音也可能有温度，有味道，有触感，等等。

师：声音的味道是最丰富的。你觉得这是谁的声音？

师：也就是说，声音也有重量，是吗？

（二）为学生的辨认和体验提供多种场景

第一，在多种场景中拨正学生的辨认。

学生的成长不是线性的，对知识的辨认和体验，会呈现出迂回反复的状态。

我们看到，即便是到了第五个活动，学生仍然会出现这样或那样的问题。周益民老师依然不放松对学生的纠正。

师：试着说一说，生气的吼叫声是什么？看你说的能不能让我们看到。

生：生气的吼叫是猛兽的咆哮。
　　师：那还是听到的，要说看到的。
　　生：生气的吼叫是老虎。

　第二，变换场景触发学生的体验。
　周益民老师让学生感受到"声音也可能有温度，有味道，有触感"等。此外，他还设计了一个直接跟学生聊"声音感觉"的活动。

　　师：声音的味道是最丰富的。你觉得这是谁的声音？
　　生：我觉得这是圣诞老人的声音。
　　生：我觉得是爸爸的声音。
　　生：我觉得是同学的声音。因为只有同学的声音，听起来才那么好玩。
　　生：我觉得是您的声音。
　　生：我觉得是外卖的声音。

　"声音的味道是最丰富的。你觉得这是谁的声音？"这一问，引导学生回归到自己的生活。在日常生活中，对于爸爸的声音、老师的声音、同伴的声音、外卖的声音，学生习以为常，毫无新奇的感受。但是，在味道的场景下，触发了学生对习以为常的爸爸、老师、同伴、外卖的声音的感受。这才是诗歌的逻辑，是诗歌中通感的逻辑。不同生活经验的学生、不同性格特征的学生，共同体验到了诗歌的逻辑。

从不同侧面打开一个点，提供多种辨认和体验的场景，这些做法给我们的启发是，在教学设计上要针对文本的关键处"大"做文章。

高　晶 / 语文课程与教学论博士
上海师范大学讲师

03. 童话的意思、意味与意蕴

---------《声音的故事》教学记录---------

教学年级 / 四年级
教学时间 / 50分钟
执教日期 / 2014年5月

一、引入

课始,组织学生玩成语游戏"声音之最"。

> 最响的声音——惊天动地、震耳欲聋。
> 最轻的声音——悄无声息、万籁俱寂。
> 最动听的声音——绕梁三日。

师:我们生活在一个声音的世界,每天都在各种声音的包围

中。今天，我们一起来聊聊几个声音的故事，分别是《给狗熊奶奶读信》《世界上最响的声音》《竹笋》。（文后附阅读材料）

二、诵读

师：说到声音，前一阵，有档电视选秀节目非常火爆，叫《中国好声音》，有同学看过吗？（学生纷纷点头）这节课，我们也来寻找"好声音"。首先，寻找"班级好声音"。请大家从这三个故事中选择喜欢的段落诵读，努力做到情感表达准确、到位。读之前，请说明是哪个故事的哪一部分。

（学生各自练习，而后指名朗读。）

（一生朗读《给狗熊奶奶读信》片段，教师相机指点：注意，狗熊奶奶年纪大了，语速要慢点儿；如果在狗熊奶奶的话里加点语气词，就能将她的心情表现得更充分。试一试。学生在"他就这样用命令的口气，叫我给他捎甜饼吗？这办不到！"一句前加上"哼"。）

（一生朗读《世界上最响的声音》最后几个段落，教师指导学生放慢语速，读出"安静"的感觉，再组织全体女生齐读。）

（一生朗读《竹笋》，教师指导读出小竹笋和"妈妈"的不同情绪。）

师：同学们读得很用心，读出了自己的理解，这就是好声音。

三、寻找"好声音"

师：下面，我们一起寻找故事中的"好声音"。（出示）

寻找故事中的"好声音"。

1. 浏览三个故事，寻找自己最喜欢的声音。
2. 重点阅读描述这一声音的故事，想想喜欢的理由。

（学生默读，圈画批注。）

生：我找到了夜莺姑娘的声音。我觉得她的声音非常柔和。

师：柔和的声音是好声音，请你把"柔和"写在黑板上。（学生板书"柔和"）

生：我觉得夜莺姑娘的声音很婉转动听。（学生板书"婉转"）

师：哪位同学来读一读夜莺姑娘的话？（指导学生表现出夜莺姑娘声音的柔和）

师：第二个故事里有"好声音"吗？

生：我找到了，大自然的声音是好声音。（朗读相关段落，教师出示片段。）

> 突然，从花园那边传来一阵美妙的声音，他们停下来，静静地聆听。王子第一次听到了小鸟的歌唱，听到了微风在树叶间的低语，听到了小溪潺潺的流水声。他有生以来第一次听到了大自然的声音，意外地得到了"安静"这个礼物。他欣喜地微笑着，有一种从未有过的快乐。

师：小鸟的歌唱，微风在树叶间的低语，小溪潺潺的流水声，听见这些声音，对于噼里啪啦城的居民们来说，是种什么样的感受呢？我们来模拟一下当时的场景吧。现在，这儿就是噼里啪啦城，诸位都是噼里啪啦城的居民。你们喜欢大叫大嚷，你们的耳边充斥着各种嘈杂的声音。请大家各自选择一种声音，可以喊叫，可以跺脚，可以拍桌，可以起立。

（学生用各种方式制造噪声。教师做出"停止"的手势，全场立刻安静，一段带有流水与鸟鸣的音乐响起。）

师：噼里啪啦城的居民们，你们听到了什么？

生：我听到了小鸟的叫声，流水的声音。

生：我听到了微风在树叶间的低语。

生：我听到了喷泉的声音。

师：风声、水声、鸟语，"安静的声音"多么美好。用心聆听，或许还能听到更安静的声音，比如，一片树叶……

生：我还听到了笛声，悠扬美好，若有若无。

生：我听到了一片片树叶飘落的声音。

生：我听到了一朵鲜花绽放的声音。

生：我听到了树木生长的声音。

生：我听到了毛毛虫破茧而出的声音。

生：我听到了雨点滋润花草的声音。

生：我听到了春笋破土而出的声音。

……

师：我们班哪位同学最能把这种感觉表现出来？（指名学生朗读）

师：谢谢你，读得如此"安静"，带给我们这样美好的享受。鸟语、风声、水声，人们把这种自然界的声音叫作——天籁。（板书"天籁"）

师：第三个故事里有好声音吗？

生：（朗读）"竹笋一开始是长在地底下，到处钻来钻去的。等到一场雨过后，它们就会从土里面嘭嘭嘭地探出头来了。"我觉得这个"嘭嘭嘭"的声音很好听。

师：哦，"嘭嘭嘭地探出头来了"，这是什么声音啊？

生：这是竹笋生长的声音。

师：对，生命拔节的声音是好声音。

生：我觉得里边那个笛声非常美妙。

师：故事里怎么说的？

生：（朗读相关语句）故事里说笛声"温柔动听""说不出的好听""美妙"。

生：他连妈妈的劝告都不听，可见这个声音有多吸引他。

师：我们也来想象模拟一下吧。你为什么就是不听妈妈的话？

生：因为那边有个温柔动听的声音在呼唤我。

师：你会被马蹄踩到的。

生：没有关系，我会小心的，也不怕。

师：你为什么这么坚决？

生：因为那个温柔动听的声音一直在呼唤我。

生：我长大以后也一定要拥有那样的声音。

师：哦，所以你这么一直不断地往远方钻来钻去。你们觉得"去远方"这个想法是小竹笋的什么？

生：是他的理想。

生：是他的梦想。

生：也是他的心愿。

生：是他的决心。

师：（板书"梦想"）确实，那是他的一个美丽的梦。

四、创造"好声音"

师：这些声音真是美好。怎么才能创造或者获得这样的好声音呢？选择一个问题，阅读相关内容加以思考。（出示）

问题一：河马先生很委屈，他的声音天生没有夜莺动听，怎么办？（注意文中的细节描写）

问题二：想一想，得到了"安静"这个礼物，喧闹王子会对国王说什么？

问题三：为什么其他竹笋宝宝没听见那美妙的声音？

（一）讨论问题一

生：河马先生，你可以学着夜莺姑娘喝点露水，润润嗓子。

师：你抓住了细节，"喝了点露水润润嗓子"——大家拿笔画下。她喝露水是想干什么？

生：想让声音更加好听。

师：她是想传递什么呢？心里一定在想什么？

生：我要把小孙子的话读得更加好听，让奶奶知道。

师：她的声音不仅是天生好听，更饱含着——

生：感情。

生：我明白了，饱含感情的声音是好声音。（掌声）

师：有感情的声音才是好声音，哪怕是低哑的。谁来用"虽然……但是……"对河马先生说一说。

生：河马先生，你好，虽然你的声音不怎么好听，但是只要放进感情，也会变得很动听的。

生：虽然你的声音不咋地，但是只要你拥有了感情，狗熊奶奶也会理解你的。

生：只要心里住着感情，有一颗真诚的心，每个人都可以是夜莺，都可以创造美好的声音。

（二）讨论问题二

生：得到了"安静"这个礼物，喧闹王子会对国王说："这是我有生以来得到的最好的礼物，我发现，这个世界原来是这样美好。"

生：喧闹王子说："我以前是多么糊涂啊，放着那么美好的天籁不懂得珍惜，好在，我终于明白了。"

生：喧闹王子说："我现在知道了，大自然的天籁之音是美妙的，我们要好好享受、珍惜。"

生：喧闹王子说："多亏了那个小男孩，我们选他做安静的形象大使吧！"

（三）讨论问题三

师：为什么其他竹笋宝宝都没听到？

生：他们很有缘，天生一对，他们必定要相会的。

生：小竹笋有自己的梦想。

生：我有不同意见，我觉得其他竹笋宝宝也有自己的理想，但是只有小竹笋去追寻了自己的梦想。

师：请你读一读，小竹笋是怎样行动的？

生：（朗读）"可不管她怎么警告，还是有一个小竹笋不断地往远处钻去。""于是，他越走越远，越走越远，最终离开了其他的竹笋们，在篱笆的外面探出了头。"

师：这是说小竹笋在听到了美丽的声音后开始行动了。

生：他去追寻，尽自己最大的努力完成梦想。

师：也就是说，这个声音从远方传来，这又是小竹笋的决心和愿望，可见，这声音既来自远方，还来自哪里？

生：其实，更来自他的内心。

生：内心。他一开始就有这个梦想。

师：这是内心成长的声音，是自我的心声。这样的声音最有力量。（板书"来自内心"）最终，小竹笋成为横笛，自己拥有了好声音，创造了美好。

五、研究表达特色

（一）聚焦"想了又想"

师：如果让你推荐，你想把哪个故事推荐给谁阅读？说明推荐原因。（出示）

我想把《＿＿＿＿＿＿》推荐给＿＿＿＿＿＿阅读，因为＿＿＿＿＿＿＿＿＿＿＿＿＿＿＿＿＿。

生：我想把《竹笋》推荐给一位同学阅读，因为这个故事告诉我们只有梦想而不去追寻，梦想是不会实现的。

生：我想把《给狗熊奶奶读信》推荐给一位同学，因为他的声音虽然不像别人那样动听，但是他很真诚，只要有感情，他的朗读也会很棒的。

生：我想把《竹笋》推荐给一位同学，因为他画画很好，我觉得他可以听从自己的内心，往这方面发展。

生：我想把《世界上最响的声音》推荐给所有的现代人阅读，因为现在人们很少有时间去聆听大自然的声音，多可惜啊！

师：推荐的过程，反映出我们对这些故事的认识和想法，也就是说，这几个故事都引起了我们的思考。既然这样，如果作家干脆在故事最后加上几句话，把这些想法写出来，好不好呢？比如第一个故事：（出示）

结尾一：这个故事告诉我们，声音里有爱的甜蜜和芬芳，我们要用自己的声音传递温暖和爱心。

结尾二：为什么同样的内容却产生不一样的效果呢？因为夜莺姑娘那么用心，她露水滋润过的声音那么美好，让人听了快乐、舒畅。

结尾三：小孙子听说这件事后，感慨万分，心想：语文课上练习有感情地朗读真重要啊！

结尾四：……

生：加上结尾后更能体现出小孙子对狗熊奶奶的爱。

生：写出来起总结的作用，告诉我们可以读出什么道理。

师：有不同观点吗？

生：我觉得不加好。如果把结尾直接给你，会显得枯燥无味，读者就没有自己的想法了。

师：现在有两种观点，有没有发生改变的？

生：您给的结尾有好多，加哪个结尾好？所以，一开始我认为加，现在认为不加更好。

师：你是因为觉得无所适从才不加的？

生：不是，我现在觉得，不加可以给读者留下思考的空间，会更促进我们去思考。

生：加了结尾，只能给我们一个想法；不加，就有想象的空间，故事也显得特别。

师：一个故事是丰富多彩的。每个人都有自己的想法，不是唯一的。

生：每个人读这篇文章的想法都不一样，还不如不加呢。

师：好的故事，耐人寻味，叫人咀嚼。一个好故事，往往让人"想了又想"。（板书：想了又想）

（二）聚焦"真没想到"

师：好的故事还有个特点，故事的发展会让人"真没想到"。选择一篇，快速浏览，找找故事从哪儿开始转折是你没想到的。

生：本来僻里啪啦城是世界上最吵闹的地方，后来变成最安静的地方了。这是我没想到的。

生：喧闹王子想让世界上所有的人在同一时刻发出叫喊，小男孩和他的好朋友却打算其他人张大嘴时他们不发出声音。这是我没想到的。

生：小竹笋长大了，成了一根非常漂亮的横笛。这是我没想到的。

生：《给狗熊奶奶读信》里，狗熊奶奶先是请了河马读信，却让她很生气，后来又请夜莺读信。这是我没想到的。

师：既让人"想了又想"，又让人"真没想到"，好的故事就是这样的。这几个关于声音的故事，大家有兴趣的话，回去后还可以再想一想。下课。

附阅读材料：

给狗熊奶奶读信
/ 张秋生 /

邮递员鸵鸟阿姨给狗熊奶奶送来了一封信。

狗熊奶奶是那样的高兴，她盼信盼了好几天，她很想念远方的小孙子。

狗熊奶奶老眼昏花，她看不清信上说些什么。

她来到河边，请河马先生帮她念一念信。河马张开大嘴，刚高声地读了一句："奶奶，您好！"狗熊奶奶就不那么高兴了：

"他是这样粗声粗气地称呼我吗？连'亲爱的'也不加。这个没礼貌、不懂事的小东西！"

当信中说到他想吃奶奶做的甜饼时，狗熊奶奶更不高兴了：

"他就这样用命令的口气,叫我给他捎甜饼吗?这办不到!"

狗熊奶奶气鼓鼓地从河马先生手中拿回信,步履蹒跚地回家了。

走在半路上,她越来越想小孙子了。正巧,夜莺姑娘在树上唱歌。她请夜莺姑娘把信再读一遍。

夜莺姑娘喝了点露水润润嗓子,当她念了第一句:"奶奶,您好!"狗熊奶奶听了就浑身舒服:

"小孙孙,你好!虽然你没用'亲爱的',可是我从语气中听出来了,这比加'亲爱的'还要亲爱……"

当念到小孙孙想吃奶奶做的甜饼时,狗熊奶奶的眼眶湿润了:

"这多好,我可爱的小孙子,他没忘记我,连我做的蜂蜜甜饼也没忘记,他是一个有良心的孩子……"狗熊奶奶乐呵呵地从夜莺姑娘手中接回了信,迈着轻快的步子,回家给小孙子做甜饼去了。

世界上最响的声音
/ [美] 贝杰明·爱尔钦 /

从前,世界上有一个最吵闹的地方,叫噼里啪啦城。噼里啪啦城里的居民总是大叫大嚷,他们关门的声音是全世界最响的;警察吹起哨子来,是全世界最刺耳的;连城里的鸭子也是全世界叫得最响的。在所有吵闹的居民中，要数喧闹王子闹得最厉害了。

王子的生日快到了，国王问他想得到什么生日礼物。

喧闹王子说："我想让世界上所有的人在同一时刻发出叫喊，使我能听到世界上最响的声音。"

这个主意让国王很兴奋，他派出上百个信使，到各国传送信息。不久，回信接二连三地寄来了。

全世界都因这个想法激动起来了，人们越来越兴奋。

在一个边远的城市里，有个小男孩对他的好朋友说："我叫得那么响，怎么还能听到别人的喊声呢？"

他的朋友想了想，说："这样吧，我们和其他人一样张大嘴，但是别发出声音。当大家拼命高声喊的时候，我们就可以好好听听那喊声了。"

男孩把这个办法告诉了爸爸妈妈，他的爸爸妈妈把这个办法告诉了朋友们。这些朋友又告诉了他们的朋友，他们的朋友又告诉了朋友的朋友。

不久，噼里啪啦城里的人，甚至全世界的人都在这么想：在千百万人的喊声中，不会缺少我一个人的声音，我还是仔细听听这难得一听的声音吧。

这一天终于到了，成千上万的人挤满了王宫前面的广场，他们欢呼着，叫喊着。在高高的阳台上，喧闹王子正高兴地等待着那世界上最响的声音。

只剩下 15 秒……10 秒……5 秒……到了！

所有人都竖起了耳朵，搜寻着那世界上最响的声音——可是什么也没有听到，到处是一片寂静。所有的人都想听到别人的喊声，谁也没有发出声音。

广场上的居民个个耷拉着脑袋，准备悄悄溜走。突然，从花园那边传来一阵美妙的声音，他们停下来，静静地聆听。王子第一次听到了小鸟的歌唱，听到了微风在树叶间的低语，听到了小溪潺潺的流水声。他有生以来第一次听到了大自然的声音，意外地得到了"安静"这个礼物。他欣喜地微笑着，有一种从未有过的快乐。

后来，噼里啪啦城里的居民说起话来都轻言细语，他们还有关起来声音最轻的门，哨子吹得最柔和的警察，全世界最文静的鸭子。

竹　笋
/［日］新美南吉/

竹笋一开始是长在地底下，到处钻来钻去的。等到一场雨过后，它们就会从土里面嘭嘭嘭地探出头来了。

而我们现在要讲的这个故事，就发生在竹笋还长在地底下的时候。

竹笋宝宝们老爱往很远的地方跑，竹子妈妈对它们感到头疼极了。

"别跑那么远的地方去，从竹林底下跑出去的话，会被马蹄踩到的！"她警告说。

可不管她怎么警告，还是有一个小竹笋不断地往远处钻去。"你为什么就是不听妈妈的话？"竹子妈妈问他。

"因为那边有个温柔动听的声音在呼唤我。"那个小竹笋回答道。

"我们什么都没听见啊。"其他的竹笋宝宝们说。

"可是我听见了。那声音真是说不出的好听。"小竹笋回答道。

于是，他越走越远，越走越远，最终离开了其他的竹笋们，在篱笆的外面探出了头。

就在这时，一个拿着横笛的人凑了过来，问道："啊呀，你是迷了路的竹笋吗？"

"不，不是的。我是因为你吹出来的笛声实在太美妙了，所以才被吸引过来的。"小竹笋回答道。

后来，当小竹笋长大了、变硬了的时候，就成了一根非常漂亮的横笛。

语文教学的"好声音"

在首届北京国际儿童阅读论坛上,特级教师周益民上了一堂课:《声音的故事》。

声音无处不在,但我们对声音既熟悉又陌生——熟悉的东西往往是陌生的。从熟悉到陌生,再从陌生到熟悉,正是一个教育的过程,周益民将这一过程定位于:究竟什么是"好声音"。确实,好声音应当是有内涵的。这样的定位,引导学生从日常用语的好声音走向具有文化意义和教育意义的好声音,进而用有意义的好声音去判断、选择日常生活中的好声音。这样,同一个"好"却有了质的区分,有了价值的提升。不难理解,主题阅读的"主题"是一种核心价值和意义,一个又一个如此的"主题"会积淀、内化为学生的价值,让他们逐渐寻找最大公约数,扣好人生的"第一粒扣子"。

周益民选择了三篇描写声音的文章:张秋生的童话《给狗熊奶奶读信》、贝杰明·爱尔钦的童话《世界上最响的声音》和新美南吉的《竹笋》。三篇文章有三个不同的视角,道出了好声音的不同内涵。《给狗熊奶奶读信》说的是河马给狗熊奶奶读信,粗声粗气,连"亲爱的"也不加，似乎是命令的口气；而夜莺姑娘喝了点露水润润嗓子，同样没有用"亲爱的"，但可以从语气中听出来，比加"亲爱的"还要亲热，奶奶说小孙子是个有良心的孩子。周老师引导学生体认好声音之好，在于真心、真诚。《世界上最响的声音》说的是噼里啪啦城里所有的人，一起张大嘴，但都不发出声音。正是在一片寂静中，大家听到了最美妙的声音，那是小鸟的歌唱，那是微风中树叶的低语，那是小溪潺潺的流水声……周老师引导学生认识大自然的声音，"安静"是最好的礼物。《竹笋》说的则是小竹笋在地底下听到远方声音的呼唤，于是老爱往远的地方跑，终于在篱笆外探出了头，听到了美妙的笛声，而他自己后来成了一根漂亮的横笛。周老师引导学生去体认，有心愿、有追求，才会听到美妙的声音，才会发出美妙的声音。

三个故事短小精悍，都十分生动，洋溢着童趣，又从三个不同的视角解读了究竟什么是好声音。孩子们渐渐理解了好声音是来自内心的，来自大自然的，来自对梦想的追求的。而且，好声音是多元的、丰富的。正是在这样的阅读教学中，我听到了孩子们的好声音，听到了教育的好声音，听到了儿童阅读论坛的好声音。

最后，我还想说的是周益民的教材观，抑或说是他的课程观。我们常说，教师不只是课程的忠实执行者，更重要的是课程的创造者，但怎么落实？教师们总是困惑，感觉难以落实。周益民一直执着地研究，走自己的路：根据课程标准，从儿童的生活出发，从人类丰富优秀的文化中寻找材料、开发资源并加以联结，产生意义的关联作用，组成一个又一个主题，形成一个又一个专题。完全可以说，周益民是一个优秀的课程创生者、教材编创者。当下，我们需要对现行教材加强研究，还需要鼓励、提倡教师自己去开发教材。这样，呈现在学生面前的才是一个开放的、丰富的世界，在这样的世界里听到好声音，教师也才能听到内心的好声音。如果我们安静下来，即使不用"亲爱的孩子们"的字样，也会像小竹笋那样听到并创造出语文教学的好声音。

成尚荣

江苏省教育科学研究院

好的童话会让人"想了又想"

好的童话既有意思,更有意味。我们在读童话的时候,不仅要读懂童话的意思,更要感悟童话的意味。童话的意思人人都能"看"得见,但"意味"隐藏在"意思"背后,很难被发现。很多时候,我们以为自己读懂了童话,但其实只是读懂了童话的意思,而童话的意味我们并没有理解。所以,好的童话一定会让人"想了又想"。周老师给大家呈现的三篇童话故事,如果没有"想了又想",学生可能不会明白,真正的好声音,一定是触动心灵的美妙之音。

一、借助联想,再造童话的纯美意境

童话起源于口传的民间故事,它表达的是人们对美好的向往。童话作者总是为读者营造一个"明晰整洁的世界"。在这个世界里,一定会有美的人物、美的故事、美的意境,当然还有美的结局。阅读童话,就是要借助联想将美的文字转化成美的画面,让读者感受到童话纯美的意境。

在《世界上最响的声音》中，作者这样描述自己心目中美好的声音："突然，从花园那边传来一阵美妙的声音，他们停下来，静静地聆听。王子第一次听到了小鸟的歌唱，听到了微风在树叶间的低语，听到了小溪潺潺的流水声。"

显然，这是来自大自然的天籁之音，它其实就在人们身边，但人们却从没有用心地聆听。为了让学生感受这种自然之音的美妙与纯净，周老师先是让学生朗读这一段，力求用自己的声音表达"听见"的天籁。

随后，为了让自然界的天籁之音更真实地回旋在学生的耳畔，周老师精心设计了一个教学情境：先让学生在教室里用自己所能想到的方式发出最大的声音，接着他发出了第二个指令——停止发声。同时，周老师播放了一段来自大自然的声音。奇迹出现了：寂静的教室上空飘来了小鸟的鸣叫、微风的低语、流水的欢唱，似乎空气中都散发着音韵的芳香。

学生用心听，他们听到了平时从没注意到的鸟叫虫鸣之声、微风流水之声……周老师在一旁点拨："用心聆听，或许还能听到更安静的声音……"

此刻，教室里静极了，但学生的思维已经被激活了，他们由听到的声音联想到自己内心的声音，于是有了下面精彩的描述：

生：我听到了一片片树叶飘落的声音。

生：我听到了一朵鲜花绽放的声音。

生：我听到了树木生长的声音。

生：我听到了毛毛虫破茧而出的声音。

生：我听到了雨点滋润花草的声音。

生：我听到了春笋破土而出的声音。

……

学生由文字和音乐联想到了大自然里的鸟叫虫鸣、风语水吟，进而由这些可感的声音联想到心中的声音，感受到了童话的力量。这样的联想自然地为他们创设了一个纯美的意境，勾画了一个纯美的世界。读这样美丽的文字，徜徉在这样美丽的意境中，人的心灵也会变得安静而美好。

二、借助幻想，抚慰儿童的纯真情感

童话是具有浓厚幻想色彩的虚构故事。小孩子喜欢幻想，敢于冒险和创造，童话故事契合了孩子的心性，这也是孩子们喜爱童话的主要原因。很多时候，儿童在现实世界中不能得到的，却在童话世界里得到了。他们的心理由此得到满足，情感得到抚慰。

你看，现实中的"小竹笋们"因为妈妈的呵护，不能独立地面对世界。但在童话的世界里，他们自然地将自己幻化为故事里的那个能听从内心的声音、坚持自己的梦想、勇敢而独立地面对未知世界的"小竹笋"。在阅读童话的过程中，他们的冒险精神、创造精神得到了满足。同样，我们处于一个躁动的世界中，快节奏、大容量、高效率的世界令儿童不安、焦虑，缺乏安全感，而《世界上最响的声音》却为他们营造了一个无拘无束的、充满鸟语花香的世界，儿童幻想自己就生活在这样的童话世界里，这让他们的紧张心理得到舒缓。

在《世界上最响的声音》中，大家都要发出最响的声音，偏偏就有一个孩子想听别人的声音，于是他选择了与别人不一样的做法：不发声。其实，这个孩子不正是现实世界中的豆豆、洋洋、贝贝吗？在现实世界中，他们被要求整齐划一，被要求步调一致，长此以往，他们失去了自我，成了大人们的"摆设"。但在童话世界里，他们终于找到了自己。这种暗示乃至鼓励，让他们受到束缚的情感得到了一定程度的宣泄。

从这个角度来说，阅读童话，其实是一种心理治愈。

三、借助冥想，感悟童话隐藏的"真理"

童话故事隐藏着"潜在的内容"，而"潜在的内容"往往是故事内部的"真理"，如《给狗熊奶奶读信》中的"爱"、《世界上最响的声音》中的礼物"安静"、《竹笋》中的"梦想"等。这些都是童话的本质，而本质的东西眼睛是看不到的，需要静静冥思，用心感悟。《竹笋》表面上是说地底下的小竹笋听到外面世界动听的笛声，拼命地向外钻，最后成了一支漂亮的横笛。而"潜在的内容"，即故事隐含的真理则是告诉孩子们要"听从自己内心的召唤""坚持梦想才能实现梦想"。这是阅读的难点。周老师在教学中采用的方法就是不断引导学生思考，在冥思中一步一步地逼近"真理"。

我们以《竹笋》为例，回顾一下学生是怎样在周老师的引导下"冥思"进而"顿悟"的。

思考一：寻找故事中的好声音——如"温柔动听""那声音真是说不出的好听"。（从故事中寻找，很容易。）

思考二：这个好声音在哪里？——在外面。（声音是从外面传来的，学生的直觉让他们一下子得出了这个结论。）

思考三：这个好声音又在哪里？——在小竹笋的内心深处。这个问题学生一下答不上来，于是老师追问："为什么其他竹笋宝宝都没听到？"（显然，这个声音不仅存在于外面的世界，更在小竹笋的内心。）

思考四：怎样才能拥有好声音？——有理想、有愿望、有强大的内心就会拥有最动听的声音。（此刻，学生的思考已经逼近故事的本质。）

思考五：你明白了什么？学生思考感悟，豁然开朗，顿悟故事的本质——坚持自己的梦想，就会实现梦想。

童话是想象的，但它的哲理是真实的。很多时候，我们的心，我们的眼，被这个世界的表象所遮蔽。阅读童话，冥想静思，会让我们重新获得力量与智慧。

四、借助观想，传递童话的美好因子

阅读儿童文学，重要的是在故事中找到与"我"的联系。读完之后，掩卷之时，想一想：这个故事与我有什么关联？把自己放进故事中，自觉地感悟与传递故事中的美好因子，让故事成为生活的一部分。用阅读改变自己，改变周边的人，甚至改变世界，这才是阅读的最终目的。周老师在课堂教学的最后一个环节，要求学生把故事里的好声音推荐给自己周围的人。有一个学生说，要将坚持梦想的小竹笋的故事推荐给内心不那么坚定的人，希望他能像小竹笋那样听从内心的召唤，坚定意志。另一个学生说，要将喧闹城的故事推荐给烦躁不安的人，让他学会聆听，得到"安静"这个礼物。还有一个学生说，想将《给狗熊奶奶读信》推荐给所有同学，因为这样可以让大家感受到爱的伟大。其实，无论学生将好声音推荐给谁听，都说明他们已经读懂了故事，也试着用自己的阅读帮助自己，帮助别人，传递美好。阅读正试图改变他们的生活，这才是最令人高兴的事情。

好的童话的确会让人想了又想，回味无穷。

刘咏春 / 特级教师

江苏省宝应县教育局教研室

04. 荒诞的合理与合理的荒诞

-------------------- 《冰冻声音》教学记录 --------------------

教学年级 / 四年级
教学时间 / 50分钟
执教日期 / 2015年11月

一、讲述故事

师：我发现，无论是大人还是孩子，都爱听故事、读故事。有一本书，甚至书名就叫《用故事喂大孩子》。当人们听故事、读故事的时候，表情特别生动。记得有一回，我们班上有个同学在看一个童话，看着看着，突然瞪大眼睛，张大嘴巴，叫了一声"啊"，过后不久，又笑了起来，轻轻说了声"哦"。(显示"啊""哦")这是怎么回事，你们知道吗？

生：因为你读着读着，突然觉得很惊讶，然后就"啊"地叫了起来。

生：因为故事里有许多让我想不到的事情，所以我会"啊"。

师：哦，你是深有体会啊！（学生点头）

生：前面发出"啊"是有疑惑，后来读着读着明白了，就"哦"了。

师：明白了，是恍然大悟的感觉。

生：我觉得有点自问自答的意思。一开始很惊讶，看到后来明白是怎么回事了。

师：看来不少同学都有过这样的体会，有过这样的经历，我也有过这种体验。怎样的童话是好童话，各人有各人的评判标准，我的一个标准是，看它有没有让人"啊"和"哦"。今天，我给大家带来了一个童话。（出示题目：化冻了的声音）这个题目让你"啊"了吗？

生：我有点奇怪，声音怎么会冻住又会化冻呢？

师：你很会思考，由题目的"化冻"推测出声音先被"冻住"了。

生：我很好奇，我们从来没看到声音被冻住的，我"啊"了。（众笑）

师：那好，下面我就满足大家的好奇，来讲讲这个故事。如果你知道这个故事，请一定要暂时保密，让同学们有一种新鲜感。

（教师讲述故事《化冻了的声音》，学生听得非常投入。）

化冻了的声音

那一年的冬天非常冷，连太阳仿佛都感冒了，发的光不是热的，而是冷的。我在马车里冷得直哆嗦，不过没有其他办法，只能期待着快点离开这个鬼地方。

我们眼下正走在一条坎坷不平的小道上，两旁全是荆棘，只能容一辆马车通过。为了防止与对面的马车相遇，我让车夫吹起了号角，以提醒对面的马车闪在一边，等我们过去。我的车夫按照我的命令把号角放到嘴上，用上平生之力吹了起来，可是吹了半天，一点声音也没有吹出来。真是奇怪！

　　……

　　到了旅店后，我的车夫将号角挂在了炉火旁，走到我身旁开始和我聊天，聊着聊着就迷迷糊糊地睡着了。

　　忽然，耳畔响起了"哒嘀、哒嘀、哒哒嘀"的声音。我们立刻被惊醒，发现声音是从号角里传出来的！我们惊讶极了，但马上就明白了为什么在外面怎么吹也吹不响，而在屋子里不吹它却自己就响了。

　　原来，早先在冰天雪地里，这些声音在号角里给冻住了，而现在声音在炉火旁化冻了，又嘹亮又清脆。还不光是这些信号声呢，车夫这一整天吹的所有其他音乐，也全都融解了，一首接一首演奏起来。

（根据原著相关章节摘编）

二、讨论童话的特点

师：我刚才看到你嘴巴张得大大的，为什么呢？

生：我觉得这个故事好有意思，我根本没想到这个地方冷得连声音都冻住了。

生：这个写故事的人太会想了。

师：是啊，童话之所以吸引人，很重要的一点就是有奇思妙想。这样的奇思妙想，常会让人"啊"地惊叫。因此，想象是童话的灵魂。如果说童话是一只小鸟，那么，想象就是这只小鸟的——

生：翅膀。

师：那么，如果这个童话这么写——他们在非洲的大沙漠里行走，声音被冻住了。后来，他们来到寒冷的西伯利亚，声音化冻了。行吗？

生：不行，这样写没人信的。

师：为什么呢？童话本来就是想象出来的嘛。

生：可是，我们知道，水只有到零度以下才会结冰，遇热才会化冻。如果说反了，就没人信了。现在说声音，也得是这样才对。

生：尽管是想象出来的，但是也不能胡编乱造的。

师：说得好。童话中，所有的奇思妙想都得在情理之中，要入情入理。

童　话

"啊？"——有奇思妙想。

"哦！"——要入情入理。

师：这个故事选自《吹牛大王历险记》，它是一部 18 世纪的德国童话，很有影响。"吹牛大王"叫明希豪森，喜欢四处游猎、夸夸其谈（显示封面及相关信息）。下面，我们再听《吹牛大王历险记》中的另一个故事,题目叫《疯了的皮大衣》。大家仔细听听,这个故事有让人"啊""哦"的地方吗?(教师与学生合作朗读故事)

疯了的皮大衣

有一次,我在圣彼得堡的一条小巷里散步,突然,一条疯狗向我追来。我实在不想跟这只疯狗肉搏一场,于是就选择逃跑。

我拼命地跑,不过由于身上穿了一件沉重的大衣,所以跑不快。于是我一边跑,一边脱掉皮大衣。终于冲进了家门,我马上把大门关得紧紧的,而那件皮大衣呢,就被扔在了街上。

疯狗没咬到我,所以就拿皮大衣出气,扑到皮大衣上拼命地乱咬。直到有人路过,打死了这只疯狗后,我才让仆人跑出去,把皮大衣捡了回来,又让我的裁缝约翰将咬破的地方补好。约翰补好后,就把它跟其他的衣服一起挂在壁橱里。

谁知第二天早上,我的仆人慌慌张张跑到我的卧室,大声喊道:"我的上帝,男爵先生,您的皮大衣发疯啦!"我急忙跳下来,打开衣橱一看,你们猜怎么着?我所有的衣服,全被那件皮大衣撕得粉碎!

仆人说得一点没错,由于我的皮大衣昨天被疯狗咬了,所以它也发疯了。现在,这件皮大衣正疯狂地扑到我的新军大衣上乱咬，军大衣马上就被撕碎了。

我实在忍无可忍，抓起手枪对这疯皮衣就是一枪，疯皮衣立刻就不动了。为了避免这样的事情再次发生，我就叫仆人将所有被咬过的衣服都烧掉了。

生：衣服怎么可能会疯呢？不可思议。可是，它被疯狗咬过了，所以疯了。

师：联系生活经验说说。

生：在生活中，人被疯狗咬后可能会得狂犬病，现在，皮大衣被疯狗咬了，也被传染了。

师：人被疯狗咬后得了狂犬病，如果写下来，只是个普通的生活故事，而作家由此想到让皮大衣发疯，就成了一个有意思的童话。这本书里，这样的故事还有不少。（出示部分故事名）

《拉着辫子跳出泥潭》
《用眼爆的火星打野鹤》
《把里子翻出来的狼》
《骑炮弹飞行》

三、想象练习

师：下面，请同学们来做"小小评论家"——作家的想象入情入理吗？同桌讨论讨论。（出示）

1. 匹诺曹怕火，不怕被鱼吃掉，能浮在水面。

2. 长颈鹿坐在最后排，考试时，河马老师怀疑他偷看。

3. 森林大厦着火了，高楼里的小松鼠们抱着地面上大青蛙的脖子离开了火海。

生：我觉得第一条里，作家想得入情入理。我们知道，匹诺曹是个木偶，所以不怕被鱼吃掉，也能浮在水面上。

师：看来你很爱读书，知道匹诺曹是《木偶奇遇记》里的主人公。

生：第二条也入情入理，因为长颈鹿的脖子太长了，考试时，给人想偷看的感觉。

生：他只要脖子稍微动一下，就给人感觉要偷看了。考试那么长的时间，不可能脖子一动不动的，总要抬抬头什么的。

生：长颈鹿的脖子那么长，尽管坐在最后，可是脖子估计得伸到前面几张座位上了，当然被认为要偷看了。

生：第三条不对，大青蛙根本没脖子，小松鼠们又在高楼里，够不着的。

师：怎么改就可以了？

生：改成长颈鹿就可信了。

师：你有当童话作家的潜质。我是根据作家汤素兰的一个童话改写的，原作里就是长颈鹿。

生：这样才对。

师：接下来，再请同学们做"小小作家"——在童话里，含羞草会是个怎样的人？比如性别、年龄、性格……

生：我把含羞草想象成一个小姑娘，非常可爱，还有点害羞。

师：怎么害羞呢？你的依据是什么？

生：这个小姑娘一看到陌生人就脸红，连忙躲到妈妈身后。因为一碰含羞草，它的叶子就闭上了。

生：含羞草的名字已经说明了它的特点，所以，我想象它是个很胆小怕事的女孩，一有风吹草动就吓坏了。

师：两位同学的想象都是基于含羞草的特点，如果把它想成一个鲁莽的大汉，读者就很难接受了。

生：含羞草是位古代的小姐，一天到晚躲在自己的房间里。

师：那叫绣房、闺房。

生：我把它想成一个很开朗的女孩。

师：（惊讶）开朗？

生：是的。含羞草原先一直很胆小，一见人就脸红。妈妈就告诉它，要大方，要多与人交流。渐渐地，它就变得开朗了。

师：你的想象很特别，因为你想到了人物的变化和成长。并且，你其实还是注意到了含羞草本身的特点，想象它起初是胆小害羞的。

师：接下来，我们加大难度，给片段续编，从两个中任选一个，努力既让人"啊"，又叫人"哦"。前后四人讨论。（出示材料，学生热烈讨论。）

妈妈晚饭做了油炸铅笔给爸爸吃，爸爸吃了肚子疼……

四四格先生就把小林一夹，坐上了一辆绿色马车。

小林问:"你带我去做什么?"

"做工,做工。"

"做什么工?"

"什么工都要做,都要做。"

"给钱吗?"

"不给,不给。"

过了一会儿,小林又问:"你说起话来,为什么一句话要说两遍?"

四四格摸摸绿胡子,答道:"……"

生:妈妈晚饭做了油炸铅笔给爸爸吃,爸爸吃了肚子疼,于是,他们去了医院。医生一检查,原来铅笔在肚子里乱跳。

生:爸爸捂着肚子在地上打滚,结果妈妈又拿出一支油炸铅笔给爸爸吃,说以毒攻毒吧。(众笑)

生:妈妈又拿出一块油炸橡皮给爸爸,说:"快吃,油炸橡皮没有毒,还可以擦掉铅笔的毒。"

生:爸爸吃了肚子疼,到超级大药店看病,医生给了他一盒泻药,这样就能把铅笔给拉出来了。(生大笑)

生:爸爸吃了肚子疼,连忙去上厕所,用纸一擦屁股,上面都写满了字。(众笑)

师:请同学们从"啊"和"哦"的角度评一评,谁编得更有意思?

生:爸爸肚子疼去买药是情理之中的,再吃一支铅笔是没想到的。

生：橡皮可以擦掉铅笔的痕迹，所以，妈妈又拿出一块油炸橡皮给爸爸吃，既让人"啊"，又叫人"哦"。

师：同学们分析得不错。我们来看看原著中是怎么写的。这个片段选自日本作家矢玉四郎的《晴天有时下猪》（出示封面），对，是"下猪"。（众笑）

（教师与一名学生合作朗读片段。）

不一会儿，爸爸的脸色开始发青。他叫道："肚子疼。"

我担心地对妈妈说："瞧，就是油炸铅笔吃的。快叫医生吧。"

妈妈却笑了："别大惊小怪的。则安，把橡皮拿来。"

"橡皮？你在说什么呀？快叫救护车吧。"

"好啦好啦，快拿来！"爸爸已经是汗流满面了。

妈妈像搓萝卜丝似的，把橡皮搓成细细的丝。一眨眼的工夫，橡皮丝就像小山似的堆了起来。

"对付铅笔，就要靠橡皮、橡皮。"她一边说，一边把橡皮倒进爸爸的嘴里。

爸爸歪着脸，闭着嘴，好半天才缓过来。

"啊，好多啦。"他终于恢复了常态。

生：我觉得"爸爸"肚子都疼了，应该带"爸爸"去医院啊。

师：那好，我们现在来比较：一种是"妈妈"带"爸爸"去医院，另一种是像原著中那样，你觉得哪种有意思？

生：我觉得原著有意思。平时我们肚子疼是去医院，写下来不稀奇，现在，"妈妈"给"爸爸"吃橡皮丝治好了肚子疼，这才好玩。

生：而且，生活中橡皮能擦铅笔字，所以故事里这么写也是有根据的。

师：大家都说得不错，爸爸肚子疼这件事，写成生活故事和写成童话故事，是不一样的。

生：爸爸肚子疼，生活中那就得去医院或者吃药。（师插话：生活里也不会吃油炸铅笔）童话里如果也这么写，就不是童话了，所以得跟生活中不一样。

师：你很有见地，说出了两者的区别。下面，我们来交流第二个片段的续编。

生：因为四四格坐在马车上，马车很大，有回声。

生：四四格天生有点结巴，所以说两遍。

生：四四格是要强调，重要的事情说两遍。（众笑）

生：他名叫四四格嘛，说话用的词得是双数。

师：同学们想的也都挺有意思的。这是著名童话《大林和小林》里的片段，作者是张天翼。原著里是这样说的：（出示，学生大笑。）

因为我的鼻孔太大了，太大了，说起话来鼻孔里就有回声，有回声。

生：作家真会想。因为我们一般都会想要么是地方大有回声，要么是结巴，可是童话里竟然说鼻孔大得有回声，真是太让人"啊"了。

生：地方大了有回声，所以又让人"哦"。

师：是啊，《晴天有时下猪》《大林和小林》是两部很受欢迎的童话，里边的故事非常精彩，既荒诞，但细想来，又入情入理。

四、故事创编

师：我们回到一开始讲的故事《化冻了的声音》。声音能够冰冻，这是一个非常棒的灵感。下面，我们借用"冰冻声音"这个灵感来编一个故事，编一个与《吹牛大王历险记》里完全不同的故事，努力做到既让人"啊"，又叫人"哦"。怎么编故事呢？编故事是有窍门的。我们来看看作家是怎么编故事的。作家汤汤有个非常动人的童话《到你心里躲一躲》，在有了这个灵感后，她在心里不断地想：（出示）

> 躲到谁的心里去呢？嗯，就躲进"鬼"的心里去吧，那些叫作"傻路路"的鬼，只喜欢孩子的鬼。
>
> 让谁躲到傻路路的心里去呢？对，那是一个叫作木零的孩子。
>
> 为什么要躲进去呢？为了取走傻路路心里头很值钱的珠子。
>
> 取走了以后会怎么样呢？傻路路会忘记过去的事情，眼睛会失去原来的光彩……

师：作家想了哪些问题？作家先想——

生：（齐）躲到谁的心里去呢？

师：作家接着想——

生：（齐）让谁躲到傻路路的心里去呢？

师：作家又想——

生：（齐）为什么要躲进去呢？

师：作家继续想——

生：（齐）取走了以后会怎么样呢？

师："谁""为什么""怎么样""结果"，作家就这样思考着。把这些问题想清楚了，一个故事也就诞生了。这样的过程叫作"构思"。围绕"冰冻声音"，我们可以想哪些问题？同桌讨论讨论。（学生讨论）

（学生交流，问题有：谁要冰冻声音？冰冻谁的声音？为什么要冰冻声音？怎么冰冻的？冰冻的结果怎样？）

师：对，就这样，围绕"冰冻声音"，可以往前追问，再往后追问。这样追问后，就要再想得奇一点。请再想想，围绕一个问题，怎么想得奇一点？

生：比如，谁冰冻，这个人很重要，要想好。（师插话：比如什么样的人？）比如，可能是个巫婆之类的。

生：还有，冰冻以后，我们可以想象声音会发生某种变化。

师：这个有意思，稍微展开说说。

生：声音冰冻后能看到了。

师：既然能看到，就会有——

生：有各种颜色、形状什么的。

师：既然想到、看到，或许——

生：还可以想象能闻到呢。

师：对，就这么大胆地想，"谁""为什么""怎么样""结果"，想一想，轻声说一说。（学生思考，同学间小声交流。）

生：从前，这个世界上，只有一个人有声音，他是一位魔法师。他非常善良，觉得人人都应该有声音，这个世界才丰富。于是，他就在魔法书里找啊找，找了三天三夜，才找到方法。他往自己的嘴巴里倒了很多冰块，就这样，他的声音被冻成一个大冰块。他把声音取出来，往空中抛去。声音冰块变成无数小块飞向世界各地，飞进了各地人们的嘴巴里，世界上的人们都能讲话了。

师：一个让人十分感动的故事，一个爱与奉献的故事。如果写下来，建议再多一点描写。比如：起初的时候，人们都没有声音，世界多么寂寞，人们的交流又是多么困难；魔法师冰冻掉自己的声音，是否会面临某种损失，等等。这样写下来，会是一个十分动人的童话：冰冻的声音，美好的情感，无私的奉献。

生1：我想的是一个歌手的故事。这个歌手会唱很多歌，给大家带来欢乐，可是，她还是不满足，她想：怎么才能让自己的声音更加动听，让辛劳的人们从自己的声音中得到更多的安慰呢？于是，她找到了森林里的小巫婆。小巫婆使用魔法将她的声音冰冻住，在冻住的声音里，加上了茉莉的清香，加上了云彩的颜色。声音解冻了，歌手的声音变得更加动听，既有香味，还色彩缤纷，大家都更爱听她唱歌了。（学生鼓掌）

师：又是一个温馨的故事。你们鼓掌是被什么打动了？是否还有什么建议？

生2：这个歌手要给大家带来更美好的声音，这让人很感动。

师：是啊，好故事是有情怀的，是让人向往美好的。

生3：这个故事也想得很特别，竟然在声音里加上色彩和香味。

生4：我有个小建议，既然可以加色彩和香味，还可以再加点形状，这样更特别。（师插话：加什么形状呢？）比如，加上雪花、星星和月亮的形状。

生5：加上三叶草、气球、风筝、足球的形状，等等。

师：总之，是能给人们带来愉悦的形状。

生6：我建议，怎么冰冻的，用什么方法，可以再想想，弄得神秘一点儿。

师：（对生1）听了刚才大家的这些想法，你有什么想说的吗？

生1：大家的建议很好，我会加进我的构思里去的。谢谢大家！

师：好作品是在不断修改中完善的，我们期待着你的佳作。

（又有个学生说要冰冻住时间之声，教师表示这需要在故事开始交代一个前提：时间是有声音的，声音停止，时间就停止。这个创意引发大家的热议，冰冻时间之声，有的说是要留住快乐的时光，有的说要让妈妈永远年轻，有的说爸爸又要去远方，要让他留在家中。）

师：同学们都是想象的高手，这些构想都很有意思，建议大家课后将构思的故事写下来。

附学生课后作文：

"不要冻住自己的声音"

/ 黄炜柏 /

格路路是王国里最著名的歌唱家,他的声音像山涧的流水,能一直流到人们的心田。

"啊,你的声音真美妙!"国王赞叹道。

"我一辈子都不会忘记你的声音!"王国里最年长的老人拉着他的手说。

"你的声音是我最珍贵的财富。"邻居这么对他讲。

格路路听着这些赞美,想:我的声音这么美妙,可每天被他们白白听去,岂不是太便宜他们了?不行,以后不能唱歌给他们听,甚至连话都不能跟他们讲。

从此,他见人就躲着,为了防止讲话,还戴上了口罩。冬天快到了,人们都在加紧准备粮食。大家一直不见格路路,就去敲他家的门。格路路想:不能去开门,不能回答他们,不能让他们白白听我的声音。于是,他躲在屋里,一声不吭。

寒冷的冬天终于到了。因为有了充分的准备,人们都在屋里烤着火,吃着红薯。可格路路就惨了,他什么都没有啊!实在支撑不住了,他只得硬撑着去邻居家。

敲开门,见是好久未见的格路路,邻居连忙请他进屋。格路路想开口说话,却发现怎么都发不出声音了。原来,他的声音被冻住了,已经不能讲话了。

邻居见格路路冻得直哆嗦,忙把他拉到火炉旁,给他送上最大的烤红薯，端上放了蜂蜜的水。其他邻居听说好久不见的格路路出现了，都纷纷过来。一句句问候的话语，一个个热切的眼神，一次次温暖的拥抱，格路路只觉得心里边热乎乎的，有一种暖暖的东西一直往上涌，终于涌上了喉咙口。

"谢谢你们！"啊，格路路的声音化冻了！他们围在一起，激动地唱起了歌，唱了三天三夜。据说，格路路的歌声比以前还要动听。

"不要冻住自己的声音哦！"这成了格路路现在经常挂在嘴边的一句话。

南极奇遇记
/ 方子妍 /

贝贝是一只小熊，最爱冒险。有一天，他突发奇想，想要去南极找企鹅玩。于是，他开着自己的私人飞机，来到了南极。

来到南极上空，贝贝往下望去，只见蔚蓝色的海面上漂着一块块浮冰，一座座冰山巍然屹立，泛着耀眼的光。贝贝小心地把飞机降落在一块浮冰上。他走出舱门，望着这美景，不禁大吼一声："好——美——啊——"哎，等等，怎么没有声音？他想不通。这时，他看见不远处有一群胖胖的身影，这不是企鹅吗？他兴奋得连忙高喊：

"我——是——贝——贝——我——想——和——你——们——玩!"可是,仍旧没有声音。

一阵寒风刮来,贝贝不由得抖了抖身子,缩起了脖子。突然,他意识到,这里的气温比他的家乡低了二十多摄氏度,自己的声音是被冻住了!他捧起带来的水杯,"咕咚咕咚"大喝了几口热水暖暖身子,便去找企鹅玩了。

他们一起爬冰山,玩漂流,比跑步,累得筋疲力尽。

晚上,贝贝缩在飞机中的火炉旁,迷迷糊糊快要睡着时,听到了这样的声音:"好——美——啊——""我——是——贝——贝——我——想——和——你——们——玩!"哎呀,这不是自己的声音吗?贝贝高兴极了,自己的声音竟然化冻了!他情不自禁地唱起歌来:"苍茫的天涯是我的爱,连绵的青山脚下花正开,什么样的节奏是最呀最摇摆,什么样的歌声才是最开怀……"

歌声传得很远很远,企鹅们都被吸引了,纷纷过来看热闹。贝贝呢,高高兴兴地在飞机里开着它的"演唱会"。

几天之后,贝贝大大咧咧地唱着"苍茫的天涯是我的爱"回到了家。他忘不了南极的美景,好奇而热情的企鹅,还有那被冻住的声音。

"最近发展区"在地平线处
——评周益民《冰冻声音》一课

这个题目是我几年前评一位著名数学特级教师的课时即兴说出的一句话。虽说即兴，但也言出由衷，表达了我对这位老师精于创设激思问题情境、妙在引领学生最大发展之高超教学艺术的充分认可、赞赏与仰慕。现在有幸拜读挚友周益民老师《冰冻声音》一课的教学实录，结合我曾经多次领略过他儒雅而自然、精彩而恬淡、奇妙而严谨、娓娓道来而高潮迭起的教学形象与风格，好像置身他的课堂，和孩子们一起"同呼吸，共澎湃"，其间脑海里、耳际边频频回响起题目的这几个字、这一句话：是的，由于益民的精心引导、精彩点化，孩子们的"最近发展区"似乎不再是一个有限的区间，而变得十分广大，无远弗届，它不在眼前尺幅之内，而在天边苍茫之处。

益民是儿童文学教育方面的痴心人。痴心于此，似乎是他与生俱来的一种"宿命"，不说他对儿童文学知无不及的广泛涉猎，不说他与儿童文学诸多作家情投意契的深入交往，也不说他在当前中国儿童文学教育领域里很好的人脉和很高的知名度……单说早年在同龄人普遍尚未开蒙心智之时，他就有意识地留存、整理各种儿童文学报刊，以至于个人所积差不多成了一座小小的博物馆这一点，就能"推知"儿童文学或儿童文学教育成为其生命中的"第三件事"（周益民有文，题为《"第三件事"：为了文学与童年的欢聚》)，则是他无可逃离的一种逻辑必然。对儿童文学、儿童文学教育全身心地浸入和卷入，使他自己在这些方面走得很远，也正因此，才能把孩子们带到遥远的"地平线"处，才能上出《冰冻声音》这样使孩子们仿佛摇身一变，变成童话作家、童话批评家和儿童哲学家等一类角色的好课。益民上的是童话读写课，他的课本身就是一篇神奇的童话。这样说，除了因为孩子们奇妙而瑰丽（这个词用在这里应该是恰当的）之想象使课堂氤氲着一种童话氛围，也因为他和孩子们共度的这段 50 分钟的光阴写就了一篇奇妙而瑰丽的"课堂童话"：是的，能最传神而又准确地形容、刻画这样的课堂，则非"童话"二字莫属。

益民的课让孩子们变成了童话作家。他说："我们借用'冰冻声音'这个灵感来编一个故事，编一个与《吹牛大王历险记》里完全不同的故事，努力做到既让人'啊'，又叫人'哦'……"让孩子们和闻名世界的童话大作家展开一场创作擂台赛，这自然有着很高的难度系数，但心理学表明，有 50% 成功率的任务对于学生来说最具驱动力，而国外学者凯因总结出的"用脑的十二个原理"，其中第十一个是创造"低威胁，高挑战"的氛围，让学习者保持一种"放松的警觉状态"。益民发出指令的这个擂台赛正符合上述所有的特征，所以孩子们跃跃欲试，各显神通，创作了或许并不逊于甚至在某些方面"完胜"原作家的童话作品。我敢说，两篇《化冻声音》的"故事新编"就是这样的作品，特别是黄炜柏的《"不要冻住自己的声音"》更为我所爱：一篇充满温情的童话，有着劝人为善的寓意和哲理，这是没有办法不让人（包括成人）喜爱的，何况作者还只是一个十岁左右、有着较少人生历练的少年！

　　益民的课让孩子们变成了童话批评家。与创作活动更富有感性色彩的特征相比，批评（或评论）则是理性的，是一种深层次的思维活动。创作不易，批评更难，我们当然不必苛求孩子们的"批评"有很高的理性水平和理论造诣，说到底，他们的理性思维还要通过感性的思维和表达方式去表现与传达；从另一个角度说，浸染着感性色彩的理性思维或许在直抵事物本质的同时又显得别样的亲切与清晰，这种类似于直觉或顿悟的思维也因而具有了"深入浅出"的意蕴。儿童的理性思维往往就是这样，成人的思维玄机在他们那里有时只需要一句话就能捅破，犹如"皇帝的新装"一样。类似的文字在实录里所在多有，譬如"不行，这样写没人信的""尽管是想象出来的，但是也不能胡编乱造的"，等等。更不要说"请同学们来做'小小评论家'"那个环节，孩子们结合具体"实操"例子，就故事情节的真实性与荒诞性、合理性与趣味性等所进行的辨析、阐述，可以说无不符合、命中童话这一特殊文学体裁的创作规律、成功秘诀。学习科学研究专家裴新宁说："学习须有概括化的原理作指南，以扩大知识运用范围……学习者只有在知道并理解知识背后隐含的原理时迁移才能发生。"孩子们所悟到的这些创作之道就是"概括化的原理"，在知道并理解这些"原理"的基础上，他们进行"童话创作"将更有"理性自觉",这是最难能可贵的。

益民的课让孩子们变成了儿童哲学家。"儿童哲学"是一门在西方流传既久、在我国方兴未艾的学问,儿童可以成为哲学家,甚至,儿童本身就是哲学家。周国平说他的女儿三岁之前所提的问题都是哲学问题,五岁之后这样的问题变少了,上了小学就再也不提"哲学"的问题了。这班孩子上四年级、十岁了,课堂上他们提出了一些(类似)哲学的问题,也有不少哲理或哲学(包括"艺术哲学")方面的思考,譬如就"冰冻声音",他们进行发散性思维,其中的每一个问题都包含着一点"哲学元问"的意味;再譬如,他们所进行的很多构思都在情节之中渗透着人间温情、生命哲理,等等。从某种意义上说,益民的课就是哲学课,就是思维课,就是理性培育课,就是人生启蒙课。我在他所精心营造的"啊——哦"的惊奇与顿悟中感受到"儿童哲学(哲理)"所特有的深邃与绵密。

……

益民或许并不喜欢我上面的这些文字,因为它们有可能使本来趣味横生的课堂被分析、阐释得有点抽象、玄奥,但我只会进行如是的表达,一是思维的惯习使然,二是受制于自己在(接受)儿童文学教育方面的苍白:我的童年几乎不曾有过童话,而童话是一门错过之后就再难弥补的课程。这是我们这一代人的缺憾,好在有益民和像益民一样钟爱着"第三件事"的许多人日复一日地进行着"创造性修复"的事情,使这样的"缺憾"不至于"代有传承"。为益民的孩子们——也是我们的孩子们庆幸,但愿他们都能在童话读写乃至更广大的学习领域中走出一般人所理解的"最近发展区",并踏上走向智慧与生命"地平线"的旅程。

最后，有两个或可商榷的细节性问题提出，并向益民求教：

其一，童话创作可不可以让声音"在非洲大沙漠里冻住，而在西伯利亚解冻"？或许也可以，有时（童话）创作就是这样，所谓"合理"是"荒诞的合理"，所谓"荒诞"是"合理的荒诞"。

其二，"油炸铅笔"那一段，一个孩子说："用纸一擦屁股，上面都写满了字。"这真可谓是"想落天外"，看似滑稽，实则非常幽默与睿智。"众笑"之后益民未曾置评，是否因为这个想象有点"不雅"？如果是，又如何巧妙地引导孩子们从"不雅"的表象上面"走过"？

冯卫东 / 特级教师

江苏省南通市教师发展学院副院长

05. 传承一种中国表达

-------------- 《谐音》教学记录 --------------

教学年级 / 五年级
教学时间 / 50分钟
执教日期 / 2013年11月

一、引出谐音

师：同学们对三国故事非常熟悉吧？我们玩一个"脑筋急转弯"游戏——话说刘备手下有员猛将，长坂坡一声大吼……

生：(抢答) 张飞！

师：呵呵，反应真快，是张飞张翼德。不过，我的问题是，他的妈妈是何人？

生：就是张飞的妈妈啊。(众笑)

生：我知道，张飞的妈妈姓吴，因为"无事生非"。

师：你竟然知道啊！是吴氏老太太生的张飞。古代妇女地位不高，普通人家的女孩儿只有姓，无名。王姓的女儿，就称"王氏"。张飞的妈妈姓吴，吴氏。根据是——（出示：无事生非—吴氏生飞）

生：（笑）这么个"吴氏生飞"啊！

师：再请听：刘备有个军师，在中国人心里，已经成为智慧的化身。（生：诸葛亮）东吴孙权手下有一员大将，一直不服诸葛亮，与诸葛斗智，最后被气死。（生：周瑜）现在考大家的是，周瑜的妈妈、诸葛亮的妈妈分别是谁？

生：不会还是"吴氏生飞"吧？

生：我猜，肯定跟"吴氏生飞"一样，也是有一个词，读音一样的。

师：你猜得很准。周瑜临死前，仰天长叹："既生瑜，何生亮"（出示），因此——

生：（笑）我明白了，是季氏生的周瑜，何氏生的诸葛亮。

生：我想起在《中国好声音》节目里，有个选手叫"毕夏"，我一开始以为是称呼皇帝的"陛下"。

师：这确实是个很有意思的现象。"无事"与"吴氏"，"既""何"与姓氏的"季""何"，读音完全一样，就产生了很有意思的效果。知道这种现象叫什么吗？

生：我知道，叫"谐音"。（师板书：谐音）

师：提醒大家，刚才的两则三国人物谐音可不是历史事实，是人们拿来说笑的。下面，再看一个谐音童谣。同桌两人对读，看看有什么发现。（出示）

听错了

"太阳每天升得高。"

"你说腿痒受不了?"

"不是,我说的太阳太阳光发红。"

"怎么,你腿痒还发痛?"

"哈哈,你听错了我的意思!"

"原来你请错了一个医师。"

"不说了,再会吧。"

"再会吧,愿你再去请一个医师。"

生:上下句子中一些词语读音相近,听的人听岔了。

生:那个人耳朵不太好,总是听成读音相近的其他意思。

生:我认为,他可能是故意听错的,开个玩笑。

师:两种情况都有可能的。字词的读音相同或相近,就产生了谐音。我们的阅读材料中也有两则"听错了"的内容,谁来简单说说。

(学生分别简述《洗澡与洗枣》《宝玉挨打》片段。)

洗澡与洗枣

一次,妈妈下班回来,买了一兜大枣儿。妈妈说:"儿子,你去洗枣吧!"我很听话,就去卫生间洗澡了。等我出来,妈妈简直哭笑不得,说:"我让你去洗枣,你可倒好,把自己给洗了。"

宝玉挨打

《红楼梦》第 33 回,由于贾环的谗言中伤,贾政气急败坏地要惩罚宝玉。宝玉为避免挨打,要往里头送信,偏偏在这个紧要关头碰上了老妈妈,宝玉如得了珍宝,便赶上来拉住她说道:"快进去告诉,老爷要打我呢!快去快去!要紧要紧!"宝玉一则急了,说话不明白;二则老婆子偏生又聋,竟不曾听见是什么话,把"要紧"二字只听作"跳井"二字,便笑道:"跳井让他跳去,二爷怕什么!"宝玉见是个聋子,便着急道:"你出去叫我的小厮来罢!"那婆子道:"有什么不了的事?老早的完了!太太又赏了衣服,又赏了银子,怎么不了事的!"

师:这叫"谐音误听",中国的戏曲以及一些小说里会有这样的情节,有时是插科打诨的一种。

二、阅读,讨论谐音的效果

(一)交流了解谐音的现象

师:你们遇到过这种谐音现象吗?

生:有一次,我看到一副很有趣的对联:丫头吃鸭头丫头嫌鸭头咸,和尚立河上河上崩和尚奔。意思是,一个丫头吃鸭子的头,这个丫头觉得鸭头很咸;一个和尚走在一座有桥的河上,河上的桥崩塌了,和尚只好急忙跑起来。

师:"丫头"与"鸭头","和尚"与"河上",有趣。

生:我这有一个因为方言产生的谐音。教练说:一班杀鸡,二班偷蛋,我来给你们做稀饭。其实教练是说:一班射击,二班投弹,我来给你们做示范。(生大笑)

师:意思全给搞乱了。看来生活当中,谐音现象还是非常普遍的。在广告语当中,你们有碰到过谐音现象吗?

生:茶杯广告"有杯无患",把"备"写成"杯子"的"杯"。

生:有个成语"十全十美",写成"美食"的"食",这是一个酒店的广告语。

生:还有"默默无蚊","蚊子"的"蚊";"天尝地酒","品尝"的"尝","喝酒"的"酒"。

师:我也带来两则广告,大家猜一猜,这是什么广告?(出示)

生:第一则是螃蟹的广告语,本来是"谢天谢地"。

师:这里是卖螃蟹?

生：也有可能是酒店的，推出一道螃蟹的菜。

生：另外一则是海产品的广告。

生：不对，看过去一条鱼也没有，谁来买啊？

师：这是则公益广告，请关注下面几个字。

生：吃饭不能剩下很多东西。

师：就是"光盘行动"。这里有谐音吗？

生：这个"一览无鱼"，原本是"多余"的"余"。在这儿，用"鱼"指饭菜。

师：你解释得很清楚。利用谐音，广告变得有意思起来。生活当中，我们经常会发现这种通过改编成语，从而产生广告效应的现象。当然，我们在运用的时候要注意，有些词语的改编要恰当，不能一味求新求奇。在阅读材料中，还有哪些让你感到特别有趣的？

生：《侍郎是狗》好玩。索额图哈哈大笑："是狼是狗。"其实是在骂高士奇是狗。但高士奇说："上竖是狗。"其实也是在骂索额图尚书是狗。高士奇说："遇屎吃屎。"其实是在骂明珠御史吃屎。（出示《侍郎是狗》）

侍郎是狗

高士奇是清朝康熙年间的一代名相，他知识渊博、聪明机敏。

高士奇在上书房做侍郎时，与吏部尚书索额图和都御史明珠是同僚，三人经常开玩笑。

一日，三人一起徒步外出办事，行走间突然有一条大狗从胡同蹿出,然后跑远。明珠问了一句:"是狼是狗?"索额图一听,哈哈大笑道:"是狼是狗(侍郎是狗),你得问江村(高士奇,号江村)。"

高士奇听出两人是一唱一和地用谐音骂自己,但他不露声色:"那是条狗。"两人以为他没听出话中的玄奥,便得意地打趣道:"何以见得?"

高士奇笑道:"狼和狗的区别主要有两点:其一看它的尾巴,下垂是狼,上竖是狗(尚书是狗);其二看它吃什么,狼只吃肉,狗却是遇肉吃肉,遇屎吃屎(御史吃屎)。"二人虽然挨了骂,可心里很佩服高士奇的智慧和机敏。

师:高士奇的才情让人佩服。这是古代文人间的逗趣,其实是不带恶意的。所以,我们转述时最好不用"骂"字。

生:是嘲笑。

师:歇后语中也有很多谐音。(出示歇后语)

歇后语中的谐音

拉着胡子上船——谦虚过度(牵须过渡)

小葱拌豆腐——一清(青)二白

蜘蛛的肚子——尽是思(丝)

灯芯做琴弦——不值一谈(弹)

外甥打灯笼——照旧(舅)

孔夫子搬家——净是输（书）

四月的冰河——开动（冻）了

隔着门缝吹喇叭——名（鸣）声在外

师：下面，我再出几则，看看是哪个字谐什么字。（出示，学生交流略。）

一连三座庙——庙，庙，庙

轮船出国——外航

砍柴的下山——担薪

狐狸吵架——一派狐言

马上听戏——骑闻

老虎拉车——谁赶

（二）体会谐音的意味

师：有的谐音运用不但有趣味，还有意味，让人回味。材料中有这样的例子吗？

生：我觉得《你还不知羞》有意思。

你还不知羞

北宋时有一个秀才，总觉得自己了不起。他四下张望，觉得只有一个叫欧阳修的，能和自己相比。

一日，秀才去找欧阳修一比高低。途中，他看见一棵枇杷树，出口成吟："路旁一古树，两朵大丫杈。"

不知怎么，后面就憋不出来了。正巧欧阳修路过，随口说道："未结黄金果，先开白玉花。"

秀才一听，赞道："想不到老兄也会吟诗，幸会了。"他就与欧阳修结伴同行。不多时，见一群鹅跳下水去，秀才诗兴又起，念道："远看一群鹅，一同跳下河。"

欧阳修顺口接道："白毛浮绿水，红掌拨清波。"

秀才向欧阳修伸出双手，说："两人同登舟，去访欧阳修。"

欧阳修连忙把双手高高拱起："修已知道你，你还不知修。"

修已知道你，你还不知道羞吗？

师：这样，我们合作一下，我读上面秀才的话，你们读欧阳修的话。（出示）

路旁一古树，两朵大丫杈。
未结黄金果，先开白玉花。

远看一群鹅，一同跳下河。
白毛浮绿水，红掌拨清波。

两人同登舟，去访欧阳修。
修已知道你，你还不知修。

生：第一个"修"指的是欧阳修，第二个"修"其实是要说

"羞愧"的"羞"。

师：如果欧阳修不采取这样的方法，而是直接说你这人怎么这么不自量力，这么狂妄自大，哪个有意思？

生：现在的好玩，因为这样在间接地批评这个秀才。

师：你有个词很关键，是在间接地批评他。

生：也就是要回味一下。哦，恍然大悟，原来是这么一回事。

生：如果直接说就很不文明，用这种方式去说，人家会感觉你很有文化。

师：不是不文明，是太直接了。不直接说，让人有回味的过程，很婉转，这是中国古代文人说话的一个重要特征，也是中国文化的一个重要特征，叫含蓄。（板书：含蓄）这点，在我们的古诗中很常见。（出示，指名朗读。）

1. 昔我往矣，杨柳依依。
2. 扬子江头杨柳春，杨花愁杀渡江人。
3. 渭城朝雨浥轻尘，客舍青青柳色新。
4. 此夜曲中闻折柳，何人不起故园情。

师：仔细看看，这四句话中都有一个什么字？

生：（齐）柳。

师：是的，都提到"柳"。第一句出自《诗经》，是最早在诗中写到杨柳的。杨柳，是古代送别诗中描写最多，也是最优美动人、情意绵绵的一个意象。你知道为什么吗？从谐音的角度考虑一下。

生：诗人可能是想把自己的朋友留住。

师：诗人通过这个"柳"字其实是想和自己的朋友说——

生：朋友啊，请留下来吧！

师：这表达了一种挽留、依依惜别的感情。古人以"柳"表达，原因有多种，其中一个重要原因是"柳"和"留"谐音，送别友人时常折柳相赠，寄托殷勤挽留的意思，显得含蓄深沉，且更有韵味，这已成为一种特有的审美文化。

（学生齐读四句送别诗。）

（三）介绍谐音民俗

谐音现象在我们的生活中比比皆是，已经成为我们生活的一部分，成为谐音民俗。下面这些生活现象，大家了解吗？（出示）

喜庆日不小心打碎物件，就说"＿＿＿＿＿＿＿"；一旦失火，便说"＿＿＿＿＿＿＿"。

船家吃饭时说"添饭""装饭"，不说"盛饭"；吃完鱼的一面，吃另一面时，不说"翻过来"，而说"划过来"，因为＿＿＿＿＿＿＿。

家人朋友不分吃一个梨，因为＿＿＿＿＿＿＿。给老人祝寿，不能送钟，因为＿＿＿＿＿＿＿。

（学生热议、回答：岁岁平安；红红火火，火烧旺运；"盛饭"的"盛"和"沉船"的"沉"谐音；"翻"意指船打翻；"分梨"的"梨"和"分离"的"离"谐音；"送钟"的"钟"和"终"谐音。教师指出，在中国人的话语中，这叫"讨口彩"，都想说一些吉祥的话，图个吉利。）

师：这种现象，已经成为谐音民俗。谐音民俗，有的通过一样物体表现，称为谐音吉祥物。比如，将"枣子""花生""桂圆""莲子"放入新娘的嫁妆，指"早（枣）生贵（桂）子"；过年吃年糕，寓意"年年高"；东北农村，新媳妇上车时怀里抱把斧子，寓意"有福（斧）"……（众笑，教师出示。）

"枣子""花生""桂圆""莲子"放入嫁妆——早（枣）生贵（桂）子

过年吃年糕——年年高

新媳妇怀里抱斧——有福（斧）

师：有的通过图案表现，形成年画、剪纸等，叫作谐音吉祥图。最常见的如"福到了"；两条鲤鱼簇拥着盛开的莲花，表示"连（莲）年有余（鱼）"。蝙蝠因为与"福"谐音，成了民间一种主要的吉祥图案，寓意"五福临门"。（分别出示图案）

师：下面这几幅图表示什么意思呢？请以小组为单位讨论。（出示四幅图案）

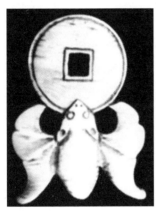
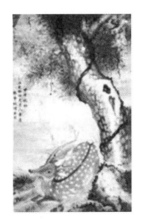

（学生在小组里热烈讨论，而后全班交流。四幅图分别是：喜上眉梢、事事如意、福在眼前、福禄寿喜。其中第四幅由教师详细解释。）

师：同学们读过鲁迅先生的《从百草园到三味书屋》吗？第四幅就是文中提到的那幅画，现在收藏在浙江绍兴鲁迅纪念馆里。（出示）

匾下面是一幅画,画着一只很肥大的梅花鹿伏在古树下。

——鲁迅《从百草园到三味书屋》

生:"梅花鹿伏在古树下",是"福禄"。

师:你对传统文化很了解。(板书:伏—福、鹿—禄)梅花鹿的"鹿"同福禄寿的"禄"谐音,在中国吉祥画里,经常用梅花鹿表示"禄"这个意思。

生:我怎么感觉有不好的意思,"没有福气"。

师:我明白你的意思,你是说"梅花鹿"的"梅"谐音"没有"的"没"。这是民间长期以来约定俗成的认识。在中国人的观念里,梅花鹿同喜鹊一样,是一种给人带来吉祥的动物,就谐音"禄"。这幅画中还有松树,松树在中国传统文化里代表吉树,是喜树。所以这幅图表示福禄寿喜。可见,三味书屋里挂这幅画是很有深意的。这些都是中国所独有的,传递着中国人的志趣,是一种"中国趣味""中国表达""中国文化"。

三、创造设计

师:下面,要请咱们同学发挥创造力了。以小组为单位,选择一个角度,利用谐音民俗设计礼物与祝福语,并作简要说明。(出示要求)

任务:选择一个角度,利用谐音民俗设计礼物与祝福语,并作简要说明。

举例:奶奶七十大寿、叔叔结婚……

建议:一名同学作记录,记录讨论时的关键词;推举一名同学担任本组发言人。

(学生分小组热烈讨论。)

生:我们想选"叔叔结婚"。我们打算送一幅画,表示"双喜临门",画面是两只喜鹊飞到了门上。

师:一幅谐音吉祥图。看了这幅图,叔叔和新娘会非常快乐的。

生:我们组也是选"叔叔结婚",也送一幅画,画上有一个盘子,里面装着枣子、花生、桂圆和莲子,祝福叔叔、阿姨"早生贵子"。

生:奶奶七十大寿,我们送一个枕头,表示"岁岁平安"。

生:奶奶七十大寿,我们送一万只柿子,表示万事如意。

师:(众笑)一万只?天!你的心意奶奶领了,真孝顺!

生:叔叔结婚,我们送"喜上眉梢",喜鹊飞在梅花枝头。

生:妈妈生日,我送上一幅梅花图,再送一匹漂亮的小马雕塑,表示"美丽的妈妈"。

师:梅,美;马,妈。有意思。

师:同学们刚才的这些设计,有的就是源自中国传统的谐音文化,有的则是自创的谐音吉祥图,都传递了一种美好的心愿。如果流传开来,被更多人接受、传播,就可能形成新的谐音民俗。谐音民俗,是中国趣味、中国表达、中国文化的一部分,我们应该了解，并且适当地传承。

附阅读材料：

对联中的谐音

1. 闲人免进贤人进，盗者莫来道者来。

2. 明末清初，文学批评家金圣叹被冤杀前，同子女告别时作了一副对联："莲子心中苦，梨儿腹内酸。"其意是：怜子心中苦，离儿腹内酸。

古诗中的谐音

1. 昔我往矣，杨柳依依。（《诗经·小雅》）

2. 扬子江头杨柳春，杨花愁杀渡江人。（郑谷《淮上与友人别》）

3. 渭城朝雨浥轻尘，客舍青青柳色新。（王维《送元二使安西》）

4. 此夜曲中闻折柳，何人不起故园情。（李白《春夜洛城闻笛》）

以上诗句中"柳"谐"留"音。古人在离别时，往往会折柳枝赠别，表示留客、留恋的意思，烘托出依依惜别之情。

5. 春蚕到死丝方尽，蜡炬成灰泪始干。（李商隐《无题》)诗中的"丝"谐"思"音,以蚕丝谐情思。

6. 东边日出西边雨,道是无晴却有晴。(刘禹锡《竹枝词》)诗中的"晴"谐"情"音。

谐音广告语

读读例子,你能再写出几个这样的广告语吗?

骑乐无穷(某摩托车广告语)　　咳不容缓(某止咳药广告语)

_____　　_____

_____　　_____

_____　　_____

想一想:

利用汉字同音字或近音字,代替本字,产生不同的意义,叫作谐音。你在生活中遇到过谐音小趣事吗?用简洁的语言说一说。

语文教学的另一片风景
——特级教师周益民《谐音》教学赏析

对我来说，益民是熟悉而陌生的。

十多年前，我们相识于"教育在线"，见过面，聊过天。至今，他的精瘦，他的微笑，还有他的安静，皆依旧，因而熟悉、亲切。

而陌生，则是他每次带来的语文课——准确地讲，是"语文"：几乎不用课本，几乎不用课文，甚至，几乎不用单篇的课外文选——不管是经典还是时文。当然，这只是益民的"一课"又"一课"，但足以让我们感到他的陌生、他的新鲜、他的可爱。

一年又一年，益民坚决，甚至几近固执地以这样的"公开课"带孩子去触摸、沉浸这样的"语文"。在他的风景林里，他安安静静地做着。你听见益民在说吗？嗨，这是我们的"话语之乡"，这是我们共同的语言花园，这是我们共同的精神家园，有空，你也来看看。

一、益民的"风景"不只是创新，更是延续

这是给五年级孩子的语文，题曰《谐音》。

说是校本课程也好，说是主题学习也罢，都带着益民的思考与创造。这是他自编的一组学习素材，现在的，过去的，对联、歇后语、古诗，出自经典名著《红楼梦》的"宝玉挨打"片段，源自传说故事的《侍郎是狗》。文字有文有白，有深有浅。本是散落的珠石，经由益民的手，串成有主题、有层次的"学材"，丰富而立体。所有的这些东西，都在说"谐音"这个知识点。何谓谐音，一句话足可解释：一种语言现象，一种修辞形式，发挥汉字之特点，用同音或近音字替代本字，产生别样的情趣、理趣。

益民何以要如此兴师动众，筛选、组织这么多的学习素材？我以为全在"延续"二字，以大量的语言材料，丰富学生的感受。有的一笑了之，有的余味绕梁，在笑声中，在惊喜里，在领悟中，在好奇中，学生自觉或不自觉地延续文化的血脉，延续语文的血脉，然后去亲近母语，喜欢母语。

所以，益民的创新课堂本是一种延续，让孩子由此上溯，领略可感可爱的风景，靠近好笑好玩的"语文"。

如果联系之前益民开发的民间语文课程，再读读他的一系列课例，如颠倒歌、绕口令、谜语、神话等，我们还能发现，益民这种编制课程的创新之举，其实是另一种延续。

仅以现代语文"开山"算起，1904年"癸卯学制"规定语文单独设科后的那些语文老师，不管有名还是没名，除了功底深厚，多数人能写一手好字，能作一手好文章，而且几乎全会编书。因

此，在听益民上这样的课时，我总是想起以前的这些老先生。益民近十年来，注目、着力于民间语文，与其说有着自觉的课程意识，不如说是一种语文人师的延续，一种专业自信与创造的延续。

从益民的身上，我们可以看到儒雅，看到沉静，然后读懂其实所有的语文课程背后，都应站着一位大写的人师：这样的老师，总是博览群书的；这样的老师，总是有着鲜明的个人的课程思想的；这样的老师，总是"任尔东西南北风""咬定青山不放松"十年乃至一辈子的。

二、益民的"风景"不只是"告诉"，更是启蒙

谐音，作为益民语文课程的一部分，须有必要的语文知识支撑。因此在益民的课堂里，当然有"告诉"。

读音相近或相同，就可能产生谐音——这样的点拨是一种"告诉"。

当学生完成四幅图画意思的猜测后，益民肯定这是中国趣味、中国表达、中国文化——这样的概括还是一种"告诉"。

益民为什么要去告诉？因为课程是学生学习经验的优化。当孩子们今天来到这里，走进"谐音"这片风景，他们也带来了自己的经验，然而这些经验是零星的，是散落的，有的还可能是错的。因此，需要老师得当与恰到好处地讲解、点拨、小结，帮助学生获得正确的语文知识，以改造、完善认知结构。益民的这片"风景"不只有"告诉"，更有启蒙。

请同学交流所了解或遇到的谐音现象——这是激活学生的已

有经验。

提供多则关于谐音的学习素材，让学生自主阅读，全面感受各个领域色彩纷呈的谐音现象——这是丰富学生的体验与认识。

出示四幅谐音吉祥图，将学生分成小组猜猜这些图画的意思。第一个小组说："我们小组经过讨论，第一幅图可能是'喜上眉梢'。为什么是眉梢？因为两只喜鹊落在梅花树枝上。"第二组说："第二幅图我们小组觉得是'事事如意'。图上有两个柿子，'柿'谐音'事'，加起来就是'事事'，因此从这幅图我们想到一个词语，就是'事事如意'。"这真是神奇的旅行，是益民鼓励学生合作探究谐音更多秘密后的发现！

因为启蒙是益民的姿态，所以我们会感觉在他的课堂上，学生的学习活动一点点展开，好像一辆观光缆车，慢慢地，慢慢地，加速，深入。随着风景充分而完整地展露，学生的学习活动也充分而完整地展开。这样的课堂，与其说是一种学习，不如说是在过一种陌生而有点熟悉的语文生活，穿越古今，心游万仞。这是在畅游语言的故乡，好看、神秘、自由，当然也有知识学习与运用的果实。

三、益民的"风景"不只是练习，更是唤醒

如前所述，益民的《谐音》中，学生阅读、看图、讨论、交流，这种种听说读写的活动，是一种练习。但是，这种练习不同于常见的那种训练。高明的老师总是用自己的努力与智慧，把练习变成学生喜闻乐见的活动。

益民的种种"练习",不过是事物的表象,透过表象,我们可以读到其间藏着的"唤醒"。他的课上有各种各样的"唤醒",比如生活经验的唤醒,再比如语言的唤醒等。下面要说的是当下语文课堂最为缺乏的两类唤醒——一类是趣味的唤醒,一类是创意的唤醒。

其一,趣味的唤醒。

益民的导入先用了学生无人不晓的张飞,而紧跟着的"张飞的妈妈是谁"语惊四座,居然有学生答出"无事生非(吴氏生飞)",当然这是一个脑筋急转弯。好玩的还在后面。老师继续讲故事,追问诸葛亮与周瑜的妈妈是谁,学生没人知道。益民揭晓"答案",好一个聪明的"既生瑜,何生亮"。在笑声中,学生初识"谐音"。

这样的镜头在课堂上比比皆是。可惜这样的镜头在今天的语文课上不多见。

作家王小波说:"小说家最该做的事情是用作品来证明有趣是存在的。"深圳教研室语文教研员程少堂先生说:"语文教师最该做的事情也应该是用自己的课来证明有趣是存在的。"

益民就是这样的语文老师。本来,谐音就有趣,容易引起听讲者之间的误会,由此衍生出各种游戏。本来,趣味就是汉语言的特质之一。充分利用这样的先天馈赠,唤醒孩子对汉语言文字的亲近感、热爱感,应该不是很难的事情。

趣味的唤醒与激活,需要考虑学生的需求与心理,因此益民这堂课搭设台阶,先易后难,步步为营,从故事开始领略谐音;然后让学生阅读材料发现谐音的特点,再交流生活中、广告中的谐音现象,感受谐音的功用;最后是小组创意学习,运用谐音知识解决生活中的问题。这样的安排打通了生活与语文的隔阂，使得相关知识与技能的学习始终融合在愉悦的氛围里。

其二，创意的唤醒。

教学末了，益民让学生以小组为单位，任选一个内容（奶奶七十大寿、叔叔结婚），任选一个角度，利用谐音民俗设计礼物与祝福语，并进行简要说明。讨论时，一名同学作记录，记录讨论时的关键词，再推举一名同学做本组发言人。这个设计实在巧妙：一是设计平台，鼓励学生学有所用；二是让学生尝试用语文去解决生活中的问题。

让我们来看看交流情况。两个小组选择了"叔叔结婚"这一内容。第一组说："我们打算送一幅画，表示'双喜临门'，画面是两只喜鹊飞到了门上。"第二组说："我们组也是选'叔叔结婚'，也送一幅画，画上有一个盘子，里面装着枣子、花生、桂圆和莲子，祝福叔叔、阿姨'早生贵子'。"你看，学生的创意多么不同，却又同样可爱，多么中国，多么"谐音"。

谈永康 / 特级教师
上海市松江区教育学院

06. 老故事就要讲出来

-------------------- 《夸父逐日》教学记录 --------------------

教学年级 / 三年级
教学时间 / 50 分钟
执教日期 / 2015 年 4 月

一、引入：读词语，猜神话

师：同学们好！相信同学们听过很多神话故事，现在考考大家，下面分别说的是哪个神话？

读词语，猜神话。

大鸡蛋	巨人	劈开
天空	黑洞	五色石
八月十五	仙药	飞向
小鸟	衔石子	东海

（分行显示，学生七嘴八舌地回答。）

师：盘古开天、女娲补天、嫦娥奔月、精卫填海，这些都是咱们中国古老的神话故事，离现在已经有几千年了。我们爷爷的爷爷的爷爷的——（生）爷爷，就是听着这样的故事长大的。我们的祖先就是靠着耳朵听、嘴巴说，把这些故事一辈辈传了下来。

二、讲述：耳朵听，嘴巴说

（一）聆听，你想说点什么吗

师：今天，我们就用这种口耳相传的方式来讲一个古老的故事。（出示题目：夸父逐日。指名学生读题。）知道"逐"的意思吗？

生：是追逐。

师：对。逐，即追逐、追赶。所以，"夸父逐日"也常说成——（生齐："夸父追日"）。我先给大家讲这个故事，我讲完再请同学来讲。（教师讲述故事）

夸父逐日

在很久很久以前，有一个巨人，名叫夸父。夸父长得又高又大，他坐在地上，就像一座大山。他一站起来，脑袋就能碰到天上的云彩。他的两条腿很长很长，一步就能跨过一条大河。一天早上，夸父开始追赶太阳。他跑得快极了。眼睛一眨，就跑了一千多里。他跑呀，跑呀，一直追到太阳落山的地方。红彤彤的太阳就在眼前了。夸父好开心啊，他伸出巨大的手臂，想一把抓住太阳。

就在这时候，夸父的喉咙干得直冒烟。他实在是太渴、太累了。于是，他俯下身子，一口气喝光了黄河里的水，他又转过身去，一口气喝光了渭河里的水。

可是，他觉得还不解渴，就转身朝北，去找水喝。他越跑越慢，渐渐地停下来，他实在是太渴太累了，"轰隆"一声，倒在了地上。

第二天早上，太阳升起的时候，倒在地上的夸父，已经变成了一座大山。山的南边，有一大片茂密的桃林，那是夸父的手杖变成的。树上的桃子又多又大，这是夸父留给像他一样勇敢的后人的。

师：故事讲完了，你们想说点儿什么吗？

生：这个故事我以前听过的，印象很深。

师：是的，这些神话在中国家喻户晓。

生：我很敬佩夸父，他真了不起。

生：我觉得这个神话尽管很短，不像我们读的其他故事，但是很吸引我。

生：我觉得夸父有点儿傻。

师：哦，为什么这么想？说来听听。

生：你想，去追太阳，不是明摆着要失败吗？

师：明摆着要失败，却还坚持去追，很容易让人认为傻。这个问题很有价值，我们后面可以再来讨论。

生：我觉得夸父能够坚持不懈地做一件事，我们都要学习他这种精神。

师：你真会提炼。不过，我们暂且慢点儿提炼这样的精神。

（二）厘清大结构

师：下面该咱们同学来讲这个故事了。讲好的前提是记住故事。记忆的第一步，我建议"厘清大结构"。想一想，故事一开始介绍了什么？

生：介绍夸父是个巨人。

师：是的，夸父长得又高又大，是个巨人。接下来说夸父要干什么？

生：他突然有一天想追日了。

师：哦，他想去追太阳。

生：他非常渴，于是喝干了黄河里的水，又喝干了渭河里的水。可是，他还是觉得很渴，又往北走去找水喝。

师：小姑娘记得真牢，可见听得很专注。简单一点，可以怎么说？

生：夸父口渴了。

生：口渴喝干了水。

师：好，这就是概括。最后讲什么？

生：夸父走了一会儿，太渴了，倒在地上变成了一座大山。

生：我补充下，他的手杖就变成了桃林。

师：像刚才那样，概括一下，可以怎么说？

生：倒地变山。

生：倒地变山，杖变桃林。

师：这样的概括准确而简洁。刚才，我们一起对故事进行了梳理，故事先介绍巨人夸父，接着说他要去追赶太阳，口渴喝水，最后，他倒下了，手杖变成了桃林。这就是故事的大结构。

厘清大结构

巨人夸父—追赶太阳—口渴喝水—杖化桃林

（三）说清小细节

师：要讲好故事，除了记住大结构，还得"说清小细节"。下面，我再给大家讲一遍故事，请大家听清小细节。你们也可以轻声和老师一块儿说这个故事。（教师再次讲述故事）

师：这回，同学们记住了哪些小细节？

生：我记住了夸父手杖变成的桃林，树上结出的桃子是留给像他一样勇敢的后人的。

生：我记住了夸父极渴，一口气就喝光了黄河的水，又喝光了渭河的水。

生：我记住了夸父跑得很快，眨眼间就能跑一千多里。

生：我记得夸父的腿很长，一步就能跨过一座大山。

师：同学们记住了很多小细节，这些细节使得这个故事格外神奇，这也是神话最吸引人的地方。下面，请各位同学来讲这个故事，先在小组里讲，有三点要求（出示）：

说清小细节

1. 请1号同学组织。

2. 按1—2—3—4号的顺序，每人讲一部分，注意说清小细节。

3. 一名同学讲，三名同学听，同学讲完再补充。

（学生在小组里练习讲述。随后，请一组同学到前面给大家讲述。讲述完毕，组织同学对这个小组的讲述进行点评，重点评价是否"说清小细节"，并要求讲述者对同学的点评作出回应，具体内容略。）

（学生分小组合作讲述，其中一个小组面向全班讲述。）

师：小组长，最后你应该问同学们：我们小组的故事讲完了，同学们有什么建议吗？你继续来说。

生：同学们，我们的故事讲完了，你们有什么建议吗？

师：请大家注意他们有没有说清小细节，你们想对某一位同学进行点评也可以。

生：我想点评1号同学，她的小细节说得有点不清楚。应该先说夸父坐下，再说站起来，再说腿很长，一跨可以跨过一座大山。

师：我注意到刚才1号同学在说的时候，2号、3号有一点委屈，你们为什么委屈？

生：她讲得太多了，我就讲了一点点。

（教师请3号同学重新讲述一遍，这一次讲得很生动。）

师：你们觉得四位同学中哪位同学把细节说清楚了，或者是不够清楚，想补充一点？

生：我点评2号，因为1号讲得多了，2号也就稍微往后拖了一点，而且我觉得她还有点不好意思。

师：2号同学总体来说还是不错的，1号同学讲得有点拖了，3号同学的内容其实是没有准备的，但是她讲得还是比较流畅，是不是？

生：是。

师：你们这边派出一个代表，对刚才同学们对你们的点评作出一点回应，要不要表示感谢？

生：谢谢同学们的点评。

（四）方言，流传的本质

师：这是个古老的神话，只要有中国人的地方就会有这个故事在流传，各地的人在讲述的时候，当然都是用自己的方言。哪位同学能够用咱们南京的方言来讲讲这个故事的前两部分？

（学生用南京话讲述，随后，又有一个老家在山东的同学用自己的方言讲述故事片段，现场笑声、掌声不断。）

师：方言是我们的珍贵财富。同学们既要讲好普通话，也要说好家乡话。

三、复根：追溯最早的文字版本

师："夸父逐日"的文字记载最早出现在一本叫《山海经》的书里。这是一部神奇的书，是四千多年前的人写的，我们熟悉的那些神话，在《山海经》中都有记载。（出示原文，教师诵读后，请同学自己轻声读，再指名朗读。）

> 夸父与日逐走，入日；渴，欲得饮，饮于河、渭；河、渭不足，北饮大泽。未至，道渴而死。弃其杖，化为邓林。
>
> 入日：追赶到太阳落下的地方。
> 欲：想要。
> 河：黄河。
> 大泽：大湖。
> 邓林：桃林。

师：下面请大家根据注释，同桌轻声说说意思。

四、想象：英雄的传奇

（一）神话的神奇

师："夸父逐日""夸父追逐太阳"，你们有没有产生什么疑惑？

生：夸父为什么要去追太阳呢？

生：是啊，他为什么不去追月亮呢？

生：他难道不知道太阳很热吗？

生：他是要展示自己的力量吗？

师：问得好，夸父为什么要逐日呢？大家猜一猜。

生：因为他觉得很好奇。

生：他想跟太阳做个朋友。

生：因为他没事做。（众笑）

生：大概是因为他感觉自己很高，就想跟太阳比高。

生：夸父不喜欢黑暗，喜欢明亮，所以想追赶太阳。

生：他是要找对象。（众大笑）

（二）人类童年的大宇宙

师：同学们的想法很离奇，也很可爱。对这个问题，我同大家一样，也很好奇，于是，我翻了很多书，终于找到了四种说法。不过，这四种说法比起同学们刚才的猜测，有点黯然失色了。不管怎么样，我们听一听吧！（邀请四名学生介绍这四种说法）

生1：说法一：有一天，夸父忽然发誓，想去追赶太阳，要和太阳赛跑。

生2：说法二：夸父看到太阳每天早上从东边升起，傍晚从西边落下,夜里人们什么也看不见,就要把太阳搬到地上来,让地上的人们白天黑夜都能晒到太阳,得到光明。

生3:说法三:夸父看见太阳每天从东方升起,在西方落下,接着就是漫长的黑夜,心想:"每天夜里,太阳躲到哪里去了呢?我不喜欢黑暗,我喜欢光明!我要去追赶太阳,把它抓住,把它固定在天上,让大地永远充满光明。"

生4:说法四:有一年,天气非常炎热。太阳像一个大火球照着大地,烤死了庄稼,晒焦了树木,河流也慢慢干涸。许多人病倒了。夸父仰头望向太阳,对族人说:"这太阳实在可恶,我要追上它,捉住它,让它听我们人的指挥。"

师:四种说法加上同学们刚才的猜测,你喜欢哪种说法?

生:我喜欢第四种说法。因为太阳晒死了庄稼,晒死了树木,还有人因为太阳太热生病了,夸父想让太阳听人们的话,他是为人们着想。

生:我喜欢第二种说法。夸父是想,他自己喜欢光明,可能人类也喜欢光明,他就想把太阳搬到地上,让人们时刻都得到光明。

生:我喜欢第一种。夸父没想那么多,就是想和强者较量,我觉得有意思。

生:我觉得第二种和第三种有点相似。

(三)学生心灵的小宇宙

师:这个故事流传到现在,每个人心中都有一个夸父的形象。你们在心里想过夸父的样子吗?请闭起眼睛,你的眼前是不

是也浮现出一个夸父？他长什么样……请睁开眼，我这儿有几位画家所画的夸父，看看哪个形象同你所想的最接近。（分别展示图片）

（学生观赏，小声讨论。）

（四）英雄的意象表征

师：不管是什么形象，他们都有个什么共同点？

生：夸父都拿着手杖。

师：对，杖化桃林，离不开手杖。

生：他们都在追赶太阳。

生：夸父都很强壮。

生：夸父都向着太阳的方向。

师：强壮，向着太阳的方向，一路追赶，你们的心中也是这样的形象吗？（生纷纷点头）夸父在追，这一追就追了几千年，一直不停。同学们想想，夸父在追赶太阳，其实就是在追赶什么？

生：就是在追赶光明。

生：夸父追赶太阳，太阳是他内心的梦想，他就是在追赶内心的梦想。

生：也就是在追赶他心中的希望。

生：也是在追赶他的目标。

师：光明、目标、希望、梦想，说得多好！（对前面说夸父傻的同学说）还记得你一开始表达的那个有意思的观点吗？现在怎么看？

生：其实，他的傻是一种坚持。我现在为这个"傻"加引号。（掌声）

师：这样的傻，可爱，还可贵。夸父逐日的故事神奇、神圣。夸父是个外形上的巨人，更是一个精神上的巨人。

五、回味：重回语境的场域

师：这节课一开始就说道，我们的祖祖辈辈传下了这些古老的故事，让我们再来回味。（学生齐读）

盘古开天、精卫填海

女娲补天、嫦娥奔月

夸父逐日、大禹治水

师：开天、填海、补天、奔月、逐日、治水，什么感觉？

生：感觉我们普通人是做不到的。

生：谁会信以为真呢？不就几个字么？

师：也就是说，对于普通人来说，这样的事情可能吗？

生：绝对不可能。

师：根本不可能，永远不可能。既然永远不可能，绝对不可能，这样的故事为什么几千年来一直流传呢？就像这位同学说的，明明不相信，明明不可能，怎么还一辈辈流传，我们今天课堂上还要来讲？

生：因为这些神话故事都是在说精神。

师：就像我们刚刚说夸父是一个外形上的巨人，更是一个精神上的巨人。请大家再一起朗读这些古老神话的名字。

生：（齐）盘古开天，精卫填海，女娲补天，嫦娥奔月，夸父逐日，大禹治水。

师：这些古老的故事是我们的根，无论走到哪里，都要记住它们。今天这堂课上到这儿，同学们再见！

讲述英雄的旅程，品味神话的传奇
——评周益民老师执教《夸父逐日》

听过很多神话教学，然而很少能够像周益民老师那样，走进去，常常要"挣扎"好久还很难走出来。《嫦娥奔月》《九色鹿》《夸父逐日》，莫不如是。

卡莱尔说："书中横卧着整个过去的灵魂。"周老师的三年级神话阅读课《夸父逐日》，也"横卧着整个过去的灵魂"——不仅横卧着巨人夸父的灵魂，也隐藏着学生"明日之屋"的灵魂；不仅横卧着华夏远古神话的灵魂，也隐藏着教者益民自己的灵魂。让我们走进这堂课，倾听远古的声音，相遇古老的故事，看看能否会如苏格拉底所言，激活那些刻在我们灵魂深处的知识、思想与激情。

一、倾听：来自远古的声音

讲述英雄的旅程，感受神话的神奇，学生却没有教材——周老师选择的第一方式是倾听。倾听，首先是符合神话语言本质的根本学习方式，其次是可以触摸原始语境下神话"灵魂"的思维方式。在中国神话的语言谱系中，当世界年纪还小的时候，人类的年纪也很小。那群自然表达、自发思考的远古"儿童"，是被"巨人"包围着的。只是"巨人"和天地万物没有任何等级或异己的分野，甚至"巨人"就是天地万物本身；自然在祖先的眼里，当然也没来得及被神化，更没有异己的"神"的存在。人类浩气四塞的气概，超越自然的心性，以己度物的生命观、宇宙观、审美观、意志力……种种自我主体意识的膨胀，在倾听自我与倾听自然的天人合一里获得永生，也在倾听话语与倾听想象的代代加工中获得永存。只是当初的版本特别简约而概括，是一辈辈的口耳相传，使它们精练而且成熟起来。这是中国从亘古到远古一切口传文学、天道与哲学的永恒基因。这份"倾听自然、倾听自我"的神话DNA，使我们无法离开其原始的氛围、语境和传播方式，去作任何的解释。周老师的课没有解释。他用倾听的手段，直接把学生带入那个浑然如一的"磁场"，还原那种"原始的氛围、语境和传播方式"，学生便也自然看到了华夏原始神话"整个过去的灵魂"。

（一）原创本身浑然一体的顺与钝

周老师讲述的《夸父逐日》，是他自己的原创。368个字，连续用了16个"一"、6个"就"，几乎全是富有节奏的短句子，而且带有一种"顶真"式的连环。这就使语言特别地顺，也特别地钝，律动着一股典雅与朴野浑然一体的古朴之美，诱导着学生安静而全身心地投入巨人夸父的逐日旅程。华夏远古神话的张力，在几千人的会场，悠远又复沓地弥散着、回环着。这种浑然一体的顺与钝，声音与韵律相谐、语言与内容匹配，恰是巨人夸父从远古到殷商周秦一路"讲"来，挥之不去的语言密码："诗言志，歌永言，声依永，律和声。八音克谐，无相夺伦，神人以和。"(《尚书·舜典》)这个同样泛着诗性的远古神话所传递的英雄夸父的人格意志，经过后人一辈辈地反复讲述乃至咏唱，最终汇成指引生命的洪流，达到"神人以和"的各种融合。这是五千年中国神话的命，也是华夏原始文学的运。周老师用自己满身书卷的气质与敏锐的神话理解，精准地捕捉住了"华夏远古神话的灵魂"。

"我先给大家讲这个故事，我讲完再请同学来讲"——用神话本来的样子教神话，老故事自然需要讲出来，用富有律动的口语讲出来。这份独具匠心的设计，不光为了让原始诗性语言与原始人格意志浑然融合，也为了这群和先民心智差不多的三年级学生便于记忆。这是人类口传文学的共同特征，也是中国神话诗性智慧的精华。这个精华对三年级学生来讲是根本讲不清楚的，周老师自然也只字未提，他只是用原创的讲述，举重若轻地还原神话不经笔润的口传本色；还原大致相似的场景、语境和叙述的方式，让神话的密码在语言的节奏中，不落言筌地显现出来。这种处理方式，真不像富有经验的老教师的套路，反而更接近作家的云淡风轻。

（二）序曲、结课一脉贯通的"场"

开课依然是"读词语，猜神话"，这是益民老师招牌式的神话教学导入法。"盘古开天、女娲补天、嫦娥奔月、精卫填海"是猜、读的谜底。其中，"开天、补天"出自亘古创世神话，"奔月"讲述上古英雄故事，"填海"则承上启下了远古传奇。诸如"大鸡蛋、巨人、劈开、天空、黑洞、五色石"等提示性语词，也无一不指向关键意象和关键情节。当教师运用"猜"的方式，把学生的课堂反应和知识经验唤醒之后，周老师深情地讲述着："盘古开天，女娲补天，嫦娥奔月，精卫填海，这些都是咱们中国古老的神话故事，离现在已经有几千年了。我们爷爷的爷爷的爷爷的——（生）爷爷，就是听着这样的故事长大的。我们的祖先就是靠着耳朵听、嘴巴说，把这些故事一辈辈传了下来。今天，我们就用这种口耳相传的方式来讲一个古老的故事。"他那富有节奏和韵律的话语点燃着学生，也撞击着现场听课教师的心，使神话原始的张力被举重若轻地还原到故事发生的背景和彼时的宇宙观察中；也还原到神话一路被重述的真实面目："耳朵听、嘴巴说，把这些故事一辈辈传了下来。"伴着讲述依次铺排的插图，也是教者精心挑选、最接近故事原貌的名家名笔。文图合奏的原始氛围，立体意象的语境场域，把教者自身对神话本质的理解与尊重，不着痕迹地植入了学生的心田。

　　结课部分，学生在巨人夸父的旅程里，又回到了这个"原始的氛围、语境和传播方式"："开天、填海、补天、奔月、逐日、治水，什么感觉？""既然永远不可能，绝对不可能，这样的故事为什么几千年来一直流传呢？……我们今天课堂上还要来讲？""请大家再一起朗读这些古老神话的名字——盘古开天，精卫填海，女娲补天，嫦娥奔月，夸父逐日，大禹治水——这些古老的故事是我们的根，无论走到哪里，都要记住它们！"置身在这个强大的语境场，伴着师生极具感染的诵读，是对神话精神力量的理解与追问。在诵读追问中，一个个个体的神话，汇聚成一道意义的洪流，神话四溢的"洪荒之力"，形成了一串有意味的连接，驱动着学生在"外形上的巨人"和"精神上的巨人"之间，直接面对人类童年的哲学命题：神话与人自身的切己关联。至此，英雄的旅程把两个相隔遥远的观念捆绑在一起，一个是对巨人夸父远古灵魂的探寻，一个是学生"明日之屋"自我精神的启蒙。两种探寻正如神话学大师坎贝尔所言，事实上是一样的，"他们的形状虽然千变万化，但我们总可以在这里找到那个惊人的、恒常不变的故事"。周老师就抓住了这些"惊人的、恒常不变的故事"，透过故事的力量，借助神话对心灵的隐喻，把学生潜藏在灵魂深处的感觉经验和意识，在原始的氛围、语境中加以唤醒。

二、讲述：还原口耳相传的方式

坎贝尔认为，哲学的本质是爱智慧，神话则是"超验智慧"的诗性表达。"诗性表达"的最高境界，一是象征的技巧，二是有仪式的讲述。周老师所选择的"耳朵听、嘴巴说"仪式，就让神话"超验智慧的诗性"获得了有形的展现与诗意表达。

面对三年级学生，隆重的"口耳相传"仪式分为四个回合，层层推进、步步深入，引领学生在古老的氛围、语境中，把原始的传播方式变成一场"分享"的盛宴。

第一回合：我讲你听。这是直接进入故事，带学生进入听的状态。"故事讲完了，你们想说点儿什么吗？"这是分享与发现，也是触摸学习的起点，了解学生对神话的初始感觉。"明摆着要失败，却还坚持去追，很容易让人认为傻"这个问题留待后续讨论，这是捕捉灵光一闪的伏笔预留，其实是预留学习生长的空间，进而确定学生语言和思维生长的边界。

第二回合：厘清大结构。透过"一开始……接下来……最后……概括一下"这些拐弯爬坡的线索，梳理出"巨人夸父—追赶太阳—口渴喝水—杖化桃林"的结构脉络。学生把握了这个经络贯通的文脉，就把握了故事的大体内容，也感受到了故事一脉相承的整体以及情节矛盾上起伏转折的张力。

第三回合：说清小细节。如果第二回合是全班同学合力建构的结构思维，那么第三回合的两轮合作，则把讲述变成一场对话，在对话中学习讲述，学习如何透过小细节的细微之处，触摸"我—你"心灵上的相通之所。有人说细节里藏着魔鬼，听课时，我就饶有兴趣地数着周老师的细节里藏着几个"魔鬼"，这些"魔鬼"是怎样把讲述的仪式推向对话的高潮的？

第一步依然是"我讲你听"。倾听，是最彻底的对话。固然是"听你说"，但听后追问"同学们记住了哪些小细节"就变成了学生的"我在说"。而此时的"我在说"，恰恰体现了真正的"听你说"。如此不仅恰当地安放了结构框架下细节的内容与秩序，也更立体地搭建起"我要说"的言语图式与意义大厦。

第二步是小组四人合作与最大组全班合作。这是从学习心理与神话的流传本质出发，在对话的过程和情景中学讲述——培养对话的态度，学习对话的规则，形成讲述的能力。课堂上，屏显的三项合作要求，迅速使学生投入对话中，进入互动的状态：小组长组织是程序，也是合作主体意识的凸显。"一名同学讲，三名同学听，同学讲完再补充"是倾听与共享之中自我意识和他人意识的凸显，主体间性因此产生，对话具有了多边的相互作用。小组汇报的组织,"小组长,最后你应该问同学们:我们小组的故事讲完了,同学们有什么建议吗",这是互为主体多边对话的扩大,把在场的每一个人都卷入了"我—你"主体间的互动。"请大家注意他们有没有说清小细节"是关注过程中讲述成果的产生,教学生如何与听到的内容进行对话……这些学习活动的展开,是从学习心理的特点出发,复原讲述交往的本色,用对话本身的内容和规则推动对话,从而建构新的意义,共享新的领地,体察神话传播的原始特质。

作家王安忆说:"别看世界很喧哗,事实上声调简单。在同一频率上运行,我无比期待。"这一合作讲述的组织,也满足了我作为听课者对内心"同一频率"的期待。

第四回合:复原神话的方言本色。方言,是神话源远流长的命脉。用南京话和山东话讲述,表面看纯属学习情绪与情趣的调节,其实却是一种无用之用,隐藏着具有神话核心价值的文化气质,也隐藏着益民老师自己的神话理解——"寻根"是他的高频词,"在孩子的心中播下民族文化品格的种子"是他的一贯追求。周老师大概认为,这些地老天荒的故事,一代代这么讲下来,我们的先民就不只是爱听而已,不只是消遣而已,而是他们一说起南京话,就感受到祖先生存过的湿地,找到流淌在血液里的文化认同;一说起山东话,就感受到祖先风中摇曳的真实,找到自己生命存在的源头。"归根曰静,静曰复命。复命曰常,知常曰明。不知常,妄作凶。"(老子《道德经》)知道自己从哪里来,看清自己到哪里去,这是方言的力量,更是"归根"的认同:寻访神话流传的思维运转之根,复归安身立命的民族文化之根。

三、追问:精神之根的生命旅程

神话教学要回到它的根。学生用包括方言在内的各种言语讲述神话以及《山海经》最早版本的溯源,其实都是回到朴素的夸父时代,用想象力触摸远古世界的根,触摸神话,从没有文字的石器时代到《山海经》一路流传的简约完备,从远古大结构发展到今天小细节的语言谱系。但周老师不止于此。他无疑是学生想象力远行的高明领路人,透过认知心理上"夸父为什么要逐日"的追问与猜测,让儿童用自己幻想与好奇的天性,去打开远古与现实以及幻想之间的大门,去感受英雄神话不可思议的想象与神奇;透过"翻了很多书,终于找到了四种说法"的分享与推介以及"四种说法加上同学们刚才的猜测,你喜欢哪种说法"的品味、回味与认知建构,激活了学生心灵深处与远古"巨人夸父的灵魂"相契合的神话认知与激情。这是周老师的教学意图,也是他在人类童年大宇宙与学生内心小宇宙之间搭建起来的一座连接精神的桥。这座桥,让每个孩子以及与会的年长听者都可以去走进、去体验、去发现,并在不断地讲述和追问中,重新发现神话的意义。

有意义的学习认为,学习者必须积极主动地使新旧知识不断地分化与重新组织,才能转化为自己的认知图式。周老师就不断地帮助孩子对夸父形象进行一次次的分化与重新组织,最终使学生形成了自己的夸父意象:"这个故事流传到现在,每个人心中都有一个夸父的形象。你们在心里想过夸父的样子吗?请闭起眼睛,你的眼前是不是也浮现出一个夸父?他长什么样……请睁开眼,我这儿有几位画家所画的夸父,看看哪个形象同你所想的最接近。""向着太阳的方向,一路追赶,你们的心中也是这样的形象吗?"从文字的夸父到心中的夸父,从心中的夸父再到眼前画家的夸父,血脉贲张、气吞江河的逐日英雄,就在孩子幼小的心田中逐渐清晰起来。

"不管是什么形象,他们都有个什么共同点?""这一追就追了几千年,一直不停。同学们想想,夸父在追赶太阳,其实就是在追赶什么?""还记得你一开始表达的那个有意思的观点吗?现在怎么看?"与其说是老师在用安静的思考启迪学生,不如说是在"整个过去的灵魂"和"学生'明日之屋'的灵魂"之间进行着一场超验智慧、契合精神的生命体察。"追赶光明""追赶梦想""追赶希望""追赶目标""傻是一种坚持"……这是三年级学生,透过神话纷纭的意象表征,坚定地追随内心的直觉,所得出的生命隐喻,关于英雄的隐喻——每个人出生时都是英雄,决心成为自己、超越自己,即便失败了也挡不住杖化桃林,把自己的生命奉献给比自己更伟大的事物。这层意思没有直说,然而学生却分明感受到:夸父所追赶的对象,就是他自身;英雄的旅程就是内心勇气的坚持,就是梦想追逐的过程,就是追赶光明的生命旅程……

这是一个令人惊讶的发现,这个隐喻太强大了,它超越了时间,超越了空间,它激活了每个孩子孕育在血液中、流淌在心灵里的那顶天立地、亘古绵延的英雄梦。它把诸如"我是谁,我的存在是什么,我因何存在"等人生终极的哲学命题,都云淡风轻地隐藏进去了。这样的神话教学,让我想起了老子《道德经》里的一句话:"万物并作,吾以观复。夫物芸芸,各复归其根。"这一堂神话教学的课,不就是一场"复根"的旅程吗?复原神话的本来面目,复原夸父乃至一切神明的形象、意象、隐喻和面目。神话本质所指向的，"乃是作为奥秘的终极根基，是超越宇宙能量的本源，也是每个人自身的奥秘本源"。"当人们告诉你他们在寻觅生命的意义时，他们事实上是在寻觅对生命的深邃体验。"坎贝尔如是说。看懂了"复根"的课堂上孩子和夸父的心心相印，也就十分清晰地看清了这节课从哪里开始，将要指引着孩子的生命到哪里去。一个没有英雄、只有分数、只有实用的世界是暮气沉沉的，一个没有经历过相信神力的孩子，恐怕也很难经得起成人生活的磨难。人类远古童年的神话想象和孩子内心力量的童年渴望如此丝丝合扣。这股指引生命的力量，可以安抚孩童成长过程中几乎无法克服的困难与心灵的冲突。语言的生长就是精神的生长，"神明是我们内在能量象征的拟人化"，希腊神话里总是被从半山腰滚下来的石头砸痛脚趾的西西弗斯，其魔咒的解除者不是宙斯，而是其内心的神明。透过这节课，我看到了在古老故事的讲述中，教者益民，正把学生血脉里从亘古的精神家园传承下来的英雄梦，一一激活、点醒。

四、结束语

课堂的归宿是改变。所不同的，有的教师改变的是语言，有的教师改变的除了语言，还有哲思，以及学生的精神年轮。周老师的文风和课风太朴素，也太安静，讲述中除了倾听，只有倾听：倾听远古的声音，倾听语言的节奏，倾听幻想的创造，倾听内心的召唤，以及倾听个别孩子绞尽脑汁的"标新立异"……然而所传递的教学内容却如大江大河——表面上波澜不惊，甚至偶尔被学生的无厘头搞到语塞，但当你投入课中，面对着"整个过去灵魂"的启迪和当下不断的幻想、连接与塑造，思考着神话所激活的全新的"认知、思想与激情"时，方知水流之湍急。

宋　飞 / 特级教师
深圳市龙华区创新实验学校

让孩子从小就有精气神

周老师这堂课非常精妙，很有文化。

这堂课很有层次，从古老的传说开始，然后指导孩子说故事。我们对孩子的听读说写的要求，"听"是最薄弱的。对信息的接收有两种方式：一个是读，要用眼睛看；另一个是用耳朵听。我在教课的时候做过很多傻事，自认为讲得很清楚，问了各个层面的同学，接受程度完全不一样，这就关系到孩子用听觉的器官接收信息的能力。我们不是要培养习惯、提升能力吗？周老师讲的是民间文化，还原的是古老的神话传说如何口耳相传，培养的是孩子听的能力。这一点很值得我们重视。周老师给学生搭了一座桥，学生通过合作能够把故事讲出来。

课中，为什么要用方言讲故事？这个问题我们需要引起重视。有的时候，我很为我们的教育担忧。我们的很多教育政策是具有中国特色的，但是，统率我们的教育理念基本上是国外的。很多名词术语都是国外的，而不是我们自己的东西。比如，我们说"因材施教"，我做了一辈子老师，仍然没有做到孔子所讲的"因材施教"。但是，我们就不去研究。对于国外的东西我们其实也并未进行过系统性研究，而是这里抓一点，那里抓一点，始终处在碎片化的教育名词术语当中。中国的文化有几千年历史，而我们的语文教学到底用什么来衡量？用测量学的方法怎么测得出质量？我们从事语文教学的，是不是应该有中国立场，还要有世界视野？要把中国文化传承下去。周老师从民间文学、民间文化这条线来考虑，他最后讲的是古老的口传故事，把《山海经》中的文言文让孩子读一读，而不是解释这个词是什么意思，那个词是什么意思。注释一出，学生马上知道了。故事讲清楚，文章也读明白了。然后再开放性地激发思维，让孩子充分表达。这些开放性的问题实际上是让孩子知道这些古老的文化背后的价值何在，知道要有怎样的价值取向。人一辈子就活在价值取向当中。价值观的教育需要每一堂课"随风潜入夜，润物细无声"，点点滴滴渗进去。最后再讲三个字，这些古老的神话的后面是精、气、神。那时候科学不发达，人们对天、地、大自然几乎一无所知。但是，他们要挑战，要认识，要追寻，人类一诞生就有梦，要追求人类美好的梦。我们要让我们的孩子从小就有"精、气、神"，要有民族的精神。周老师讲，我们要孩子留住乡愁，要孩子了解这些故事，实际上是为民族招魂。确实，这是非常严峻的问题。

周老师的课设计精妙，用心良苦，对孩子如何进行"根"的教育，是很值得我们思考的。

于　漪 / 著名语文教育家

07. 还原故事的传奇

---------- 《九色鹿》（第二课时）教学记录 ----------

教学年级 / 四年级
教学时间 / 45 分钟
执教日期 / 2013 年 11 月

一、引入与揭题

师：在一片景色秀丽的山林中，有一只鹿。它的双角洁白如雪，身上有九种鲜艳的毛色，漂亮极了，人们都称它——（生齐）九色鹿。（教师揭题）九色鹿是神鹿，鹿中之王，一心助人，人们中传唱着一首歌谣：遇见神鹿，万福安康。遇见神鹿，吉祥吉祥。

（指名学生读，学生齐读。）

师：故事中还有一个人物，

是我们不愿提起的,他叫——(生齐)调达。读准名字中的多音字。(生再齐读)

二、梳理故事前后关系,点出"义"的主题

师:这个故事中,前后不少情节是有因果关系的,快速读读,试着用关联词语"因为……所以……"说说。

(学生阅读课文,思考。)

生:因为九色鹿救了调达,所以调达答应不暴露九色鹿的住处。

生:因为调达想发财,所以告诉国王九色鹿的住处,九色鹿非常气愤。

师:调达的行为怎么样?

生:很可耻。

师:能不能用上一个成语,否定他这个想发财的念头。

生:因为调达财迷心窍,所以告诉国王九色鹿的住处,九色鹿非常气愤。

生:因为调达背信弃义、恩将仇报,所以受到了惩罚。

生:因为这个国家的王妃想要九色鹿的毛皮,所以国王张贴了皇榜。

师:看来国王非常宠爱王妃。

生:因为九色鹿救了调达,所以调达知道九色鹿的住处。

生:因为王妃做了一个梦,在梦里见到九色鹿非常美丽,所以想要九色鹿的毛皮做衣服。

师：我们同学越来越会寻找了，许多"因为……所以"藏在课文的细微之处。

生：因为九色鹿有九种毛色，所以人们称它为九色鹿。

师：嗯，顾名思义。

生：因为九色鹿毛色很漂亮，所以王妃想要九色鹿的皮。

师：看来，有时候美丽、漂亮也会带来麻烦。

生：因为九色鹿在河边散步，所以才会发现调达落水，并救了他。

师：故事中也有一些是让人没想到，或者是我们不愿意去想的，用"竟然"说说。（学生思考）

生：九色鹿救了调达，但是调达竟然见利忘义。

师："但是"和"竟然"都表示意思的转折，去掉"但是"再说一遍。

生：九色鹿救了调达，调达竟然忘恩负义。

师：这样表达，语句更简洁。

生：九色鹿长得很漂亮，王妃竟然要它的毛皮做衣裳。

师：你为什么没想到？

生：它是神鹿，那么美丽、善良，怎么可以伤害它？

师：问得好，为什么要伤害这么美好的事物？

生：国王竟然听了王妃的话，带领军队去抓九色鹿。

师：王妃使用了什么手段呢，文章里有一个字——

生：（齐）缠。

[出示：见（　）勇为、忘恩负（　）、见利忘（　）、背信弃（　）。]

师：刚才同学们说了很多。调达落水，九色鹿不顾自己的安危去救他，这就叫——

生：(齐)见义勇为。

师：九色鹿对调达有救命之恩，调达竟然忘却了这个恩情，反而要出卖它，这就叫——

生：(齐)忘恩负义。

师：调达见有利可图，想发财，违背做人的基本道义，去告密九色鹿的住处，这就叫——

生：(齐)见利忘义。

师：调达对九色鹿承诺绝不说出它的住处，但他违背了自己的诺言，这就叫——

生：(齐)背信弃义。(师生齐读：见义勇为、忘恩负义、见利忘义、背信弃义。)

师：同学们有没有发现，这些行为都跟哪个字有关？

生：(齐)义。

师：对，都跟"义"有关。(教师板书"义")请注意，"义"的第一笔是什么？

生：(齐)点。

三、走进故事，强化人物形象的感受

师：故事总是打动人心的。阅读故事，首先要把自己的心放进故事。九色鹿的故事在中国已经流传了一千多年，无论聆听还是阅读，都让人不能平静。请大家再次轻声读读课文，用心体会一下：

哪些地方让你忍不住竖起大拇指？哪些地方让你真想踹上一脚？哪些地方让你心跳加速？还有哪些地方让你终于松了一口气？当然，你也可以读出别的感受。

把心放进故事

要竖起大拇指的——
真想踹上一脚的——
让我心跳加速的——
终于松了一口气的——
————————————

（学生阅读课文，体会，然后组织交流。）

师：我们按顺序讨论吧。哪里让你忍不住竖起大拇指？

生：九色鹿立即纵身跳进河中，将落水之人救上岸来。这让我想竖起大拇指，因为九色鹿见义勇为。

师：还有谁也对这个地方有感觉？

生：九色鹿见义勇为，救了调达，所以要竖起大拇指，因为九色鹿冒着牺牲自己的危险去救一个不认识的人。

师：看看九色鹿救起调达后的情形，有什么想说的吗？

生：调达得救后非常感谢九色鹿，但九色鹿告诉调达它不需要回报，更不要他做它的奴仆，让他回家，也让人钦佩。

师：我们来看看九色鹿和调达的那段对话，同桌分角色读一读，只读对话，不读提示语，但要体会他们各自的语气。

（出示课文片段，同桌分角色朗读。）

　　落水人名叫调达，得救后连连向九色鹿叩头，感激地说："谢谢你的救命之恩。我愿永远做你的奴仆，终身受你的驱使……"

　　九色鹿打断了调达的话，说："我救你并不是要你做我的奴仆。快回家吧。只要你不向任何人泄露我的住处，就算是知恩图报了。"

（指名一对同桌朗读九色鹿和调达的对话。）

师：读得不错，是两种不同的语气。"调达"，我也来和你对一下话，好不好？

（教师与"调达"对话，在学生刚读到"终身"时，教师就开始读下面九色鹿的话。）

师：我跟那位"九色鹿"的回答哪儿不一样？

生：刚才的"九色鹿"是在调达说完"终身受你的驱使"后才接着说的，但你在他还没说完时就说了。

生：我知道你为什么这么读，因为书上说九色鹿"打断了调达的话"。

师：打断别人可是不礼貌的行为，九色鹿是不礼貌吗？

生：（齐）不是。

师：为什么？

生：因为它不想让调达做它的奴仆，它救人不求回报。

生：九色鹿去救调达根本就没想到要什么回报，更别说做什么奴仆了。

师：一个"打断"，写出了九色鹿的无私与果断。请两位同学试着再读读这组对话。

（指名两名学生分角色朗读，"打断"部分处理得很好。）

师：调达听了，郑重起誓，绝不说出九色鹿的住处，然后千恩万谢地走了。想象一下，调达会怎么起誓呢？

生：我发誓永远不会向别人泄露你的住处！

生：我对天发誓，我这一生都不会泄露你的住处！

师：对天发誓，语气加强了。

生：我对天发誓，一生都不暴露你的住处。如果我违反了承诺，就天打五雷轰！

师：下的是毒誓。

生：我发誓绝不泄露你的住处，上刀山下火海、坐"老虎凳"、被鞭子抽打都不会泄露！

师：呵呵，那时还没"老虎凳"呢。（众笑）可以用一对关联词语"无论……都……"来说。

生：无论什么情况，我都不会泄露你的住处。

生：我对天发誓，永远不会泄露你的住处。如果泄露你的住处，就让我再在水里被浪冲走。

师：叩头是旧时最为郑重的礼节。调达又是叩头，又是发誓，但最后还是违背了自己的诺言。下面继续，还有要竖大拇指的吗？

生：我要为乌鸦竖大拇指。情况紧急，是乌鸦高声叫喊为九色鹿报信。它善良，还很勇敢。

师：你来读读那一部分，把当时情况的紧急表现出来。（生朗读相应内容）

生：我要为国王竖大拇指。

师：哦？国王可是带军队来捉拿九色鹿的！

生：可他后来改正了错误，还下令永远不许伤害九色鹿。

师：你还是不能说服我。一来，国王竟带军队捉拿九色鹿，实在不应该。二来，本来就不应该伤害九色鹿，他只是做了应该做的事，怎么还给他竖大拇指？

生：因为国王是金口玉言，轻易不会改变主意。现在知道错了，能改正，所以还是要肯定他。

师：从这个角度看，国王确也有值得肯定之处。那么，哪里让你们真想踹上一脚？

生：调达看了皇榜，心想发财的机会来了，就进宫告密。国王听了，立即调集军队，由调达带路，浩浩荡荡地向着九色鹿的住处进发了。刚刚调达还说永远不说出九色鹿的住处，现在看到发财的机会来了，他就动心了。

师：这个让你真想踹上一脚？

生：对。

师：而且狠狠地？

生：对！（众笑）

师：如果你当时在现场，请制止调达，给他做做工作。

生：调达，你都说了永远不泄露九色鹿的住处，现在在金钱面前就忘了自己的诺言，你还是不是人啊？

师：一句反问很有力。

生：让我想踹上一脚的地方是："陛下，您知道吗？正是这个人，在快要淹死时，我救了他。他发誓永不暴露我的住处，谁知他竟然见利忘义！"

师：踹谁？

生：踹调达。因为调达发誓不泄露九色鹿的住处，却因为陛下张贴了一张皇榜，被金钱诱惑之后就要去出卖九色鹿，九色鹿是他的恩人。

师：如果调达揭下皇榜的时候你就在现场，请你来制止他。

生：调达，你有没有良心，你难道连最后一点良知都没有了吗？连你的恩人都要背叛，你对自己的诺言是不是从来没有认真过？

师：是啊，滴水之恩当涌泉相报，现在九色鹿对调达可是——

生：救命之恩。

师：刚才两位同学其实都是在说做人——

生：做人要有义气，要守信用。

师：对，做人要讲道义。

生：我想踹王妃，她做梦梦见九色鹿就想要它的毛皮做衣服，那么美好的事物怎么能去伤害呢？

师：王妃也是有责任的。

生：我想踹国王。他竟然带兵捉拿九色鹿，实在不应该。

师：可是，他是被王妃缠得无奈才发兵的啊！

生：可他是国王啊，国王是要有主见的，怎么对一个王妃就没有办法了？

生：这么没有主见，还怎么治理国家呢！

师：看来，国王负有不可推卸的责任。

生：我想将国王和王妃一起踹。

师：你练过武功，左右腿可以同时开弓？（众笑）那你想踹谁更重一点？

生：当然踹国王更重一点。王妃贪心和伤害无辜，我要踹。而国王缺少主见，不去分辨事情的对和错，被一个王妃忽悠，更要踹！（众鼓掌）

师：同学们从人物的表现分析人物的性格和内心，并且注意到人物之间的关系，很深刻。下面再说说，让我们心跳加速的是什么？

生1：九色鹿从梦中惊醒，发现自己已处在刀枪箭斧的包围之中，无法脱身。再一看，调达正站在国王身边。

师：为什么这里让你心跳加速？

生1：这里九色鹿可能被抓住。

师：你是为它的命运而担忧。相信大多数同学会在这个地方心跳加速，是吧？

生2：我是在这儿心跳加速的："她突发奇想，如果用这只鹿的毛皮做件衣服穿上，一定会显得更加漂亮。"我为九色鹿的命运而担忧。

生3：我是在这儿心跳加速的："只见一个人在汹涌的波涛中奋力挣扎。"

师：其他同学有话要说吗？

生4：你为什么要为调达担心？对这么一个小人有什么好担心的！

生3：尽管调达忘恩负义，可是，故事的一开始，我们并不知道他有多坏，他掉进河里，有生命危险，我们当然要为他担心。九色鹿还救了他呢。

生4：你这么说有点道理，但我们现在知道了调达是小人，我肯定不心跳加速了。（众笑）

师：我理解你（指生4），大家都嫉恶如仇，自然不会同情调达。而你（指生3），更有一颗悲悯慈悲之心，因为那毕竟也是一条生命。我尊重你们不同的情感体验。那么，哪里让人终于松了一口气？

生："国王非常惭愧，他斥责调达背信弃义，恩将仇报，并重重惩罚了他，还下令全国臣民永远不许伤害九色鹿。"

师：九色鹿由危险转为安全了，用个成语，叫作——

生：转危为安。

生：化险为夷。

师：九色鹿命运的转变跟它对国王说的那段话密切相关，请同学读一读。（出示，指名读。）

　　九色鹿非常气愤，指着调达说："陛下，您知道吗？正是这个人，在快要淹死时，我救了他。他发誓永不暴露我的住地，谁知他竟然见利忘义！您与这种灵魂肮脏的小人一起来残害无辜，难道不怕天下人笑话吗？"

师：读得很流畅。有几处长句，如果注意了句中停顿，表达的效果会更好。（为句子加上停顿记号：他发誓/永不暴露我的住地,谁知／他竟然见利忘义!您与这种灵魂肮脏的小人／一起来残害无辜,难道／不怕天下人笑话吗?)看看提示语,谁能把当时九色鹿的语气表现得再强烈些,如果能以手势加以表现就更好了。

(一学生朗读,手指前方,语气到位,大家鼓掌。)

师:很有力度,尤其是最后的反问。(板书"有力")谁愿把最后的反问句读读,读出力度?(指名朗读)

师:同学们发现了吗?九色鹿尽管很生气,但并没有气昏头,它还在跟国王讲什么?

生:九色鹿在告诉国王事情的经过。

师:九色鹿把事情的来龙去脉讲给国王听,让国王了解是怎么一回事,它是在跟国王讲理。九色鹿当时非常气愤,因为生命都受到威胁了,但还是非常冷静。它的话很有理。(板书"有理")

生:我读出九色鹿非常沉稳,碰到这样见利忘义的人,它却能用道理说服别人。

师:沉着冷静,不愧是鹿王。请你也读读这段话,要讲清事理。(学生朗读)

师:九色鹿说"陛下,您知道吗",你还读出了什么?

生:我还读出九色鹿很有勇气,敢跟国王说理。

师:"陛下",是对国王的尊称。当时,它的生命受到威胁,面对的是忘恩负义的小人。

生:我发现九色鹿很有礼貌。

师:是很讲礼节。(板书"有礼")

生:它很尊重国王。

师：在当时的情况下，如果气急败坏，反而会激怒国王，适得其反。九色鹿很有礼节，也很冷静。你们看，这段话里包含着那么丰富的信息，有力、有理、有礼，谁来读好这段话？

（指名学生朗读。）

师：故事中，这段话很重要。在另外一个版本中，九色鹿是这样说的。（显示）

> 我乃鹿王，云游贵邦。一心助人，救人于危难之中。一天，我在水中救起一个快要淹死的人，现在这人就站在我的面前。他违背誓言，恩将仇报……生命虽然可贵，但是卑鄙和邪恶的生命，终究要受到惩罚。

师：（先后指名数名学生朗读前两句）说这段话的九色鹿给你们什么感觉？

生：很有鹿王的气势。

生：我觉得很有气质。

生："我乃鹿王，云游贵邦"，有一种鹿王的高贵。

师：语言是内心的反映。说这段话的九色鹿确实高贵、圣洁，不可侵犯。

师：同样的意思，不同的表达，你们喜欢哪段就读哪段吧。

（学生自由朗读，大多数学生选择课外的版本。）

师：听了九色鹿的话，国王非常惭愧。他斥责调达背信弃义，恩将仇报，并重重惩罚了他。接下来老师自我牺牲一下，扮演调达。

师：各位，我错了，当初九色鹿救我的时候，我不该郑重起誓。如果没有起誓，就不算背信弃义，我就可以带着国王的军队来捉拿它了。你们说对吗？（学生纷纷说不对）

生：它救了你，你不应该去捉拿它。

生：不能出卖救命恩人。

生：九色鹿已经救了你，你不感谢它，这算什么人？

师：这叫忘恩负义。如果九色鹿没有救过我，我可以带人捉拿吗？

生：如果九色鹿没有救你，你不就已经淹死了吗？

师：我也没有掉进水里去，我就在山中行走。

生：那你也不能残害无辜呀，你这样残害无辜会受到惩罚的。

师：就是说我不应该残害善良。

生：你怎么能这样编造事实呢？你的确掉进了水里，动物都可以证明。

师：它确实救了我。现在假设它没救我，它不是我的恩人，我能不能带领国王的军队捉拿它？

生：也不行，那样残害无辜，你会遭报应。

师：你能不能结合"义"字说一说。

生：如果残害无辜的话，你就违背了道义。做人必须遵守道义。

师：也就是说，这是作为一个人最基本的条件，这才叫人。

生：遵守道义是做人的底线。

生：你出卖了九色鹿，下次再掉进水里，就没人来救你了。（众笑）

师：我以后就在陆地行走，不靠近水边。

生：它是神奇的鹿，绝无仅有的，出卖了以后就没有了。

师：那如果有两只、三只呢？（众笑）

生：还是不能，它是那样美好。我们不能破坏美好的事物。

师：不管什么情况，调达都不应该出卖九色鹿。在这儿，九色鹿已经成为一种美好事物的象征。

四、九色鹿形象讨论与情节改编

师：九色鹿的这个形象流传到现在已经有一千多年了，不同的人心中有不同的九色鹿形象。这是两位著名画家笔下的九色鹿（出示），你们发现了什么？

生：它们头上都有光环。

师：画家为什么这么设计？

生：表示它们很神圣。

生：它头上有光环，是因为它有神力。

生：它是善良的鹿，光环代表着正义。

师：刚才我们说了九色鹿是神鹿、鹿王。九色鹿是怎么说的呢？（出示，学生朗读。）

> 我来人间降吉祥，
> 我回仙山去远荡。
> 缥缈彩云间，
> 蓬莱是家乡。

师：蓬莱是传说中海上的一座仙山，是神仙居住的地方。我们来看一看，一开始调达落水之后，九色鹿是如何来救他的？（播放动画片片段）

师：我们看到，九色鹿跳进河中，河水遇鹿自动分开，非常神奇。如果将这种神奇的形象与课文的描写对照，你有什么想说的？

生："九色鹿从梦中惊醒，发现自己已处在刀枪箭斧的包围之中，无法脱身。"这是矛盾的。

生：这样就跟一开始的九色鹿有神力发生了矛盾。

师：这个矛盾怎么解决呢？我们自己来编一编，我们从九色鹿具有神力出发，面对刀枪箭斧的包围，九色鹿会怎么样？同学们讨论一下。（学生热烈讨论）

生：九色鹿面对刀枪箭斧的包围没有慌乱，它大喊一声，所有的刀都飞上了天空，所有的士兵都吓了一跳，跌倒在地。九色鹿趁机逃了出去。

师：九色鹿怎么离开的？

生：趁那些兵还在慌乱中，它一闪就没了，瞬间就跑出去了。

师：瞬间消失，然后，它在远处跟国王说了那段话。

生：对。

生：面对敌人刀枪箭斧的包围，九色鹿发动了神力，头上的光圈闪闪发光，敌人的刀枪箭斧全部飞上天，"咔嚓"一声全都断了，士兵连连给它磕头。

师：然后九色鹿对着他们义正词严地说了那段话。

生：九色鹿喊了一声，森林里的鸟全都飞到了它的身边，带着它飞走了。

师：这个想象很有浪漫色彩，九色鹿踏着小鸟的翅膀飞上了蓝天，有意思。

生：九色鹿突然飞到天空中不见了，它在天空中对着国王说了那段话。

师：它是怎么飞上天空的？

生：驾着云彩。

师：这个形象非常美妙，它驾着祥云飞上了蓝天，不愧是鹿王。

生：九色鹿大喊一声，森林中所有的鹿都出来了，帮着它逃跑。

师：群鹿都过来了。刚才我们说了九色鹿是鹿王，很从容，最好把"逃跑"换个词。

生：它从容地离开了这个地方。

生：九色鹿的光环闪闪发光，那些人眼前全是金色，然后就什么都看不见了。趁着这个时机，它就步态优雅地离开了这个地方。

生：九色鹿的双腿变成了两只翅膀，它翅膀一张，飞向了天空，飞向了远方。

师：同学们有很多的想象，使这个故事更加富有传奇色彩。我们看看有一个版本是怎么写的："埋伏着的武士们把九色鹿团团围住，射出了一支支箭。顷刻间，九色鹿四周燃起熊熊火焰，射来的箭全都被烈火烧断了。这时，天上金光万道，九色鹿飞腾而去……"（出示相应画面）这就是神奇的九色鹿。

埋伏着的武士们把九色鹿团团围住，射出了一支支箭。
顷刻间，九色鹿四周燃起熊熊火焰，射来的箭全被烈火烧断了。

这时，天上金光万道，九色鹿飞腾而去……

五、简介背景，推荐书籍

师：九色鹿光彩照人，高洁神圣，这个故事在我国最早出现在敦煌莫高窟257号洞窟的壁画上。（出示画面）

师：1981年，根据这个故事拍摄的动画片《九色鹿》已经成了经典。这是两本关于九色鹿的图画书，画面精美，文字精致，值得大家阅读。（出示封面）

师：下课。

戴着镣铐跳舞
——我看周益民老师执教《九色鹿》

《九色鹿》,流传千年的佛典故事。小时候,在书中读过,在电视上看过,在长辈口中听过。绚丽的画面、奇幻的想象、动人的故事,一直深埋心中。若干年后,遇见课文《九色鹿》,却味同嚼蜡。神秘高贵的九色鹿,变得如此平凡普通;丰富多彩的故事,显得如此单调无趣。

"巧妇难为无米之炊",教学这样一篇课文,无异于戴着镣铐跳舞。然而,总有那么一些勇者,明知山有虎,偏向虎山行。周益民老师正是其中的佼佼者。且看戴着镣铐的他,跳出了一支怎样的舞?

一、简明的要求,扎实的语言训练

课文《九色鹿》,故事简单,人物鲜明,语言浅白,对四年级学生来说,在理解上几乎毫无难度。于是,如何挖掘有意义的语文训练点，如何提出挑战学生思维的问题，就成了教师的难点。稍有不慎，将使学生在已知区辗转徘徊，无效劳动。

周老师没让学生随意复述课文内容，而要求学生运用"因为……所以……"和"竟然"的句式，进行较高层次的创造性复述。指向明确的要求，促进学生动脑筋，在浅白易懂的课文中，搜寻一条条线索与脉络。"因为……所以……"的表达抓住了故事的因果关系，"竟然"的表达则凸显了故事的转折部分。如此设计，在训练学生的概括与表达能力之余，也梳理了课文脉络。

二、有趣的问题，具体的阅读指导

阅读故事，除了读懂内容，还要读出感觉。为此，周老师设计了四个巧妙的问题，让学生带着问题去感受课文：(1)要竖起大拇指的；(2)真想踹上一脚的；(3)让我心跳加速的；(4)终于松了一口气的。四个问题从读者的阅读感受出发，具体可感，趣味横生，有别于一般作业的刻板僵化。问题看似随意，其实指向文学欣赏的重点。问题（1）和（2），涉及人物评价；问题（3）和（4），涉及情节铺排。

三、巧妙的追问，深入的主题探索

《九色鹿》的故事，典出《佛说九色鹿经》，带有浓厚的教育色彩。通过阅读故事，学生自能感受九色鹿的好与调达的坏。周老师通过几个成语（见义勇为、忘恩负义、见利忘义、背信弃义），引导学生概括出课文中"义"的主题。至此,教学构思称得上"巧妙",然而接下来的设计才真正显出"高深"。

走进故事,周老师化身调达,以一连串环环相扣的追问,一一检验先前归纳出的主题。首先是"背信弃义"。"如果没有起誓,就不算背信弃义,我就可以带着国王的军队来捉拿它了。你们说对吗?"再来是"忘恩负义"。"如果九色鹿没有救过我,我可以带人捉拿吗?"一位学生在讨论过程中说:"它是神奇的鹿,绝无仅有的,出卖了以后就没有了。"周老师机智回应:"那如果有两只、三只呢?"

学生在教师的追问中不断摇头、不断反思,终于明白即使无信、无恩,甚至对方只是一只普通的鹿,调达也不应出卖它。"义"的内涵,在质疑与思辨中逐渐深化,从有条件的"义"升华为无条件的"义"。九色鹿的象征意义,也在一轮轮脑力激荡中浮现。周老师这一教学设计,不仅巧妙,而且高深。

四、丰富的征引,缺失的传说元素

《九色鹿》经过改编,进入课本,可以说是伤痕累累、体无完肤。神秘莫测的九色鹿,被改得平凡普通;绚烂多彩的美丽传说,成了单调无趣的教育故事。课文编者似乎急着要带出其中的教育意义,而随意说了一个故事,把其中丰满的细节都删去。殊不知,删去的正是《九色鹿》作为经典传说所引以为傲的神秘色彩。

周益民老师研究儿童文学多年,对民间文学的涉猎尤其深广,自然洞察其中的不足。课堂上,周老师调动课外资源,试图补充课文缺失了的传奇色彩。"遇见神鹿，万福安康。遇见神鹿，吉祥吉祥。"课堂伊始，周老师以一首歌谣揭题，尝试为九色鹿树立"神鹿"形象，营造神秘氛围。随着教学的推进，周老师引了《九色鹿》其他版本的文字，让学生比较不同表达所塑造的不同形象。接着，周老师通过动画片段，突出九色鹿的"神鹿"特点，让学生发挥想象力，改编故事情节，试图以读者的想象力来弥补课文的缺失。最后，敦煌莫高窟的壁画、动画片以及图画书的推荐，大概都是周老师为补充课文不足的努力。

五、优秀的教学，短小轻薄的教材

回到本文开头提出的问题：戴着镣铐的周益民老师，跳出了一支怎样的舞？

从教学设计的角度来看，这支舞无疑是精彩的。无论是语文训练的设置，还是阅读方法的指导、主题探索的深入、传说元素的补充，都充满令人激赏的闪光点。课堂上所运用的各种技巧与方法，其巧妙形式的背后是深厚的学养，值得教师们关注与借鉴。

我从周老师的课中，得到许多阅读教学方法上的启发。然而，似乎也因教学设计的不凡，更凸显了课文的短小轻薄。在第三个教学环节中，学生根据教师设计的四个问题，重读课文，尝试把自己的心放进故事，读出感觉。短小轻薄的课文，经不起四个问题的检验。从学生的回应中，我察觉他们并未真正为文本所触动，更多时候，他们只是为回答而回答，给出的回应趋向一致。尤其是第三个和第四个问题，文本并未成功营造紧张的节奏与氛围，学生只是凭着理性与应付问题的心态作答。

课文的短小轻薄，还表现在"情节改编"的环节。抽去各种细节描写，《九色鹿》原文中的传奇色彩被大大削弱。课文中，无论是文字的叙述，还是插图的描绘，都让九色鹿显得平庸失色。尽管周老师作了许多努力，如引入动画片段，展示图书插画，试图还原九色鹿的神鹿光芒，但学生还是难以进入。从学生改编情节的表现来看，他们的思维并未充分激活。这是否与学生的第一印象有关？倘若学生初次接触的《九色鹿》文本，是包含各种细节、充满奇幻想象的版本，情况可会不同？

六、单纯的课堂，复杂的浮想联翩

看过不少周益民老师的课，部分来自现场，更多来自文字，其中就有《外公是棵樱桃树》作品导读课、《小王子》作品交流课、绕口令主题课、庄子童话课等。相比之下，这一堂《九色鹿》显得有点逊色。不是周老师的教学设计出了问题，而是教材本身局限了课堂所能达到的高度。"亲近母语"的徐冬梅老师的话多少能表达我的想法："课程内容永远大于教学方法，也就是说，如果选择的文本是不好的文本，你再教，也是南辕北辙。你拿来的食材本身就是腐烂的，怎么炒出香味，孩子们吃了还是有害。我们应该无限相信孩子们的学习潜能。"据我所知，近年来，周益民老师极少在公开场合执教语文教材中的课文。他更多地在汲取儿童文学的资源，开创新的课程与课型。周一贯先生在《语文教学的"潮课"》一文中，就重点谈到周益民老师的"民间文学阅读"课堂。周老师在一篇文章中写道:"儿童文学滋养了我,丰富了我,启发了我,改变了我,让我找到了教学的乐趣。在接触儿童文学之前,我上了很多课,很多人认为很漂亮的课。但接触儿童文学之后,我再也不想上那样的课,儿童文学就是我教学生涯的一道分水岭。"

语文教材的贫乏,儿童文学的丰饶,周老师是有深刻体会的。他毅然跳脱传统教材的框框,投身儿童文学的海洋,并且在民间故事、儿歌童谣、整本书阅读等领域如鱼得水。若干年后,周老师何以又回归传统语文教材,上起课本中的课文?也许,他在自我挑战,尝试将近年的心得融入传统教学;也许,他想告诉群众,在大家较能接受的框架内展示自己的思考;也许,他在批判教材,以戴着镣铐跳舞的姿态,让大家把脚上那副镣铐看得更清楚。

无论如何,周益民老师是清醒的。回归,是为了挣脱;妥协,是为了超越。我甚至感觉到一丝"知其不可为而为之"的西西弗斯精神。这一堂《九色鹿》的课,令我浮想联翩,似乎还有点过度诠释了。

郭史光宏 / 马来西亚儿童文学协会副会长
马来西亚柔佛州峇株巴辖县永平一校

《九色鹿》教学三题

《九色鹿》是苏教版四年级上册语文教材中的一篇课文,这一课的备课与教学中遇到的几个问题让我难忘。小学语文很"小",是儿童语文。小学语文也很"大",用李吉林老师的话说就是"虽小犹深",需要我们秉持严谨的态度、求真的精神和广阔的视野。

一、这是个中国的故事吗

在我国,九色鹿的故事最早出现于敦煌 257 号洞窟的《九色鹿经图》壁画,是莫高窟内最完美的连环画式本生故事画。1981 年,上海美术电影制片厂摄制了《九色鹿》动画片。这个故事几乎是中国家喻户晓的老故事,然而,它最初起源于佛经,收录于《佛说九色鹿经》。据说,九色鹿是释迦牟尼的前身。那么,这个发源于恒河的故事还能称为中国的民间故事吗?

我向前辈学者刘锡诚先生请教。刘先生是著名的文艺评论家、民间文学家。他告诉我:"源自佛教和佛经的故事很多,只要在中国老百姓中获得流传,并粘连或附加上中国的文化因素,就可以算入中国的民间文学之列。刘守华先生专门写了一本探讨这个问题的论著。连最有名的梁祝传说，都有人认为是源自印度的。"

二、调达的行为是诚信问题吗

故事中，九色鹿拯救了落水的调达，调达起誓绝不说出九色鹿的住处。但他在利益的诱惑下，出卖了九色鹿。于是，很多人把这个故事解读为要信守承诺，故事中的调达则成为背信弃义、忘恩负义的象征。随着研读文本的深入，我对这种观点产生了怀疑，在心里追问：如果调达在九色鹿救起他时没有起誓，他是否可以出卖九色鹿？再进一步假设，如果九色鹿没有救调达，调达就可以心安理得地带国王来捉拿九色鹿吗？因此，我认为，这个故事无关"信"而直指"义"。

在作这样的思辨时，我意识到，这个文本包含着诸多值得我们思考的命题，有些东西我只是直觉式的把握，因此希望得到更清晰、更深刻的阐释。于是，我想到了陈家琪先生。陈先生是同济大学哲学系教授，是具有很高声誉的哲学家，数年前曾经听过我的课。陈先生很快回复了我，还将这一讨论转给他的研究生阅读。现将陈先生的回复录于下：

> 益民，你的理解是对的。"信"似乎与一个人违背了自己所说的什么诺言有关；但一个人未说，我们怎么知道他心中是怎么想的？这则故事主要是"义"，但"义"这个词太含混，很难解释清楚，不如说成是"利"，也就是

一个如何对待眼前之"利"的问题。被救命当然是最大的利，但"命"一旦有了，就成了既有事实，于是也就不管这个前提，只在此前提下寻求新的"利"；而且事过境迁，总有新的"利"可寻。这涉及人性，当然，说到人性，总要以人有生命为前提。所以这则故事是在有生命这一前提下讨论"义"与"利"的关系，而生命是如何获得的则被忽略了（人们通常都会忽略的）。至于"义"与"利"的关系，当然还是要引用《孟子·告子上》中的那段话："鱼，我所欲也；熊掌，亦我所欲也……生，亦我所欲也；义，亦我所欲也。二者不可得兼，舍生而取义者也。"在孟子看来，既然可以做到舍生取义，当然别的小利就更不在话下了。但一个人连命都没有了，"义"还有什么用？这又涉及信仰。这才与"信"发生了关系。所以可以分几个层次来说。

三、"誓"字如何解析

我曾在多个城市执教《九色鹿》一课，不少听课老师肯定了我教学的独特性。但有一回，汉字研究专家、福建集美大学金文伟教授却认真地指出了我课堂中的一个错误。

课堂上，讲到调达获救起誓时，我告诉学生，"誓"字上"折"下"言"，古人发誓时，一般手执枝条，发完誓就折断枝条，意思是如果违背了誓言，就和这枝条一样。我一方面想帮助学生记忆字形，更是想彰显自己一贯倡导的语文的文化性。记得起初是在一则资料中看到这一说法,为慎重起见,翻查了《细说汉字》等资料,但均未查到依据。又在网络上搜寻,读到不少折箭、折枝、折柳的说法,便未再求证。因为觉得很有意思,即用在教学中了。

课毕,金先生很认真地对我说,你对"誓"的解释有误,"誓"是形声字,从言,折声(古音)。"誓"在《尚书》中就有,比如《汤誓》,指军事动员的言语,那时并无折箭、折柳为誓的风俗。

后来整理教学实录,我想,既应保留课堂真实场景,又不能误导读者,最好请金先生作个"誓"的解析附在文后,这既是汉字知识,更体现出为人治学的精神。

金先生一口答应,甚至赞扬我对真理与科学的尊重。本以为这并不复杂,但没想到,为小小一个字,竟花费了金先生很多的时间和精力。

金先生告诉我,解说好一个有争议的字,要查很多资料,这涉及比较深入的汉字教学理念,不说清楚可能引起反作用。他查了谷衍奎先生的《简明汉字源流字典》,查了《汉语大字典》《汉语大词典》,又请教了一些古代文学学者,寻找折箭为誓的起源以及"折"在构字中有哪些字为系统。他告诉我,一个主要的问题是,古人后来起誓为何"折箭",答案不一,有说是因为"硬",契约就是因为"硬";有说是因为与"矢"谐音,但都无文献资料证明。

几天后的一个深夜,我收到金先生传来的文件,1300余字,翔实解析"誓"。

关于"誓"字解析致益民先生

益民先生:

您好!

您的《九色鹿》课录对课文的解读既忠于文本,又见解独到,使我获益匪浅。对您解析"誓"字的形义关系,则以为不妥,写出浅见供参考。

您认为"誓"是会意字,从"言"从"折","折"表示"折枝条"之意。

查《说文解字》:"誓,约束也。从言,折声。"《说文解字》认为"誓"是形声字,"从言"表示用言辞约束人,"折"表声而不表意。《说文解字》的解析是否正确呢?查《汉语大字典》第一个义项解释为:"古代军中告诫、约束将士的言辞。"中国最早的历史文献《尚书》有《汤誓》,就记载了商汤伐夏桀时告诫将士的言辞。可见"誓"的本义是军队里用言辞约束将士,这里显然不是"折枝条"了。后来由"誓"的"约束"义引申为共同遵守的誓约。即使这样,在很长一段历史时期内,双方誓约也没有文献记载有"折枝条"的行为。

"折箭为誓"最早见于南宋·岳珂《桯史·二将失律》:"虏既得俊迈,折箭为誓,启门以出二将。"乃"誓"字产生千余年后的事,折箭显然与"誓"字产生无关。可见《说文解字》解释为形声字还是正确的。

商榷"誓"字的构形原理,涉及汉字教学的一个重要理念和方法问题。您对"誓"字的形义解析,博得了一片赞扬:这样解说,既使小学生理解了"誓"义,又记住了字形!至于这样解析是否符合汉字科学,那就不管了——这是小语界普遍存在的观念,却是识字教学上的短视行为。此教法不仅给学生传授了错误的汉字知识,不利于学生的今后阅读和终身教育(比如高中读到《诗经·卫风·氓》中"言笑晏晏,信誓旦旦"时,也要理解它们是"折枝条"立誓吗),而且也降低了识字效率。

汉字偏旁组合有其严密系统,汉字学研究的内容之一是"怎样使汉字更好学更好用"(周有光),其中强调"讲错一字,破坏一片;讲对一字,方便一串",这就是"举一形而统众形"(《说文解字》)、以简驭繁的识字方法。比如"折"不仅在"誓"中表声,在"哲、浙、蜇"和"逝"等字中同样作声符,只是"哲、浙、蜇"与"折"的 zhe 音相同,而在"誓、逝"音变,已不能表音,成为汉字学中的"记号"(汉字偏旁既不表音也不表意的称作"记号",比如"江"字的"工",现在已不表音,就成为记号了)。这里将"折"解释为"折枝条",那么对"逝、蜇"的"折"解析成什么呢?

这种古代形声字的声旁因音变而成为记号的现象比较多,给学生讲清楚这种规律对提高识字效率、传授汉字科学文化都有极大的作用。据我的实验校实践证明,给一年级学生讲形声字他们可以学懂,二三年级学生对声旁变记号的知识也完全能掌握。您这节课在四年级,教汉字规律,讲系统识字,应该行得通。

另外,即使将"誓"的"折"解析为表意,也还是以"折箭"为好。"折枝条"的做法古代可能有,但不见于典籍,不如"折箭为誓"更符合历史,更符合语文规范。

以上意见请指谬。

即颂

教安!

金文伟
2013 年 8 月 1 日

与此同时,金先生编写的《汉字教学常用字形义解析》也在寄给我的路途中,他说,希望这本书能给我的汉字教学带来一点方便。

周益民

08. 儿童也是评论家

---------- "我看童书"沙龙记录 ----------

教学年级 / 四年级（14名，南京市芳草园小学），五年级（5名，南京市琅琊路小学）

教学时间 / 40分钟

执教日期 / 2019年4月13日（第十五届中国儿童阅读论坛）

一、实话实说

师：向同学们了解一下，在你们周围，或者就是你们自己，有没有不爱读书的？

（大多数学生摇头。）

生：我身边有的。比如说，我下课的时候比较喜欢看书，有的同学课间就去玩了。

师：课间还是应该放松休息的。几米有本书很有意思，叫《不爱读书不是你的错》。那么，你觉得那是谁的错？

生：我认为是书的错。

生：我认为是卖书人的错。

生：我认为是作者的错。

师：大家说得都很有意思。我们今天的课堂不是平常意义的课堂，而是一个小沙龙，沙龙的名称就叫"我看童书"。什么是沙龙呢？就是坐在一起无拘无束地聊天。为了沙龙进行得更顺利，我们需要遵守几条规则（出示）：

真实表达

发言无错

尊重异见

师：什么叫"异见"？

生：就是每个人都有不同的看法。

师：是的，"异"，不相同。"异见"，就是不一样的观点。我们要尊重、包容不同的看法。

二、看图片，猜书名

师：沙龙开始前，我们先做个小游戏"看图片，猜书名"。（出示相关图片）有一个小男孩，一撒谎鼻子就变长。

生：《木偶奇遇记》。

生：这是《夏洛的网》。

师：（追问）这只蜘蛛叫什么名字？

生：夏洛。

师：小猪叫——（生：威尔伯）这可能是世界上最有名的小猪和最有名的蜘蛛了。

师：有一个葫芦，这个葫芦能够让你梦想成真，你想要什么就有什么。

生：这本书是《宝葫芦的秘密》。

师：知道作者吗？

生：作者是张天翼。

师：对，是我国著名作家张天翼，他还写过一部著名的童话《大林和小林》。

师：再看，这个小男孩特别聪明好动，又特别调皮捣蛋。星期六，姨妈罚他不许出去玩，要刷墙。他就对小伙伴说刷墙特别好玩，于是，这些小伙伴都抢着来为他刷墙。

生：《汤姆·索亚历险记》。

师：作者是——

生：不记得了。

师：马克·吐温，美国著名作家。他还写有一部著名小说——《哈克贝利·费恩历险记》。再请看，这个妈妈是精灵，碰到一点黄酒就会变成蓝色。她说过一句非常有意思的话："感情是世界上——"

生："感情是世界上最黏的胶水。"

师：那你肯定知道这本书。

生：这本书应该是《我的妈妈是精灵》。

师：对，作家陈丹燕的幻想小说。

三、聊"喜欢"和"不喜欢"

（一）对五本书的喜好

师：祝贺同学们，五本书全部答对了。这几本书中，有没有你特别喜欢，或者不怎么喜欢的？

《夏洛的网》

《木偶奇遇记》

《宝葫芦的秘密》

《汤姆·索亚历险记》

《我的妈妈是精灵》

生1：我特别喜欢《夏洛的网》。这本书我很熟悉，看了很多遍，感觉挺有意思的，其中还有动物之间感情的交流。

师：你觉得哪里挺有意思的？

生1：我感觉夏洛织网那段……

师：就是说，夏洛怎么织网那个过程有意思，情景好玩？

生1：嗯，对，特别有意思。

师：跟他有同感的也来谈一谈。

生2：我也感觉《夏洛的网》读起来很感人，蜘蛛夏洛为了威尔伯牺牲了自己的生命。

师：你是被里面的情感深深打动了。

生3：我特别喜欢《宝葫芦的秘密》这本书，我昨天才把这本书又看了一遍。

师：这么巧。

生3：嗯，我觉得这本书很有意思，王葆去河边钓鱼的时候突然发现了一个葫芦，他回家发现这个葫芦可以实现秘密。

师：是能够帮助自己实现愿望。你看过电影吗？

生3：看过。

师：是看的黑白老电影还是迪士尼真人动画版？

生3：两个版本我都看过。

师：看来你是真心喜爱"宝葫芦"。

生4：我十分喜欢《汤姆·索亚历险记》，马克·吐温写的就像我们身边发生的事情。我小时候看的时候没怎么理解，中高年级再看的时候才领悟了。其实，汤姆·索亚的生活和我们有很多相通的地方。

师：请举个例子说说。

生5：比方说汤姆·索亚有的时候不想上学。

师：你是说你也不想上学吗？

生5：我想上学的，我是说我们身边的一些人有时候会不想上学。

生6：我也想说说《汤姆·索亚历险记》，我也很喜欢。里面有一些片段，我们自己不常接触的，但是作者写得就像我们身边的事情。有一段写他们在山洞里历险，虽然这样的生活我们也不常见，但是我仍然感觉作者把它写得就像我们身边的事。

师：作家对生活的观察非常敏锐。这是一本儿童历险小说，看这样的作品，就能经历一番我们自己所没有的生活。刚才，同学们都说了特别喜欢的作品，有没有对哪个作品不怎么喜欢的？

生7：小时候，我和妈妈一起看《木偶奇遇记》。妈妈对我说，你不要撒谎哦，撒谎鼻子会变长，吓得我不太喜欢这本书了。

师：每次看到这本书就会想到妈妈吓你的情景？看来，不爱读书不是你的错，是"妈妈"的错。（众笑）

生8：我好像并没有怎么仔细看过《汤姆·索亚历险记》，但是我不喜欢里面的一些情节。

师：你没有仔细看过，就说不喜欢？

生9：我看了其中一段，但是我并不喜欢那一段。我觉得他的行为是我不太提倡的。汤姆·索亚不想上学，他们就离家出走，去旅行。我觉得这好像对我们有一些不太好的影响。

师：汤姆·索亚这样的行为让你不喜欢，影响到了你对这本书的态度。不过，建议你有时间读读全书，对一个人物乃至一部作品的评价，只看局部可能是不准确的。刚才这个环节，我们实话实说，做到了真实表达，喜欢就是喜欢，不喜欢就是不喜欢，很好。

（二）两份书单的喜好

师：下面，请同学们看一份材料，这是我国某一年的作家作品销量排行榜。（出示：作家作品销量排行榜。）

作家作品销量排行榜

排 名	作 者	销量占有率	品种数	经典代表作品
1	杨红樱	1.01%	834	《淘气包马小跳》
2	北猫	0.70%	52	《米小圈上学记》
3	[法]克利斯提昂	0.63%	108	《不一样的卡梅拉》
4	雷欧幻像	0.60%	91	《怪物大师》
5	[日]东野圭吾	0.54%	166	《解忧杂货铺》
6	沈石溪	0.46%	632	《狼王梦》
7	曹文轩	0.33%	763	《草房子》
8	笑江南	0.26%	346	《植物大战僵尸》
9	[日]佐佐木洋子	0.24%	20	《小熊宝宝》
10	鲁迅	0.23%	1282	《呐喊》
11	汤素兰	0.20%	886	《阿莲》
12	刘慈欣	0.19%	94	《三体》
13	吴承恩	0.19%	998	《西游记》
14	唐家三少	0.18%	331	《斗破苍穹》
15	老舍	0.17%	650	《骆驼祥子》
16	大冰	0.17%	5	《好吗好的》
17	朱斌	0.17%	230	《爆笑校园》
18	[英]罗尔德·达尔	0.16%	39	《查理和巧克力工厂》

数据来源：北京开卷信息技术有限公司。

师：这 18 部作品中，有些是成人文学作品，比如老舍的《骆驼祥子》等，也有一些是写给孩子的，是童书。这些书里你看过几本？

（教师统计，最多的一名同学看过 13 本。）

师：大家交流一下，这些书里面你最喜欢哪本，或者不喜欢哪本。

生 1：我很喜欢《查理和巧克力工厂》，里面那些人在巧克力工厂……（没有说下去）

师：电影也非常好看，看过吗？

生 1：我看过。

生 2：我特别喜欢杨红樱的《淘气包马小跳》。这本书描述了一个活泼向上的小男孩的小学生活，他身上发生了许多有趣的故事，也让我们学习了许多道理。

师：这个系列有很多本，你看过其中多少本？

生 2：我全看过。

师：太令人惊讶了，也可见你是真喜欢。

生 3：我最喜欢沈石溪写的《狼王梦》，里面讲的是野生动物的生活和经历，还有一些动物之间的感情。

师：动物小说会给我们带来一些特别的体验。

生 4：我和这位同学一样，最喜欢的是《狼王梦》，书里把狼妈妈的母性表现得淋漓尽致。

师：好，大家说的都是喜欢的，有没有谈谈不喜欢的？

生 5：我不喜欢《植物大战僵尸》，图画太多，文字比较少，没有什么意义。

师：谢谢！我想追问一下，你是不喜欢漫画的形式，还是不喜欢书里的内容？

生5：不喜欢书里的内容。我感觉《植物大战僵尸》更适合男生看。

师：男生们喜欢吗？

生6（男生）：我也不喜欢。第一，是老师不给看。第二，我也不喜欢玩游戏，这里面什么角色呀、人物啊，都不太了解，看不懂。第三，感觉里面没有什么深刻的道理，看了等于白看。所以我基本上不去看。

师：你的意思是，我们看书都要获得一些道理，你觉得讲道理的书才是好书，是这样吗？

生6：是的。

师：这个小伙子发言条理清晰，观点明确。

生7：我持反对意见。我看过这本《植物大战僵尸》，这是漫画形式，是四格漫画。我觉得书不一定要写得好、有品位，也可以用来消遣，作为课外读物。

师：你认为书可以用来消遣。那么，消遣的书是不是也有品位高和品位低的区分呢？

生7：我认为消遣的书只要你喜欢，就是很好的。如果不喜欢，这本书就没有价值。

师：再追问一下，你是不是认为读者自己品位高，所喜欢的书就高级一点，自己品位低，喜欢的书就低级一些？

生7：我认为不是这样的。

师：哦，抱歉，我理解错了。

生8：我认为每个人都有自己的看法，每个人的看法不一样，喜欢的书就不一样。比如说，刚刚有人喜欢《狼王梦》，可能也有人不是特别喜欢这个，不要用自己的观点去衡量别人的观点。

师：很好，就是这样，每个人都说出自己的想法，正如我们的沙龙规则"发言无错，尊重异见"，要尊重不同的看法。请继续说。

生8：我特别喜欢曹文轩的《草房子》，我觉得这本书特别有生活色彩，它里面都是一些关于生活的事。我们也会像主人公那样遇到困难。这本书耐人寻味，引人入胜。

师：你表达的观点很重要，人与人对书的理解和感情是有差异的，我们应该尊重这种差异，不应该强求别人一定要喜欢或不喜欢某本书。

四、与书相遇

师：沙龙进行到这儿，我们其实看到了两份书目，一份是开始时我们"看图片，猜书名"的那几本，另一份是"作家作品销量排行榜"。我想了解一下，你们是怎么知道这些书的？是老师推荐，爸爸妈妈推荐，小伙伴告诉，还是通过媒体或者自己找到的？

生1：我一般都是在书店里闲逛，无意之间就会发现一本自己十分喜欢的书。我是通过这种渠道，来找到自己喜欢的书的。

师：你这是偶遇。

生2：电子书Kindle上面有一个微型书店，我会找喜欢的主题搜索，就会出现很多书。我会看看它的样子，再决定买不买。

师：你是根据主题寻找。

生3：我们学校有读书节，学校会根据年龄段给我们推荐书目。《我的妈妈是精灵》就是通过这种渠道知道的。

师：这是老师推荐的，而且老师的推荐和大家的兴趣合拍了。

生4：课间、午自习的时候，同学们都会带一些书看，我看他们看得津津有味的，就让妈妈帮我到书店买。

师：伙伴之间相互影响。通过刚才同学们的交流，我们大致了解了同学们与书籍相遇的方式。回到这两份书目，整体看，注意，我说的是整体看，这两份书目你更愿意读哪一份？

生：我喜欢书目2，因为书目2的书比较多。

师：你看重的是数量。

师：这样，我们举手表决吧，统计一下。（选择书目1的学生3个，选择书目2的学生15个。）

师：猜一猜，你认为老师会推荐哪个书目？（绝大多数学生认为老师会推荐书目1）现在出现了明显的矛盾，你们大多数人喜欢书目2，却又认为老师会推荐书目1，这是为什么？

生：我觉得书目1的图书对生活有用，也会有很多道理。

师：这可不一定，你看《汤姆·索亚历险记》，不一定有道理，讲的是调皮男孩的故事。

生：这本书很有意思，而且这么多年一直很受欢迎。

生：书目2的书有些是读不懂的，书目1更适合儿童一些，而且语言更加通俗易懂，所以我觉得老师会推荐书目1。

生：书目2其实是通过大人和儿童的角度同时去观察的，书目1仅仅是儿童的角度。我们现在是儿童，老师认为我们似乎会喜欢书目 1 一些。

师：看来，同学们很懂老师的心理。如果让我推荐，从整体上，我确实会毫不犹豫推荐书目 1，但并不是你们刚才所说的那些原因。先看书目 2。这是一个排行榜，其实是依照流行的程度，也就是市场来排列的，大部分是流行读物。书目 1 则经过了时间的淘洗，可以称之为经典，或者准经典，是优秀作品。作为父母、作为老师，我更愿意推荐优秀的作品。你们同意吗？

生：我还想补充一下，我自己认为，书目 1 应该是给孩子看的，孩子大多会喜欢这些书。书目 2，我认为应该是给作家看的，因为作家会从这个表格里看到——哦，今年写什么书受欢迎？哦，明年应该写什么书？（众笑）

师：你的意思是，因为销量，这些书让作家找到了目标，找到了努力的方向。（众笑）其实，现实中，还是有一些作家，他们并不是很看重市场的销量，而坚持创作的品质。当然啦，两者如果能结合就完美了。

生：我更喜欢书目 2。第一点，它列出了详细的数字，这些数字可以让我们看到这些书卖得怎么样。第二点，它可以给我们增加阅读量，比如说今年是这份书单，明年又是另一份书单，我们又可以阅读下一个书单中的书了。

师：我明白你的意思。从这两份书单中我们看到了什么呢？我们看到了流行和经典。经典具有恒定性，比如书目 1 中的那些作品。流行的呢，像刚才这位同学说的，今年是这些，明年可能就是另外一些了，变换很快。我们如何选择，每个同学都有自己的眼光，自己的想法。作为老师和父母，当然希望你们多读一些经典作品，因为它们经过了时间的考验，能带给我们更多的滋养和启迪。当然，这是建议，是希望，但并不强迫。

五、敬告大人

师：刚才，我们聊了喜欢的书、不喜欢的书，以及为什么喜欢或不喜欢，在讨论中就发现了矛盾，大人和孩子对书的看法并不完全一样。因此，大人和孩子就需要沟通。今天，我们通过讨论，提供一份材料，来告诉大人我们对书的喜好。请小组讨论，每组选择一个角度。

敬告大人

我们喜欢这样的书	我们不喜欢这样的书

1. 多角度：内容、文字、装帧
2. 记录关键词
3. 推举发言人

（学生小组交流，三分钟后，教师组织小组代表准备发言，提醒学生我们是在敬告大人，先要说"各位大人好"。）

生：各位大人，大家好！我们喜欢的书是这样的：要有趣，有意义，语言要简单一点，通俗易懂，没有负面的内容，书中有一些图画帮助理解。

生：各位大人，大家好！我们组谈谈我们不爱读的书。第一，道理多，我们的脑子都快记炸了。第二，没有趣味，文字干巴巴，而且没有情节感。比如《植物大战僵尸》，每次都是吃掉你的脑子，然后就没了。第三，含有小孩子不可以看的内容，比如打打杀杀的、血腥的内容，还有一些其他的负面内容、负面情绪，会影响小朋友的心情。比如那个情节非常让人伤心，一边流泪，一边写作业，作业也写不好。

生：我们组不喜欢的书：第一，包装有味道，对身体不好，还有像字典那样的包装，也不喜欢；第二，内容不健康；第三，不要太血腥；第四，不要太做作的，情节要自然贴切，不要像剪切粘贴上去的；第五，不要太幼稚，像给小小朋友看的读物。第六，不要太生僻，否则我们看不懂，难以理解；第七，不要太深奥。

生：大家好，我在我们班上做过一个调查，10本书中，有多少本是我们自己不喜欢的或者读不懂的。读不懂的有三本，不喜欢的有三本，只有四本是喜欢的。不喜欢的原因有四点：第一，太说教，一堆大道理，然后非常套路。第二，刘慈欣叔叔，失礼了，《三体》我就不喜欢，外星人和人的打斗太多，物理、化学理论太多，像课本。人物太多，描写不细致，读到这里会疑惑，我读过吗？第三，生搬硬套，比如故意用一些景物描写来衬托情怀。这个景物描写其实是起不到作用的。第四，文字太多。有几个重要的片段，家长还逼着我背。我汇报完了，谢谢！

师：谢谢你们发表这些意见。本来聊到这里应该结束了，但是我看到座位上有一个同学似乎有不同想法。既然尊重异见，就请他也来谈谈。

生：我认为刘慈欣的书和我们小孩之间确实隔了一道鸿沟，他的语言也是有一点点拗口，很难懂。但我是一个很喜欢物理、化学的人，很喜欢探索这些，我认为，从这本书中可以学到很多科学知识。我最喜欢在书中发现自己喜欢的东西，从书中获取自己从未了解过的知识。

师：作为一部科幻作品，《三体》主要是传播这些知识吗？

生：我认为这个故事里还包含了科学的严谨。比如书中提到了宇宙第三速度，它是一种逃离地球的速度，我觉得虽然那些对小孩子而言比较难懂，但是可以让我们增长更多的见识。

师：可以提供一个向往、一个方向，是这个意思吗？你上次说还读到了它里面对人类的思考。

生：我给大家简单介绍一下《三体》吧。

师：时间关系，介绍就不用了，直接说你的思考。

生：《三体》是通过外星人侵略地球的一个角度，来描写地球人作出何种反应。刘慈欣写到了人类心理的阴暗面，写到了人类的一些心理活动，也写到了人类的改变。

师：你说的其实就是作家通过作品表达了对人类命运的思考。刚才，听了这两个同学的分享，发现人与人对事物的看法确实存在差异。特别值得肯定的是，我们都比较冷静，彼此都在说自己的理由，这就是求同存异。回到最初我们的规则，要"尊重异见"，大家做到了。

师：有本书叫《如果我是一本书》，里面有这样一句话："如果我是一本书，我最希望的是被你阅读，让你自由。"

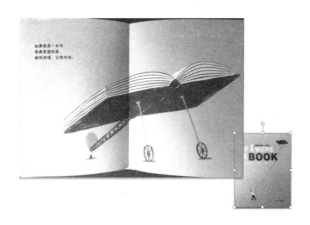

我想，阅读一本书，获得内心的自由，这才是最棒的。今天这个沙龙，我们聊了很多书。几米在书里说，"我们要感谢写书的人，出书的人，卖书的人，最重要的是感谢读书的人"。我们要感谢自己，感谢书。同时，我代表大人对你们表示感谢！

今天的沙龙就到这儿，感谢大家的参与，再见！

一节"安全"的课堂，
一场"真心"的对话
——周益民老师儿童文学沙龙评析

帕克·帕尔默在《教学勇气》一书中将教师与牧羊犬进行类比，牧羊犬有四项功能：维持羊群放牧和吃草的空间；把羊群聚集在那个空间，并不停地把走失的羊找回来；保护空间的边界并把危险的掠夺者阻挡在外；当这个空间的食物已经吃光，它和羊群一起转移到另外一个有食物的空间。而教师在教室里的任务就相当于牧羊犬的任务：要让学生学会自己喂饱自己，学会主动学习；要提供有启发性的话题，有良好的倾听和对话；当一个话题聊到恰当时候要将孩子们带入下一个有食物的牧场。

帕克的这段描述，让我想起课堂上的周益民老师。他的这场儿童文学沙龙里，有太多值得我们细细琢磨、慢慢品味的内容。听课者都不知不觉跟随周老师温和又富于启发的语言参与了这场聊书活动，这是一节"安全"的课堂，这是一场"真心"的对话。

一、问题没有标准答案

周老师在组织的这场儿童文学沙龙里提出了一些问题，其实更应该叫"话题"，而非"问题"。于永正老师多年前就说过："老师要善于将问题转化为话题。因为话题是需要人人说出自己的观点，而非回答标准答案。"文学里，本没有对错之分，只有不同观点的碰撞。

我们来看看周老师这堂课上让孩子们讨论的话题——"这几本书中，有没有你特别喜欢，或者不怎么喜欢的？""你们是怎么知道这些书的？""这两份书目你更愿意读哪一份？""小组讨论：我们喜欢这样的书……我们不喜欢这样的书……建议从内容、文字、装帧等多角度阐述。"

有标准答案吗？没有！每一个话题，都在充分调动学生已有的阅读体验，并且激发他们表达的欲望。学生无须为了猜测老师心中的标准答案而小心谨慎、吞吞吐吐。

二、倾听意味着接纳和延伸

有了好的问题（话题），是不是课堂就安全了？回忆一下有的课堂："这个观点前面的同学已经说过。""这些我们都知道，可以不用说了。"你是否有过类似觉得孩子的意见太过浅显或者与他人雷同，而认为不用多说的经历？几次过后，是否发现孩子开始在讨论中保持沉默？

周老师又是怎么做的呢？首先，他是一个好的倾听者。在沙龙伊始,老师就出示了以下规则:真实表达、发言无错、尊重异见。这样的规则,作为倾听者和参与者的老师也一直在遵循着。他不会在一个孩子发言后给予一个论断:"你说得真好!""你真会读书!""你的答案很完美!""你坐下去再好好想想。"因为这样带有判断性的评价实际上是在告诉孩子:什么样的答案才是最好的。他更不会急着发表自己的高见。他只会面带微笑说:"继续说,接着说,你的观点呢?……"

佐藤学认为:"善于倾听的教师能够关注到每位学生的发言,完全接纳每位学生的发言,并通过合适的方式将这些发言串联起来,使学生们不但感受到自己受到了应有的关注,而且还让他们意识到:通过其他伙伴的发言,自己的回答得到了延伸。"所以,一个好的倾听者还要将谈话引向更广阔、更深入的思考领域。

当周老师问:"这些书里面你最喜欢哪本,或者不喜欢哪本"时,一个学生说:"我很喜欢《查理和巧克力工厂》。"老师接了一句:"电影也非常好看。"看似漫不经心的一句话,实则在告诉孩子:这本书被拍成电影了。我们读完一本书后,也可以去看看改编的电影(如果有的话)。

有学生谈到自己最喜欢的一本书是《汤姆·索亚历险记》,认为主人公的生活和我们有很多相通的地方。这个观点可能很多孩子包括听课的老师都会纳闷:时代背景和生活环境都有太大差异,会有什么相通之处呢?这时周老师并没有急着下定论,而是说:"请举个例子说说。"这几个字提醒孩子把自己的观点与书本进行连接。另一个孩子补充说:"虽然这样的生活我们也不常见,但是我仍然感觉作者把它写得就像我们身边的事。"这个时候,周老师才参与进来:"作家对生活的观察非常敏锐。这是一本儿童历险小说,看这样的作品,就能经历一番我们自己所没有的生活。"

当前几个发言的孩子都在说喜欢的书,并且聊得不错时,周老师及时转换话题的方向:"刚才,同学们都说了特别喜欢的作品,有没有对哪个作品不怎么喜欢的?"我们的课堂一贯会出现:你最喜欢哪个段落?你最喜欢哪个人物?你最喜欢哪一种表述方式?很少让孩子吐槽。周老师在引导孩子放心地说出不喜欢,因为不喜欢里包含了更多的个人阅读体验。

一个学生说:"我不喜欢《植物大战僵尸》,图画太多,文字比较少,没有什么意义"老师追问:"你是不喜欢漫画的形式,还是不喜欢书里的内容?"学生接着说:"不喜欢书里的内容。"另一位同学也附和道:"感觉里面没有什么深刻的道理,看了等于白看。"周老师继续追问:"你的意思是,我们看书都要获得一些道理,你觉得讲道理的书才是好书,是这样吗?"孩子肯定了老师的解释。周老师把这个孩子的语言进行再解释的意义在哪里呢?我认为是引发其他学生的思考。果然,一个学生马上站起来说:"我持反对意见!……我觉得书不一定要写得好、有品位,也可以用来消遣,作为课外读物。"周老师及时强化:"就是这样,每个人都说出自己的想法,正如我们的沙龙规则'发言无错,尊重异见'。"

每一个孩子的发言,周老师都视若一颗一颗的珍珠,而他自己就是串起珍珠的那条线。

三、讨论需要教给方法

不论是上课伊始的"沙龙规则",还是结束环节的小组讨论,周老师都出示了明确的步骤及方法。沙龙里的"尊重异见"这一条规则显得尤为突出。不仅在宣布规则时老师进行了强调,在后面的交流讨论环节,周老师有意识地再次强化尊重不同意见的沙龙规则,使得孩子们放心、安全地说出自己的观点。小组讨论"我们喜欢这样的书""我们不喜欢这样的书"时,周老师用PPT出示了讨论的话题和方法:首先要从"内容、文字、装帧"等多角度来思考;在讨论过程中,需要有人记录关键词;最后要推举一名发言人代表小组发言。当四个发言人都上台准备交流讨论结果时,周老师再次提示他们是在敬告大人,所以要先说"各位大人好"。表面是一句无关痛痒的客套话,但是当孩子加上这句,真的面向台下的听课老师时,真正的台上和台下的交流开始了。最后,周老师那句:"我代表大人对你们表示感谢!"言简意长。

周益民老师在《说来听听》一书的序言中这样写道:"'说来听听'就是真心想得知读者的体验,包括读者希望说出来的一切,不管是对一本书的想法、感觉、回忆还是好恶。'真心'二字真是触及了阅读讨论活动的根本。反思我们自己,很多时候其实是带着自己已有的'先见'与儿童开始讨论的。我们对自己的'先见'确信无疑,我们所希望的,是讨论活动直接快捷地逼近那个'先见',我们的提问,不过是一种带着暗示性质的'诱惑'。一旦儿童有明显无关达成'先见'的言说,我们即便不至于不悦,也会有意地无视。在这种环境里,儿童的本质仅仅是个道具而已。"

在周老师的课堂上，每一个孩子都是蓬勃的鲜活个体。真心，才是周老师给予他们最好的礼物。

刘　璟

安徽师范大学附属小学

09. 在讨论中开发灵性

------《童话庄子·独脚兽与百足虫》教学记录 ------

教学年级 / 四年级
教学时间 / 50 分钟
执教日期 / 2012 年 3 月 25 日

师：上课前我们先玩一个小游戏——脑筋急转弯。什么马不是马？

生：河马。

师：什么鱼不是鱼？

生：鲸鱼。

师：什么晶不是真水晶？猜我们学校一位老师的名字。

生：蒋军晶。（众笑）

师：蒋军晶是谁啊？

生：我们副校长。

师：呵呵，再听一题：什么徽不能别胸前？

生：楼朝辉。（众大笑）

师：楼朝辉又是谁啊？

生：我们校长。

师：什么子不是真儿子？

生：庄子。

师：解释一下。

生：不是真儿子就是装出来的儿子。

师：假装儿子，简称"装（庄）子"。（众笑）

一、故事的感受

师：这两天，大家都在看这本《童话庄子》，今天，我们讨论其中的一个故事《独脚兽与百足虫》。请同学们读题目。

生：（齐）独脚兽与百足虫。

师：请你再把这个题目读一遍，读出这两种动物不同的特点。

生：独脚兽与百足虫。（这回将"独脚"与"百足"处理成重音）

师：为什么这样读，能给大家解释下吗？

生：因为独脚兽只有一只脚，而百足虫有一百只脚，所以应该这样读吧。

师：对，独脚兽、百足虫，

要读出它们的特点。独脚兽是只有一条腿的怪兽,叫夔。一起读!

生:(齐)夔。

师:百足虫是有许多条腿的虫子,叫蚿。一起读!

生:(齐)蚿。

师:这个故事按照顺序讲了哪几个角色之间发生的事?

生:独脚兽、百足虫、蛇和风一起发生的故事。

师:在对话中还说到了谁?

生:眼睛和心。

师:这个意思,庄子原文一开始用这段话表示:

(出示:夔怜蚿,蚿怜蛇,蛇怜风,风怜目,目怜心。)

师:"怜"是羡慕的意思。同学们一起读,看看发现了什么。

(学生齐读)

生:我发现独脚兽很羡慕百足虫,百足虫很羡慕蛇。

师:这是你看到的。整体看,你们还发现了什么?

生:每一句的句式都是一样的。

师:嗯,都是"谁怜谁"。

生:前面最后一个字和下一个开头的字相同。

师:对,像连锁一样。

生:我发现独脚兽非常羡慕百足虫,而百足虫羡慕其他的东西,其他的东西又羡慕其他的东西,所以世界上没有最好的东西,只有让自己变得更好。

师:你发现了所有的事物都在羡慕另一样事物,在不断地羡慕。再仔细看一看,所有的事物都在不断地羡慕另一样事物,它们羡慕的其实都有同一个特点,一个字,是什么?

生：快。

师：对！接下来，我们回忆一下这个故事。首先看开始部分百足虫和独脚兽的那段对话，对话非常有意思，我改成了一个小剧本。（出示小剧本）

  独脚兽、百足虫互相看看对方的脚，都笑起来。
  百足虫：（笑）喂！你只有一只脚！走路要小心点哪！
  独脚兽：（笑）哇！你怎么有那么多脚？小心刹车不及呀！（绕百足虫跳了一圈）你大概有一万只脚吧？
  百足虫：（谦虚地）哪里哪里，你过奖了。只有一百只而已。
  独脚兽：那你走起路来，随时都要想哪一只脚先走，然后第二只脚跟上去，然后第三只脚……一直到第一百只，这样不会很累吗？
  百足虫：不会耶。我又不用想，自然而然就会走了啊，一想反而就不会走了。我也不晓得为什么。
  独脚兽：（惊奇地）不会常常跌倒吗？脚不会打结吗？
  百足虫：不会耶。
  独脚兽：后脚不会常常踢到前脚的脚跟吗？
  百足虫：（不耐烦地）跟你说不会了嘛。幸会幸会，下回见了。
  （百足虫一溜烟跑远了。）

师：括号里的内容是提示怎么表演的，如动作、神态、语气等。请同桌合作,一个演百足虫,一个演独脚兽,还有一位做小导演(当时是三人一桌),台词可以照着上面的读,也可以自由发挥。同学们练习一下。

(学生练习后,教师邀请他们上前表演。)

"导演":这位是独脚兽,这位是百足虫。

"百足虫":喂!你只有一只脚!走路要小心点哪!

"独脚兽":哇!你怎么有那么多脚?小心刹车不及啊!

"百足虫":哪里哪里,你过奖了。只有一百只而已。

"独脚兽":那你走起路来,随时都要想哪一只脚先走,然后第二只脚跟上去,然后第三只脚……

师:导演,这两位同学的表现你满意吗?

"导演":满意。

师:我有一个小小的建议,独脚兽是一只脚,你表演的时候提着另外一只脚,这给表演带来了很大的难度,可以两只脚并在一块,这样更容易控制身体平衡。

(第二组同学表演。)

"百足虫":大家好,我是百足虫。

"独脚兽":嗨,我是独脚兽!

"百足虫":喂!你只有一只脚!走路要小心点哪!

"独脚兽":哇!你怎么有这么多脚?小心刹车不及呀!你大概有一万只脚吧?

"百足虫":哪里哪里,你过奖了。只有一百只而已。

"独脚兽":那你走起路来,随时都要想哪一只脚先走,然后第二只脚跟上去,然后第三只脚……这样不会很累吗?

"百足虫"：不会耶。我又不用想，自然而然就会走了啊，一想反而就不会走了。我也不晓得为什么。

"独脚兽"：不会常常跌倒吗？脚不会打结吗？

"百足虫"：不会耶。

"独脚兽"：后脚不会常常踢到前脚的脚跟吗？

"百足虫"：跟你说不会了嘛！幸会幸会，下回见了。

师：请问独脚兽，刚才你问百足虫哪只脚先走，是不是心里还有别的想法？

"独脚兽"：我觉得他的脚特别多，如果我真的见到百足虫可能很害怕呢。

师：如果是比赛，百足虫很快就过去了，你怎么想？

"独脚兽"：我会很羡慕。

师：心里羡慕，于是产生了这段对话。

二、故事意图的讨论

师：刚才我们再现的是百足虫与独脚兽见面的场景。接下来我们看故事最后部分蛇和风的对话，这也是故事里非常有意思的一段。（出示对话）

"……快别这么说了……我也有比不上你的地方啊……人家用脚踢我……用拳头打我……我都拿他没办法，吹不断他的脚，也吹不断他的手……换成你呢，你却可以咬他们哪……"

"你虽然吹不断他们的手脚,但是发起火来,却可以拔起大树,吹倒房屋。何况,我虽然没有脚,跑起来还会留下痕迹,而你呢,却是来无影、去无踪的。所以我说你天下第一,你就别客气啦!"

　　"哈哈……真的要比快,我还比不上眼睛哩……不管多远,眼睛一看,视线就到了……风吹过,会留下风沙,眼睛看过的地方,才真的不留痕迹。"

　　"你是说,比起速度,眼睛才是天下第一吗?"

　　"……不,眼睛还比不上心,眼睛看不了多远,心要到哪里,一想就到了……"

　　"只有巧妙不同,没有天下第一……我还是喜欢当风……"

师:你们看风的话,一眼看去,发现了什么?

生:我发现风说的话里面有很多省略号,表示它说的话是断断续续的。

师:为什么断断续续?

生:比如风在这里刮,不可能一直这样刮,肯定是"呼呼"刮的,所以断断续续的,不可能"呼"一下子就过来,不然蛇就被刮飞了。

师:你的意思是风一会儿刮到这儿,一会儿刮到那儿,速度非常快。下面我们对读,我读蛇的话,你们读风的话,一边读,一边找你认为最关键的一句话。(师生对读)

生:我觉得是"只有巧妙不同,没有天下第一……我还是喜欢当风……"

生:"只有巧妙不同,没有天下第一……我还是喜欢当风……"

师:同学们都认为这句话特别重要。再看这个故事的结局是怎样的。(显示)

> 于是风的低语,到处随风飘散,当他吹拂过百足虫身边时,百足虫听了也说:"没错,我也喜欢当我自己!"说完,他就用那一百只脚跳起舞来了。
>
> 风吹过独脚兽身边时,独脚兽也忽然觉得很快活。"啊,我真是快乐的独脚兽!"他一蹦一跳地自言自语。

师:这时候独脚兽怎么样?

生:独脚兽应该很快乐,因为他一蹦一跳地自言自语。

生:他很高兴,因为他说自己是快乐的独脚兽。

师:独脚兽非常自在。(请学生板书"自在")刚才咱们看的是结局,现在再来看看他开始的样子。(出示)

> 独脚兽只有一只脚,但是一点也不烦恼,他用一只脚跳啊跳,动作灵活,姿势美妙。

师:你们感觉这时候独脚兽怎么样?

生:非常快乐,跟结尾一样。

师:非常快乐,用这个词就是——

生:也很自在。

师：（请学生再板书一个"自在"）独脚兽一开始很自在，最后还是自在，看来，故事里独脚兽没有变化，一直很自在。

生：不对。

师：两个"自在"一样吗？

生：这两个"自在"不一样。一开始的"自在"，独脚兽没有经过委屈或者是扫兴；后来的自在，是他经过了跟百足虫一些扫兴的对话，最后听到风说了这段话，才再次感受了"自在"。

师：也就是经历了一个过程。

生：中间应该还有一个词，我觉得是"扫兴"。

师：为什么扫兴？

生：因为独脚兽跟百足虫对话以后，觉得自己不如百足虫，觉得自己不怎么样，所以很扫兴。

师：是有点沮丧。他认为中间经历了一个扫兴的过程。

生：我觉得独脚兽一开始觉得自己非常快乐，但是跟百足虫接触以后，就觉得自己的速度不如别人，有点自卑。不过，我们知道鲁迅有个《阿 Q 正传》，就是精神上的胜利者，自我安慰，我觉得独脚兽也是在自我安慰。

师：我们后面再讨论独脚兽怎么自我安慰，怎么想才超越了原先的自在、不自在，然后又有了新的自在。

生：我们了解过庄子，他宁愿做一头快乐的野牛，也不愿意一辈子当官，所以说百足虫觉得自己不需要跟别人去争第一，只要自己快快乐乐地生活下去就是最好的。

师：这位同学是说独脚兽等故事里有庄子的影子。庄子当然是通过这些故事传递自己的主张与追求。所以，这两个"自在"之间其实经历了一番过程，这个过程就是独脚兽成长的过程，他在长大。由此，我们似乎可以得出一个结论，像刚才那位同学说的，我们只要做快乐的自己，不必羡慕与追求别人的生活。

三、多角度思考

师：但是面对一个问题，有时候需要进行反向思考，有助于我们加深对问题的认识。刚才，我们得出的结论是不必羡慕与追求，如果反向思考，应该思考什么？

生：我们应该羡慕与追求。

师：对，应该羡慕与追求。（出示）

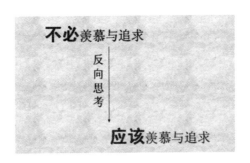

师：这是两种完全对立的选择，同学们作一个选择，同意人生"不必羡慕与追求"的坐着，认为人生"应该羡慕与追求"的起立。（学生表决）

师：基本上一半对一半。下面，我给大家讲两个故事，这两个故事可能会帮助大家加深思考，等会儿你们再来作出判断。

（出示童谣《老鼠嫁女》，教师、同学一起打节奏诵读。）

大红喜字墙上挂，老鼠女儿要出嫁。女儿不知嫁给谁，只得去问爸和妈。

爸妈都是老糊涂，争来争去才定下：谁最神气嫁给谁，女儿自己去挑吧！

鼠女听罢仔细想，最神气的是太阳，太阳高高挂天上，光芒万丈照四方。

鼠女求嫁找太阳，太阳急忙对她讲：乌云能把我遮挡，嫁给乌云比我强。

鼠女又去找乌云。乌云说：大风能把我吹散，大风来了我胆颤。

鼠女又去找大风。大风说：围墙能挡我的路，我见围墙心打怵。

鼠女又去找围墙。围墙说：老鼠打洞我就垮，见了老鼠我害怕。

鼠女听罢猛想起，老鼠天敌是猫咪，看来猫咪最神气，我要与他定婚期。

婚期定在初七夜，鼠女出嫁忙不迭，大红花轿抬新娘，群鼠送亲喜洋洋。

新娘刚到猫咪家，猫咪一口就吞下。猫说新娘怕人欺，为保平安藏肚里。

师：再来看图画书《换一换》。（出示图画书，教师讲述。）

小鸡出去玩，路上碰到了小老鼠。他跟小老鼠换了声音,"吱吱,吱吱"。继续往前走,碰到了青蛙,小鸡又跟他换了声音,"呱呱,呱呱"。随后,小鸡又碰到了小狗,跟小狗换了声音,"汪汪,汪汪"。这时,小鸡碰到了大猫,大猫一看到小鸡,就扑过去,小鸡朝大猫"汪汪"大叫,大猫吓了一跳,逃跑了。小鸡和大猫换了叫声,"喵——,喵——"。后来又跟乌龟换了声音。

师:这个故事说的是换声音,但我们不要仅仅理解成换声音,这里面还隐藏着一层意思,我们可以理解成学习什么?

生:我觉得应该是学习别人的本领。

师:是的,学习本领、学习能力。下面,我们对"应该羡慕与追求"还是"不必羡慕与追求"作一个思考判断。讨论前,我再介绍一种方法——"只执一词"法,即对于一种观点,作极端式思考,穷尽所有理由,再与另一种观点碰撞,在碰撞中获得启发。请各小组从刚才两个观点里选一个,作极端的思考,交流讨论。(出示讲解要求)

1. 只执一词:选择一个观点,小组讨论。
2. 形式生动:如运用刚才的三个故事素材,一同学以"鼠妈(爸)的哭诉"或"鸡妈的喜悦"为题演说,或作"'独脚兽与百足虫'结局新编",组内其他同学以了解的事实或理论作补充论述。

(学生小组热烈讨论后展示交流。)

（第一组学生展示。）

生：我们小组的观点是"应该羡慕与追求"。羡慕与追求是我们应该去做的，因为学习别人的长处，然后再发扬自己的优点，这样自己就能有更多才华，我们的成果也就越多，长大后的成就也就越高。至于为什么，如果一个人只想着自己的长处，只想着我比别人好，就会停止进步，取得的成果也就越来越少，骄傲了还会倒退。

师：他一边演说一边还伴随着手势，很有风度。你们组有补充的吗？

生：我认为有羡慕才有追求，有追求才有进步。

生：有了进步才能有成果。

生：在《换一换》这个故事中，鸡宝宝从别人身上不仅是学习了一些声音，也学习了别人的很多本领，所以我们应该去羡慕和追求。

生：刚才我发现鸡宝宝一学狗叫就把大花猫吓跑了，所以还是应该羡慕与追求的。

（第二组学生展示。）

生：我们认为，如果一个人只知道羡慕和追求，他就会想他们家比我好，钱比我多，一心想着挣钱，从这边拿一个东西来，从那边拿一本书来。我们从小学生的成绩来考虑，比如一个小学生得到全班第一，又想得到全国第一，得到全国第一又想得到全世界第一，这样他的人生就会一直处在压力当中。如果我们每个人都这样，第一，世界就不会有知足了；第二，我们就再也评不出全班第一了。我再来说鼠爸和鼠妈的哭诉，我现在是鼠爸：哎呀，我的女儿啊,你怎么就只知道谁好就嫁给谁啊?你真的没有脑子,竟然嫁给我们的天敌,害得你刚刚出嫁就被送入了天堂。

师:好可怜,看来这个追求应该有一个度。

生:我觉得"不必羡慕与追求",不过还是得稍微有一点追求。(教师:注意,辩论时要求"只执一词"。)我觉得如果每一个人都不停地追求,那世界上的每一个人不都是一样的吗?每个人都很厉害,每次考试都考一百分。

生:我来补充,那到最后我们就没有追求的东西,而如果没有了值得追求的东西,那追求就没有意义了,所以我们不能只顾着追求,有时候要放松放松,就像《菜根谭》里说的,"君子应该忙里偷闲"。

师:又是说理又是引用,很有力。不过你的概念有点不清楚,"君子应该忙里偷闲"和"不必羡慕与追求"不完全是一回事。

生:如果因为羡慕和追求,就忘记了自己本身的长处,自己的短处就会暴露出来,那么每个人都是一样的了。没有不一样的人,也就没有与众不同了。

师:其他小组,请你们用一两句话阐明最想说的,先说观点再说理由。

生:我们小组的观点是"应该羡慕与追求",如果不羡慕与追求,自己的短处就会暴露出来,应该追求卓越、超越。

生:我们小组也认为"应该羡慕与追求",因为你不羡慕与追求,就会永远站在原先的起跑线,不会有进步。

师:有没有小组持另一观点的?

生:我们组认为"不必羡慕与追求",如果你只羡慕与追求别人的生活，就会认为自己比别人差，认为没有别人好，就不会快乐。打一个简单的比方，我们平时买一块糖心里就会甜滋滋的，就不会想如果自己是糖果店老板的小孩就更好了。一个孩子用一元钱就可以买到一块糖，就可以买到自己的快乐。

生：我们组的观点是"应该羡慕与追求"，因为我们知道水滴也有自己的追求，它希望经过自己的一番努力能滴破大石头，而它通过坚持不懈最终把这个石头滴穿了。此外，喜欢玩电脑游戏的人都知道游戏要更新，这就是软件设计师不断追求的结果。

师：接下来，请持两种观点的同学都安静地想一想，是否从刚才对方同学的阐述中受到了启发？

生：我们原来的观点是"应该羡慕与追求"，听了对方的观点后，我知道了羡慕与追求是对的，但羡慕与追求得有一个度，不能盲目，否则会适得其反。

生：听了其他小组的观点后，我觉得"应该羡慕与追求"与"不必羡慕与追求"都是需要的，因为人在社会上，如果只有羡慕与追求就会有压力，但没有羡慕与追求就会轻飘飘的，应该把握好这个度，把握好度就能够做好一件大事了。

师：关键是这个度难把握，所以遇到这类事情，建议同学们从两个角度好好想一想，这样可能会得出一个比较适合你的结论。今天对于"应该羡慕与追求"还是"不必羡慕与追求"，我也很难给大家一个明确的答案，大家面对具体事物需要具体、全面地来考虑。

师：接下来继续回到庄子的故事。故事里说，最后眼睛羡慕心，我想把"心"换成"超超光速"，同意吗？好不好？（出示）

> 独脚兽—百足虫—蛇—风—眼—心
>
> 独脚兽—百足虫—蛇—风—眼—(超超光速)
>
> 夔怜蚿，蚿怜蛇，蛇怜风，风怜目，目怜心。

生：不好。

师：都认为不好，说说理由。

生：换成"超超光速"的话不妥当，因为每个人或者每个事物都有自己的缺点，它不可能是最快的，有些事物可能比心的速度还要快。

生：我不同意，因为独脚兽在世界上是不存在的，而"超超光速"在世界上是有可能有的。

师：这个理由不成立，风是有的，蛇也是有的。我提示大家，这个"心"谁有？

生：心是每一个人都有的。

师：独脚兽有心吗？百足虫有心吗？

生：都有。

师：由此看来，心，在这里代表一种完美和极致——

生：这种完美和极致其实我们每个人都有，只是要我们去发现它，就像我们每个人心中都有一个太阳，重要的是怎样才能让它发光。

师：我愿意做托起你们心中太阳的那个人，相信你们的老师也是如此。

生：我还想补充，我曾经听说过一句话"是金子总能发光"，既然每个人都是金子，那每个人都能发光。

师：对，"金子"在这里就是"心"，"心"是每个人都有的。看来庄子讲的故事里面充满了玄妙。对这个故事，我们今天主要围绕羡慕的话题展开讨论，等到同学们上了高中和大学之后还会有新的认识，因为庄子在故事最后有这样一句话："故以众小不胜为大胜也。为大胜者，唯圣人能之。"意思是细小的方面不求胜利而求获得大的胜利。获取这种大的胜利，只有圣人才能做到。

师：庄子的书里充满了故事和好玩的东西，这些故事我们一边读一边还要想一想。在《童话庄子》里，每讲完一个故事，都安排了"想想庄子说什么"和"带着孩子想一想"这两部分，建议各位同学在继续阅读庄子的时候笑一笑，再想一想。今天就聊到这里。谢谢同学们，同学们再见！

附阅读材料：

独脚兽与百足虫

天下万物，各有巧妙不同。

"独脚兽与百足虫"这个故事改写自《庄子·秋水》篇中的一段寓言，其中的独脚兽有个古怪的名字，叫作"夔"；百足虫也有个怪名字，叫作"蚿"。原文的意思是说：夔羡慕蚿，蚿羡慕蛇，蛇羡慕风，风羡慕眼睛，眼睛羡慕心。这个故事的意思，简单说就是：万事万物虽然看来不同，但只要顺着大自然的规律就可以有妙用。

独脚兽只有一只脚，但是一点也不烦恼，他用一只脚跳哇跳，动作灵活，姿势美妙。

百足虫有一百只脚，但是一点也不烦恼，他用一百只脚轮流跑，轻松自在，技术高超。

独脚兽往左跳，百足虫向右跑，他们差点儿面对面撞在一起，彼此都吓了一大跳。

他们互相看了看对方的脚，都笑了起来。

"喂！"百足虫笑着说，"你只有一只脚！走路要小心点哪！"

"哇！"独脚兽也笑着说，"你怎么有那么多脚？小心刹车不及呀！"

独脚兽绕着百足虫跳了一圈，好像在欣赏世界奇观。

"你大概有一万只脚吧？"独脚兽看了半天才问。

"哪里哪里，你过奖了。"百足虫谦虚地说，"只有一百只而已。"

"那你走起路来，随时都要想哪一只脚先走，然后第二只脚跟上去，然后第三只脚……一直到第一百只，这样不会很累吗？"独脚兽又问。

"不会耶。我又不用想，自然而然就会走了啊。"百足虫说，"一想反而就不会走了。我也不晓得为什么。"

"不会常常跌倒吗？"独脚兽惊奇地说，"脚不会打结吗?"

"不会耶。"

"后脚不会常常踢到前脚的脚跟吗?"

"我都跟你说不会了嘛。"百足虫有点不耐烦起来了,"幸会幸会,下回见了。"

说完,百足虫就启动一百只小脚,像一部精巧的小机器,一溜烟就跑远了。

独脚兽看着他的背影,啧啧称奇:"一百只脚还能跑得那么好,真了不起。不过呢,我只要一只脚,就够方便了。"说完他就一跳一跳地走了。

百足虫跑得飞快,穿越草地,绕过石头,忽然觉得身边有个影子闪过。

"对不起,借过一下。"一个没有脚的家伙说。他竟然跑得比百足虫还快。

百足虫眼看那家伙"超车"到他前面,忍不住喊说:"喂……,请等一等,请问您高姓大名?"

那没有脚的家伙停下来,等百足虫赶上,才说:"我是蛇。"

百足虫结结巴巴地请教他:"你你你……竟然一只脚也没有,我的脚这么多,跑得还没你快……这到底是怎么一回事?"

蛇吐了吐舌头说:"本来就是这样啦,我天生就不用脚,自然就跑这么快,这也是没办法的事。"蛇又吐了吐舌头,一转头一摆尾,就走远了。

蛇在草原上畅快地滑行着，一阵风刮来，吹得草原上的叶片到处飞舞，蛇就开始追着叶片玩了起来。他东追西跑，追了老半天，才发现怎么也追不到，每次才快追到，风只要轻轻一吹，叶片就又飕地飞远了。

蛇停下来喘着气，自叹不如。"我以为我的速度已经很快了，没想到这世界上速度最快的，其实是风才对呀。"

风把叶片卷到空中团团转，然后呵呵地笑说："沙……你过奖了……沙……"风说起话来，会发出一种沙沙的声响。

蛇趁风在说话，赶紧去追那片叶子，就快要追到时，风又把叶子刮得老远。

"好吧，我认输啦！"蛇说，"你实在太厉害了，一下子东，一下子西的，我猜你从南海呼呼吹到北海，也用不了多少时间。"

"沙……快别这么说了……沙……我也有比不上你的地方啊……沙……人家用脚踢我……用拳头打我……我都拿他没办法，吹不断他的脚，也吹不断他的手……沙……换成你呢，你却可以咬他们哪……沙……"

风一下子说这么多话，弄得到处都是风沙。

"不过，"蛇揉着眼睛说，"你虽然吹不断他们的手脚，但是发起火来，却可以拔起大树，吹倒房屋。何况，我虽然没有脚，跑起来还会留下痕迹，而你呢，却是来无影、去无踪的。所以我说你天下第一，你就别客气啦！"

"哈哈……"一阵风绕着蛇团团转，"真的要比快，我还比不上眼睛哩……沙……沙，不管多远，眼睛一看，视线就到了……沙……风吹过，会留下风沙，眼睛看过的地方，才真的不留痕迹。"

风又吹远了，蛇一下子听不清楚他在说什么。

"你是说，比起速度，眼睛才是天下第一吗？"蛇朝远方大喊。

"……沙……不，眼睛还比不上心，眼睛看不了多远，心要到哪里，一想就到了……沙……沙……"风声远远传来。

蛇愣住了。

风最后轻轻从蛇的身边拂过，留下一阵低语："只有巧妙不同，没有天下第一……我还是喜欢当风……"蛇听了点点头。"嗯，我也觉得我当我的蛇蛮不错的……"

于是风的低语，到处随风飘散，当他吹拂过百足虫身边时，百足虫听了也说："没错，我也喜欢当我自己！"说完，他就用他那一百只脚跳起舞来了。

风吹过独脚兽身边时，独脚兽也忽然觉得很快活。

"啊，我真是快乐的独脚兽！"他一蹦一跳地自言自语说。

（选自《童话庄子》，哲也著，徐萃、姬炤华绘）

这一堂余音绕梁的庄子课

小学课堂对我来说是一个遥远的记忆。借"亲近母语"在杭州举办的中国儿童阅读论坛,我有幸重新回到小学课堂。甚至在结束了那么久之后,还时不时地和朋友们谈论那几天的课堂。其中,周益民老师基于《童话庄子》上的儿童哲学课,众多细节至今历历在目,师生共拍课桌的啪啪声仍然回荡在耳畔。

一、导入:教室里来了陌生人

任何一间教室走进一个陌生的老师,学生们除了好奇,更有不安。这种不安源自学生对老师威严的敬畏,有些老师很享受这种距离感,然而,有的老师更愿意用合适的方式让学生靠近。周老师的处理方式是一个精心安排但却不算精致的"脑筋急转弯":

师:上课前我们先玩一个小游戏——脑筋急转弯。什么马不是马?

生：河马。

师：什么鱼不是鱼？

生：鲸鱼。

师：什么晶不是真水晶？猜我们学校一位老师的名字。

生：蒋军晶。（众笑）

师：蒋军晶是谁啊？

生：我们副校长。

师：呵呵，再听一题：什么徽不能别胸前？

生：楼朝辉。（众大笑）

师：楼朝辉又是谁啊？

生：我们校长。

师：什么子不是真儿子？

生：庄子。

师：解释一下。

生：不是真儿子就是装出来的儿子。

师：假装儿子，简称"装（庄）子"。（众笑）

拿平日里稍稍带着威严的校长和副校长开个小玩笑，把学生置身一个熟悉的"环境"中，让他们彻底放松。这给学生一个强烈的信号：今天课堂上来了一位熟悉学校的（教学方式）不一般的老师，兴趣自然也来了。同时，还有一个可以料想的结尾：顺利过渡到本节课的主角：庄子。

二、主调：用语文课煮哲学汤

这堂课的原始文本是台湾作家哲也创作的《童话庄子》，教学的初衷是一堂儿童哲学课，主讲的却是一名语文老师。可以说，无论谁都没有对这样一堂课会有所谓的"教学要求"，但是，在课堂上我们看到了很多语文教学元素，比如：

师：这两天，大家都在看这本《童话庄子》，今天，我们讨论其中的一个故事《独脚兽与百足虫》。请同学们读题目。

生：（齐）独脚兽与百足虫。

师：请你再把这个题目读一遍，读出这两种动物不同的特点。

生：独脚兽与百足虫。（这回将"独脚"与"百足"处理成重音）

师：为什么这样读，能给大家解释下吗？

生：因为独脚兽只有一只脚，而百足虫有一百只脚，所以应该这样读吧。

师：对，独脚兽、百足虫，要读出它们的特点。独脚兽是只有一条腿的怪兽，叫夔。一起读！

生：（齐）夔！

师：百足虫是有许多条腿的虫子，叫蚿。一起读！

生：（齐）蚿！

……

（出示：夔怜蚿，蚿怜蛇，蛇怜风，风怜目，目怜心。）

师："怜"是羡慕的意思。同学们一起读，看看发现了什么。（学生齐读）

生：我发现独脚兽很羡慕百足虫，百足虫很羡慕蛇。

师：这是你看到的。整体看，你们还发现了什么？

生：每一句的句式都是一样的。

师：嗯，都是"谁怜谁"。

生：前面最后一个字和下一个开头的字相同。

师：对，像连锁一样。

从语文学习角度看，这一连串的互动涉及了不少要点：

（1）如何识别偏正词组。通过对题目"独脚兽与百足虫"朗读重音的引导，学生在潜意识中养成了对词语结构的认识。

（2）生字学习。有读音，也有释义。且先有感性地认识"独脚兽""百足虫"，然后才亮出生字"夔""蚿"。

（3）对顶针句式特点的了解。通过填空，老师引导学生自己发现句式的特点。

词组、生字、句式，这些都是学生们熟悉的语文课氛围。无论学生们事先是否知道这是一堂哲学课，不可否认的是周老师给它穿上了一件舒适的语文课外衣。于是，师生在这样的一种默契中继续前行，包括现场排演小话剧、讨论省略号的用途，等等。

当学生被邀请在黑板上写下"自在"的时候，大家才恍然大悟，今天老师要给大家煮的其实是一锅哲学汤。

三、高潮：且把桌子拍遍

在我的记忆中，自上学起，拍课桌这件事情简直就是学生的"禁忌"。老师总是不许学生拍桌子，学生总是从偷偷拍课桌中获得满足。哪怕是到了大学电教室看个球赛，激动得拍桌子，辅导员马上就过来"关心"。

终于，这一天，学生们可以尽情拍课桌了，而且由老师领着，一边拍课桌一边读童谣《老鼠嫁女》。课上到这里，学生们情绪饱满，思维活跃。当老师让他们自由讨论的时候，看每个孩子的那个认真劲，每人都跃跃欲试，想要大干一场。

师：这个故事说的是换声音，但我们不要仅仅理解成换声音，这里面还隐藏着一层意思，我们可以理解成学习什么？

生：我觉得应该是学习别人的本领。

师：是的，学习本领、学习能力。下面，我们对"应该羡慕与追求"还是"不必羡慕与追求"作一个思考判断。讨论前，我再介绍一种方法——"只执一词"法，即对于一种观点，作极端式思考，穷尽所有理由，再与另一种观点碰撞，在碰撞中获得启发。请各小组从刚才两个观点里选一个，作极端的思考，交流讨论。（出示讲解要求）

1. *只执一词*：选择一个观点，小组讨论。
2. *形式生动*：如运用刚才的三个故事素材，一同学以"鼠妈（爸）的哭诉"或"鸡妈的喜悦"为题演说，或作"'独脚兽与百足虫'结局新编"，组内其他同学以了解的事实或理论作补充论述。

（学生小组热烈讨论后展示交流。）

当周老师"不怀好意"地把"只执一词"法介绍给学生们时，接下来会发生什么状况是可以预想到的。所以，这是个完全被老师激发出思考激情的热烈课堂，又不会让人有喧闹的感觉，它完全在主讲人的掌控之下。

不可否认，杭州天长小学的学生素质也是非常优秀的。于是我们看到，在老师对讨论气氛的不断加温添火中，精彩的论述不断出现，比如：

师：这个理由不成立，风是有的，蛇也是有的。我提示大家，这个"心"谁有？
生：心是每一个人都有的。
师：独脚兽有心吗？百足虫有心吗？
生：都有。
师：由此看来，心，在这里代表一种完美和极致——
生：这种完美和极致其实我们每个人都有，只是要我们去发现它，就像我们每个人心中都有一个太阳，重要的是怎样才能让它发光。
师：我愿意做托起你们心中太阳的那个人，相信你们的老师也是的。

生：我还想补充，我曾经听说过一句话"是金子总能发光"，既然每个人都是金子，那每个人都能发光。

而这堂课便在周老师一个类似于讨论的陈词中自然而然地结束，学生们的耳边似乎还响彻着拍桌声。

师：对，"金子"在这里就是"心"，"心"是每个人都有的。看来庄子讲的故事里面充满了玄妙。对这个故事，我们今天主要围绕羡慕的话题展开讨论，等到同学们上了高中和大学之后还会有新的认识，因为庄子在故事最后有这样一句话："故以众小不胜为大胜也。为大胜者，唯圣人能之。"意思是细小的方面不求胜利而求获得大的胜利。获取这种大的胜利，只有圣人才能做到。

师：庄子的书里充满了故事和好玩的东西，这些故事我们一边读一边还要想一想。在《童话庄子》里，每讲完一个故事，都安排了"想想庄子说什么"和"带着孩子想一想"这两部分，建议各位同学在继续阅读庄子的时候笑一笑，再想一想。今天就聊到这里。谢谢同学们，同学们再见！

四、尾声：这次没有标准答案

对于这堂课的收尾，我和多位在台下听课的老师讨论过。如果从庄子哲学的角度考虑，在"应该羡慕与追求"与"不必羡慕与追求"两个命题之间，很多老师都会有一个明确的倾向，并且要把观点告诉学生。但是，周老师没有，也许他预设了答案，但是，当大部分孩子选择了"应该羡慕与追求"的时候，他接受了。事先他就告诉了自己，没有标准答案。

这也是我认为的本堂课的最大亮点，它体现了哲学课的本质：自由地享受思辨的乐趣。同时，周老师在课堂上也教给学生养成思维习惯的方法："接下来，请持两种观点的同学都安静地想一想，是否从刚才对方同学的阐述中受到了启发？"

他最后告诉学生，当他们的人生到了一个新的阶段，会有新的认识。相信这些孩子很多年后都会记得，有过一个陌生的老师来到他们的课堂，留下了一堂没有结论的哲学课。

对于这样的一堂庄子课，我很怀念。

季晟康／资深编辑

哲学让思维走向深刻
——一节独特的课引发的思考

一、小学教师还是应该懂一点哲学

前不久,"亲近母语"在浙江杭州举办了主题为"儿童与哲学"的教学研讨活动。一直以为哲学属于成人,一直认为哲学与语文是风马牛不相及的两个学科,在参加了这个主题活动,特别是观摩了周益民老师执教的《童话庄子·独脚兽与百足虫》后,我突然意识到:哲学不是成人的专利,哲学与语文结合会让语文课生出无穷的魅力。小学语文教师还是应该懂一点哲学。

什么是哲学?哲学源出希腊语"philosophia",是"热爱智慧"的意思,有人也称其为"爱智之学"。究其本质,哲学其实就是一种质疑,而质疑是对现成答案的不满意。

生活中发生的一切事情都有哲理,都蕴含着哲学的意味,比如大与小、美与丑等。因此在小学,让学生接触哲学,就有了必要,其目的就是让我们的孩子获得一些哲学的乐趣(即思考的乐趣),帮助孩子们培植起一种质疑、怀疑的品质,而这是一切创新的基础。

哲学与文学又是紧密相连的。梅子涵老师在一次演讲中曾经说，经典的儿童文学里一定闪烁着哲学的思想。文学中的哲学就像驾着一辆马车，沿着小路走呀走呀，突然眼前出现了一片森林，而这"森林"就是文学中的哲学。文学中的哲学是不经意地让你体悟到的。

哲学的学科特点，哲学与生活、文学的密切关系昭示着哲学其实就在我们的生活中，只不过我们没有一双慧眼去看清它。作为小学教师，还是应该懂得一点哲学，利用教材对学生进行适当的哲学启蒙，让他们感受这种"爱智之学"的魅力，以便让我们的生活更加丰富多彩。

二、一节具有强大冲击力的语文课

似乎为了验证上述观点，周益民老师执教的庄子寓言《独脚兽与百足虫》，让儿童感受到的不是哲学的深奥与晦涩，而是思辨的快乐。

这节课上，周老师主要做了这么几件事。

（一）理解寓言的内容及寓意

《独脚兽与百足虫》选自《童话庄子》，是台湾作家哲也根据《庄子·秋水》篇中的一则寓言改写的。其中，独脚兽又叫夔，百足虫也叫蚿。原文的意思是：夔羡慕蚿，蚿羡慕蛇，蛇羡慕风，风羡慕眼睛，眼睛羡慕心。

第一，了解故事的主要人物。

首先，老师让学生读题，在读题前，提出这样的要求：读出两种动物的不同特点。在学生有意突出"独脚""百足"后,老师相机介绍:独脚兽又叫"夔",百足虫也叫"蚿"。

第二,了解故事的主要梗概。

文章按照顺序先后讲了六个角色之间发生的事。在学生阅读的基础上,填好下面的两个表格:

表一:(　)—(　)—(　)—(　)—(　)—(　)

表二:＿＿怜＿＿,＿＿怜＿＿,＿＿怜＿＿,＿＿怜＿＿,＿＿怜＿＿

这两道题主要是帮助学生了解六个角色及厘清这六个角色之间的关系。

第三,学习重点段落,感受寓意。

故事的重点是独脚兽和百足虫的对话及风与蛇的对话。这两段对话,旨在让学生明白:万事万物虽然看来不同,但只要顺着大自然的规律,就可以有妙用。世上万物只有巧妙不同,没有天下第一。

第四,通过比较独脚兽前后的心情,感受独脚兽经历成长的过程。

如果教学只到此,不失为一节完整的课,不失为成功的课,但真正让我们感受到哲学这门智慧学科独特魅力的却是在第二、三环节。

(二)展开"只执一词"辩论

从独脚兽的成长经历中得出这样一个结论:做快乐的自己,不必羡慕与追求别人。但从反向来思考，得出的结论是：羡慕与追求别人。在课堂上，周老师做了一个小小的调查，结果发现持不同观点的人基本上是一半对一半。于是精彩的一幕便开始了。为了让学生便于阐明自己的观点，他补充了两份阅读材料。一个是童谣《老鼠嫁女》，讲的是老鼠夫妇为了让女儿嫁得好，决定"谁最神气嫁给谁"，因此，他们不断地挑选，从太阳到乌云，到大风，到围墙等，最后将女儿嫁给了猫咪，结果"新娘刚到猫咪家，猫咪一口就吞下。猫说新娘怕人欺，为保平安藏肚里"。

另一个阅读材料是图画书《换一换》，讲的是小鸡出去玩，在路上碰到了小老鼠，他跟小老鼠换了声音；继续往前走又碰到了青蛙，小鸡又跟他换了声音；继续往前走又碰到了小狗，又跟小狗换声音；再往前走碰到了一只小猫咪，小鸡学了几声狗叫，猫却被吓走了。最后他又跟猫和乌龟换了声音。

第一份阅读材料《独脚兽与百足虫》强调的是不必羡慕与追求，只做快乐的自己就好；第二份阅读材料《老鼠嫁女》则告诉我们，对别人的意见，不能只是听从，要有自己的观点；第三份阅读材料《换一换》则说明在生活中要有羡慕与追求的精神，这样就会使自己强大，能够保护自己。

显然，这三份阅读材料都有着浓浓的哲学意味。在学生对三份材料充分阅读的基础上，老师提出了辩题及辩论的方式：

辩题：应该羡慕与追求 PK 不必羡慕与追求
方式：只执一词，选择一个观点，小组讨论。

参加过辩论赛的人都知道，大凡有正方和反方的辩论，结果大都是没有定论的。但在辩论的过程中，孩子们为了证明自己的观点，穷尽素材，穷尽自己的各种知识，甚至不断地逼迫自己深入地思考，提炼有效的观点，提出有说服力的论点。他们在阐述自己观点的过程中感受到思考的快乐。无疑，这种辩论的历练会让他们的思维不断深刻。

（三）换角度学会接受他人观点

最让人佩服的是周老师在这一节课上不断创造"一波三折"的效应。课上到这儿，我们全都以为这一课可以画上一个圆满的句号了。可周老师话锋一转，让学生静下心来，试着去接受对方的观点，因为对方的观点也不是完全没有道理的。这实际上告诉学生，在生活中，我们除了坚持自己的观点外，也应该冷静地思考对方的观点，学会从不同的角度看问题。学生在老师的引导下，尝试着从自己的角度、从他人的角度来思考，从而使得自己的思维更趋于全面与理性。而这样的教学，实际上就是对学生进行理性的哲学启蒙。

三、启示：哲学让思维走向深刻

《义务教育语文课程标准（2011年版）》指出："语文课程应激发和培养学生热爱祖国语文的思想感情，引导学生丰富语言的积累，培养语感，发展思维。"在现实的教学中，特别是在当今的小学语文教学中，我们更多关注的是语言的积累、语感的培养，而忽略了"发展思维"。我们很少在小学语文的课堂上感受到一种思维挑战的兴奋,那种让孩子上得"全神贯注""小眼发亮"的课堂几乎少有。我们的语文课总是将现成的结论直接告诉给孩子。语文这门学科更多的是接受,缺少的是质疑,缺失的是思辨。

一个有着多年教学经验的老教师曾说,教了一辈子书,教到退休,感觉自己思维退化,都不会说话了。是啊,教学中没有思维的参与,只是一辈子教死的知识,不仅教死了学生,也教死了自己。

如果我们的语文老师懂一点哲学,那么在语文课上,我们会用哲学的思维看问题,就会像周益民老师那样在文本中寻找思辨点,激发学生质疑、思辨、认同、创新的思维品质。懂一点哲学,改变的首先是教学思想、教学理念,其次才是教学方式的改变,实质是人才培养模式的变化。

如果我们的语文老师懂一点哲学,我们的教育创新就成为可能。第八次课程改革中的一个关键词就是"创新",著名的"钱学森之问"的本质也是创新。但课改十年来,我们的教育创新却没有大的起色,原因是广大教师没有找到创新的突破口,不知道怎样在教学中培养学生的创新意识,所以出现了一个奇怪的现象:一方面,不断喊创新,强调创新的重要性;另一方面,仍在课堂上用固有的告知、浅显的讨论培养单一思维的公民。当将这样的思维学科引进课堂,将"爱智之学"引入课堂教学中,教师启迪学生的智慧似乎找到了一个抓手。这样,谈了多年的创新或许就有了希望,国家的振兴与发展才真正有了希望。

刘咏春 / 特级教师
江苏省宝应县教育局教研室

10. 让儿童看到"不一样"

---------《诗和图画的婚礼》教学记录---------

教学年级 / 四年级
教学时间 / 50 分钟
执教日期 / 2013 年 3 月

一、趣味导入

师：我们先玩一个游戏：看图形，猜成语。（出示图片）

生：一心一意。

师：怎么猜出的？

生：因为图中有个"心"，又有个"意"字。

师：这就是会观察、会联想。继续看题。（出示图片）

生：锦上添花。

师：怎么猜的？

生：因为有个"锦"字，上面又有一朵花。

师：好，这个"锦"是繁体字，你认出来了，不错。希望同学们多为班级锦上添花。（同时出示图片）

生：右边一幅是"井底之蛙"。

师：左边一幅难度有点大。提示一下，"朝"在这儿念"zhāo"，有几个"朝"、几个"暮"？

生：四暮三朝。

师：你数对了，但这个成语是你自己创造的，我们不认。（众笑）调换下字序，把数字换到后面去。

生：暮朝二四。

师：你这幅度换得也太大了。（众笑）

生：朝三暮四。

师:"朝三暮四",这个成语来源于庄子的一个故事,课后去查查成语词典。再看下边两个。(同时出示图片)

生:第一个是"开门见山"。
生:第二个是"颠三倒四"。

二、初识图像诗

师:正确!刚才我们看着图形猜成语,发现图形的组合、位置的变化等都在传递信息。再请看一个词语(出示左图),大家都会读,可是,如果是这样排列呢?(出示右图)这个人为什么要这么排列呢?

天

天　　地
地

生:也可能为了表示一样东西顶天立地、高耸入云吧。
师:你们都很会想,那么,我们怎么通过朗读表示出这样的意思呢?

（学生纷纷试读，将"天"字读音延长。）

师：看来，文字的不同排列也带给我们不一样的想象和感受。这里有一首很有意思的短诗，短到只有一句话，作者是台湾诗人林焕彰。（出示图片）这首诗怎么读呢？想想天地之间，这个人给你的感觉，试一试。

```
    天
    人
 一个在 地之间
```

生：我想象这是一个顶天立地的巨人，我这么读。（生读，很豪迈的感觉。）

生：我认为，这是说一个人很渺小，你想，天地作背景，一个人孤零零地站在那儿，多渺小。（生读）

师：两位同学因为理解的不同，在朗读的处理上就有很大的不同。这是完全允许并且值得提倡的，读诗，就是要读出自己的体会。同样的文字，因为不同的排列，产生了不一样的联想，描绘出特别的画面。

师：请再看一首诗。（出示图片）快速看，发现了什么？

生：我发现很多重复的词句，而且字越来越小了。

> 是我？谁说的？
> 怎么可能？不不不！不是我。
> 是我？谁说的？
> 怎么可能？不不不！不是我。
> 是我？谁说的？怎么可能？不不不！
> 是我？谁说的？怎么可能？
> 是我？谁说的？
> 是我？
>
> 是

师：眼睛很敏锐！字为什么越来越小呢？看看诗，猜一猜。

生：我猜是说的声音越来越小了。

生：我猜是一个人在自言自语，逐渐走远了。

生：我觉得有可能是说话产生的回声。

生：我认为是一个人做了错事。

师：大家的想法都很有意思，看来，字的大小变化也在传递一种信息。按照你的理解，来读读这首诗，要表现出诗歌的这个特点。（指名两名学生朗读，都处理成声音越来越低。）

师：下面揭晓谜底，这首诗的题目叫《认错》，作者也是一位台湾诗人，叫林世仁。

师：刚才，我们看到了几种很特别的文字排列，文字可以有大小、长短、粗细的变化，可以分隔开，甚至可以歪斜着。大家开动脑筋，除了这些，我们还能将文字怎么变？（生思考，热烈讨论。）

生：我想，可以变化颜色。

师：你能举例具体说说吗？

生：比如说，我将字写成红色，表示心里的激动；而写成蓝色，表示心里很愉快。

师：明白了，你是要通过字的颜色变化来表达内心的情绪感受。这个创意不错。

生：我想，字还可以颠倒过来写。（师追问：准备表达什么呢？）比如说反话啊、水里倒影什么的。

生：有时，还可以把一个字写在另一个字的里面，表示放在心上的意思。

师：同学们真有创意，想出了这么多有意思的点子。不过，我下面要给大家看一个字，"花朵"的"花"，是你们谁都没想到的。（学生立刻活跃起来，教师出示图片。）

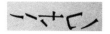

生：原来，这个字的笔画都分开了啊！

师：猜一猜，是为什么。

生：我猜，花落了。

生：花被风吹散了。

生：花谢了，心碎了。（全体学生鼓掌）

师：感情真丰富啊！这也是一首诗中的，请看！（出示朱赢椿《刹那花开》一诗，指名朗读。）

生：我发现这首诗里的"花"字在逐渐变大，因为花在长大。可是最后，花掉了，于是"花"字散开了。

生：我觉得散开的笔画就像一片片花瓣。

生：前面读的时候很欣喜，花儿一天天开放，到最后，有点心疼的感觉。

师：这样的情绪变化既与诗的内容有关，也离不开诗中文字的特别处理。刚才，大家看了不少有意思的小诗,还想再看吗?(学生纷纷表示要看,教师出示两幅图片,故意模糊处理。)你们看到了什么?

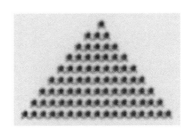

生:第一幅有两只蝴蝶,一大一小,很漂亮。

生:第二幅看不太清,像一座山的形状。

师:哈,揭晓谜底,这也是两首诗。(出示第一首,同时出示简体横排版,帮助学生认读。指名学生朗读。)

蝴蝶是春天的脚丫子
　轻轻走进花园里
　　想要买一双
　　　花鞋子
　　　这朵
　　　看一看
　　那朵穿一穿
　飞停飞停停飞飞
试试哪双花鞋子最美

生:我发现了,小诗写的是蝴蝶,所以排成了蝴蝶的形状。

生:这么一排,我们觉得很有意思,就更喜欢了。

(出示第二首。)

消防队长梦中的埃及风景照

陈 黎

火
火火火
火火火火火
火火火火火火火
火火火火火火火火火
火火火火火火火火火火火
火火火火火火火火火火火火火
火火火火火火火火火火火火火火火
火火火火火火火火火火火火火火火火火

师：请一个同学读一读。（学生读了三行，边读边笑，停了下来。）

师：为什么不读了？

生：都是"火"字，没法读了。（笑）

师：（问全体学生）这首诗光听他读，你们能明白吗？

生：肯定听不明白。什么"火""火""火"的，乱七八糟，一点儿不明白。

师：你们看看图形，再看看题目，明白了吗？

生：这是埃及金字塔。

师：他看到了那个形状的意思。

生：消防队长是灭火的，所以他梦见的都是"火"。

生：他梦见金字塔着火了。

师：消防队长做梦，竟然梦见这样的情景，你觉得这个消防队长怎么样？

生：我觉得他很尽职。

师：哦，日有所思——（生齐）夜有所梦。

生：我觉得他很爱护文物。因为金字塔着火的话，里面的文物会烧掉，他一心想着要保护文物。

生：他随时随地要灭火。

生：他满脑子都是火。

师：那就是有点走火入魔？（众笑）

生：他已经很长时间没火救了，就想着去金字塔救火。（众笑）

师：哦，有国际主义精神。

生：他肯定工作太累了，做梦去埃及旅游，悲催的是竟然都还是"火"。

师：啊，敢情那不是金字塔，是火焰山啊。（众笑）

生：我还发现，这首诗的字有时是红色的，因为与火有关。

师：你很细心，我们的注意点都集中在诗的形状上，你发现了它颜色上的秘密。一般的诗是用来读的，但这首诗却不适合读，而只适合——（生齐）看。

师：（同时出示《认错》《蝴蝶》《刹那花开》《消防队长梦中的埃及风景照》）这些诗同我们通常见到的诗不一样，文字排列很特别，有的甚至就是一幅画，这样的诗就叫"图像诗"。有的人形象地称它们是"爱画画的诗"，还有的被浪漫地称作"诗和图画的婚礼"。（揭题《诗和图画的婚礼》，学生齐读。）今天，我们就一起来见证这场美好的婚礼。（播放《婚礼进行曲》片段）在座的诸位就是婚礼的小嘉宾了。

三、发现图像诗的特点

师：今天，我带来了一组图像诗，请大家自由阅读，看看喜欢哪首，它们又有什么特别的地方，待会儿交流。

（教师现场分发讲义，学生兴致勃勃地阅读，时间约六分钟。）

师：（出示《钓鱼》，指名学生朗读。）大家发现这首诗的秘密了吗？

钓　鱼
/ 林武宪 /

鱼〇很快乐〇

在水里〇唱歌

〇在水里〇捉迷藏〇

在水里〇吹泡泡〇

〇〇〇〇〇〇〇〇〇〇

把鱼钓起来

钓鱼的人很快乐

他不知道

水里有鱼的眼泪

生：第一节里有很多圈儿，那是鱼儿在吐泡泡。

师：哦，原来诗里的圈儿是泡泡。你觉得鱼儿怎么样？

生：鱼儿玩得很开心。

生：它们吐着泡泡在做游戏。

师：第二节里没有符号，大家想想，可以加点什么？

生：我加一个鱼钩。

生：我画几滴眼泪。

师：大家的想法都不错，符合原诗的情感。诗人是怎么表示的呢？（出示：诗人在最后加了个省略号。）

生：哦，省略号是鱼儿的眼泪啊！

生：诗人的更好，让我们回味。

师：一串眼泪，流不尽的忧伤。这首诗，两小节分别加了不同的符号，表现鱼儿不一样的情绪。谁能读出这种情绪的变化？（指名朗读）

（师出示《滑梯》。）

生：这首诗排成滑梯的样子，很有意思。

师：如果把这首《滑梯》排成树的样子，行不行？

生：不行。排成树的话，不看题目和内容，人家就以为是写树的。

师：你的意思，题目是"滑梯"就得——

生：排成滑梯的样子。

师：题目是"树"就得——

生：排成树的样子。

师：总而言之，题目和图形的形状得——

生：一致。

师：谢谢你，你说出了图像诗一个非常重要的特点：内容和图像要有关联。

师：(出示《瞌睡虫》，对一个夸张地发出"嗯"的同学说。)你"嗯"得最厉害，看明白了吗？（众笑）

生：这首诗像条虫，上面像虫的胡须。

瞌睡虫

陈木城

```
虫        都 老情老徐 虫          一
  睡     爬  师悄师徐  睡         条
   瞌 满   请爬的缓      瞌      条
        原 上声缓
        谅 眉音慢
        我 尖变慢
        眼 额得爬
        皮 头朦进
        越 和朦我
        来 鼻胧的
        越 孔胧耳
        重 ○○中
```

生：中间是鼻子，两边弯的是闭起来的眼睛。

师：眼皮耷拉下来了，要干吗？

生：在打瞌睡。

师：既然看到了鼻子，仔细点还会看到更有趣的东西。

生：（七嘴八舌，很兴奋。）鼻孔，就是那两个圆圈。

师：呵呵，有意思。你们眯起眼睛，再看看。（学生微笑着频频点头，随后，教师出示文字背景，一张闭着眼睛的男孩脸，眼皮上各有一条瞌睡虫，学生都忍不住笑了。）希望我们班的同学在课堂上不要出现这种情况哦！

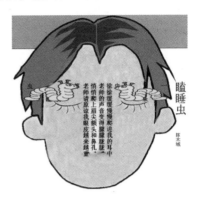

师：（同时出示《钓鱼》《蝴蝶》《消防队长梦中的埃及风景照》三首图像诗）与一般的诗比较，图像诗有什么特点？图像诗之间有什么不同的地方？小组讨论。（学生讨论）

生：我们小组认为，写图像诗要控制好字数。

师：控制字数是所有的诗都要注意的。诗是语言的艺术，讲究凝练。

生：图像诗只要一看图就知道写的是什么。

师：对，形式与内容是关联的。从形式上看，图像诗都一样吗？

生：我们发现，《钓鱼》是在诗里加了符号圆圈；《蝴蝶》加了底色，就更逼真了。

生：《消防队长梦中的埃及风景照》没加符号和底色，就是把文字排成了一定的形状，跟前面读过的《滑梯》一样。

师：说得好，把两位同学的发言综合起来，就是图像诗在形式方面不同的特点了：有的在普通的诗行中加进符号，比如——

生：（齐）《钓鱼》。

师：有的图像诗为了更加形象，加上边框或者底色，比如——

生：（齐）《蝴蝶》。

师：有的只是纯粹的文字排列，构成一定的形状，比如——

生：（齐）《消防队长梦中的埃及风景照》。

师：很多图像诗不看内容，一看图就能意会到内容。像《消防队长梦中的埃及风景照》，如果不是排成特定图形，我们肯定不知所云。它的魅力就来自图形。类似这样的还有，请看——（出示）

战争交响曲（节录）

陈 黎

兵兵兵兵兵兵兵兵兵兵兵兵兵兵兵兵兵
兵兵兵兵兵兵兵兵兵兵兵兵兵兵兵兵兵
兵兵兵兵兵兵兵兵兵兵兵兵兵兵兵兵兵

兵兵兵兵兵兵兵兵兵兵兵兵兵兵兵兵
兵兵兵兵兵兵兵兵兵兵兵兵兵兵兵
兵兵兵　兵兵兵　兵兵兵　兵兵兵　兵
　兵兵　兵　兵兵　兵兵兵　兵　兵兵　兵
　　兵　　　　兵　　　兵　　　　兵

丘丘丘丘丘丘丘丘丘丘丘丘丘丘丘丘丘
丘丘丘丘丘丘丘丘丘丘丘丘丘丘丘丘
丘丘丘丘丘丘丘丘丘丘丘丘丘丘丘丘丘

（学生不由自主地读了起来。教师提示：不要一个字一个字地读，要整体地看。）

师：诗里有哪四个字？

生：兵，乒，乓，丘。

师：看看排列组合，注意题目，你认为诗人要表达什么？

生：很多兵在打仗，中间是"乒乓"的声音，他们的前面是山丘。

师：意思是山丘上战士们在打仗。他把"乒"和"乓"理解为声音，武器射击的声音。有不同的解读吗？

生：一看就是战争时代的，所有的士兵都聚集起来了，在山丘下战斗，发出"乒乒乓乓"的声音。

生：我认为是战士们翻越了一个个山丘。

师：刚才几名同学的见解比较相似。换个角度，如果从视觉角度，"兵""乒""乓"……

生：是残兵。有的人受伤了，缺胳膊少腿，有的人挂了。

师：暂且不分我方、敌方，用"阵亡"吧。说说你的根据。

生："乒""乓"比"兵"都各少笔画，代表受伤了；"丘"代表阵亡了。

师：再看，"乒""乓"的数量怎么样了？

生：很多士兵参加战斗，很多士兵受伤了，人越来越少，很多士兵阵亡了。

师：你看到了数量的变化。"丘"在字典里还有一个意思，是坟墓。现在，谁再说说？

生：战士们走向战场，有些战士负伤了，还有很多战士牺牲了，出现了很多坟墓。

师：这首诗说的就是战争的残酷以及对和平的呼唤。全诗共1200字，你们看到的只是一部分。正因为这样的排列，我们展开了丰富的联想。图像诗有时候只看图形也能猜出内容，接下来我们做个实验。给大家看一首图像诗，不过，如果只看文字，估计在座诸位大概没人能读懂，因为这是首英文图像诗，但是，我请你们给它拟个题目。[出示英文图像诗《天鹅与影子》(*Swan and Shadow*)]

生：水中天鹅。

师：哦，中间的是——

生：湖面。

师：下面是——

生：它的倒影。

生：游泳的鸭子。

师：那这脖子太长了点吧。

生：有点像一件挂着的上衣。

生：丘比特的箭。

师：浪漫！

生：受伤的鸟，中间是箭。

师：揭晓谜底，这首诗是世界图像诗的经典之作，美国诗人约翰·赫兰德尔的作品，题目叫《天鹅与影子》。

```
                    Dusk
                  About the
                Water hang the
                        loud
                       flies
                      Here
                      O so
                      Gray
                      then
                    What                A pale signal will appear
                    When                Soon before its shadow fades
                    Where               Here in this pool of opened eye
                    In us          No  Upon us As at the very edges
                  Of where we take shape in the dark air
                      This object bares its image awakening
                        Ripples of recognition that will
                        Brush darkness up into light
Even after this bird this hour both drift by atop the perfect sad instant now
                        Already passing out of sight
                        Toward yet -untroubled reflection
                      This image bears its object darkening
                      Into memorial shades Scattered bits of
                    Light           No of water Or something across
                    water           breaking up No bing regathered
                    soon            Yet by then a swan will have
                    gone            Yet out of mind into what
                    vast
                      pale
                        hush
                          of a
                          place
                           past
                    sudden dark as
                      if a swan
                        sang
```

10. 让儿童看到"不一样"

四、练习,深化对图像诗的认识

师:看得出,很多同学已经有点跃跃欲试了。我带来四首图像诗,不过,有的图形排得不合适,要调整;有的图像尽管没问题,但如果加上底色或边框会更加形象。请分析每一首各属于哪种情况,排一排、改一改。

(学生饶有兴致地排列或修改,上讲台展示修改后的图像诗,并作说明。教师点评,并相机出示电脑中的作品。)

师:不少同学给《眼镜》加了边框,成为一副黑框眼镜。

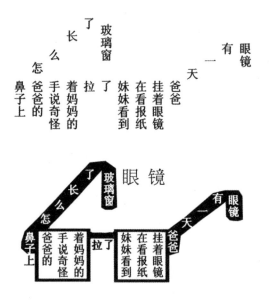

师:《伞》排列得不正确,一把撑开的伞应该是这样的。(出示)那些标点是伞上的雨滴落下来。

伞

雨，
下着，
低着头，
赶快回家，
书包淋湿了，
衣服也不暖和，
突然一把伞在面前闪着光辉，
那是妈妈的伞，
我抬起头来，
感激地，
喊着：
雨已停了，
妈！

师：有兴趣的同学可以进一步试着创作图像诗。这节课，我们一块参加了一场诗和图画的婚礼。最后，是参加婚礼的纪念品，推荐两本图像诗诗集：《爱画画的诗》和《文字森林海》。（出示封面）

满园桃李沐春晖
——听周益民《诗和图画的婚礼》的感受启迪

短短的一堂课,让孩子们喜爱上了一种诗——图像诗,并且初步学会了如何去阅读欣赏这类诗;短短的一堂课,也让孩子们深深地喜爱上了一个人,一个可以亲密无间忘情交流的人,那就是充满童心爱意的可亲的周益民老师。下课了,可是孩子们不愿意离去,蜂拥而上,把周老师团团围住,七嘴八舌地诉说,争先恐后地索要签名。这场面让人感动,让人感慨。

是的,这是一堂让孩子难忘的课,也是可以给我们追求的生态课堂带来许多启迪、借鉴的课。这堂课诚如周一贯老师所述的是一堂"低碳高效"的课,因为他确实把"儿童的自主学习实践、快乐健康成长作为教学的基本任务,使语文课堂从成人为儿童设定的生活回到儿童自己的真实生活"。听课以后,我感受颇多,这里说几点主要的体会。

启迪之一:坚持以生为本,从儿童出发,选择学生喜闻乐见的文学样式或者语文材料让孩子阅读。

作为一堂小学中年级的课外阅读课，在教学内容的选择上，周老师选取了短小生动的图像诗。这样的诗，通俗易懂，形象生动，易于激起儿童思考和想象的兴趣，因而最为儿童喜闻乐见。认识周老师很久了，知道近几年他在这方面做了很多研究和探索。在儿童的课外阅读上，他曾经执教过绕口令、颠倒歌、童谣、民间故事、神话等，从这些最受孩子喜欢的文学样式入手，引领学生徜徉在语文世界的神奇灿烂之中。这样的选择，叫孩子们不喜欢都难，因为他所精选的读物都有无限的吸引力。可惜现行的语文教材中，这样的文章实在太少了。周老师的课可以说是对现行教材缺憾的很好弥补。

启迪之二：坚持以学为主，循循善诱，努力促进学生自主阅读感悟，张扬个性，发展能力。

周老师的课，始终坚持以学生的自主学习为主。课上没有教师的过度讲析，没有教学媒体的乱用、滥用，没有单向信息的过度排放，而是以生为本，以学为主，给学生的自主阅读实践活动留下充分的时间和空间，让学生自己去阅读、去思考、去发现、去体验、去创造、去表达交流。课上所追求的目标，如什么是图像诗的特点、长处，所读的每首诗的意义和妙处，这些诗的共同特点和不同之处等，都是源于学生之眼，出于学生之口，通过学生之笔，在学生的实践感悟中获得解读。

坚持以学为主，并不是排斥教师的引导，恰恰相反，更需要教师精心、恰当地组织与指导，做到循循善诱。从整体去探究，周老师匠心独运，层层递进，做了巧妙的安排。

第一步，从看图猜成语到阅读图像诗《认错》，让孩子逐步感受体会图像诗的特点：用图形的组合、文字的不同排列传递不一样的意义和情感。

第二步，读《刹那花开》《消防队长梦中的埃及风景照》，让孩子进一步认识体验图像与诗文结合的妙处，揭示出课题"诗和图画的婚礼"。

第三步，学生自主阅读第一组诗，并交流表达自己的思考和发现，在实践过程中提升对图像诗特点的体验认识（形状和内容的一致性等），了解图像诗的不同表达方式（加底色、文字排列变化、诗中夹一些符号等）。

第四步，挑战阅读英文图像诗，拓展学生的思维想象能力。

第五步，阅读四首诗，从中选择一首改成图像诗的形式。

以上五步，仅是笔者听课中的揣测，不尽准确，但大体可以看出，周老师的思考安排是很有层次、合情合理的，对于孩子阅读效能的提高是很有作用的。每一步的具体运作也都层次分明，巧妙而合理。

在教师的循循善诱下，学生的阅读感悟更清晰，且卓有成效。

就这样，一堂课下来，学生竟阅读了十多首诗，并且还有自己的改诗创作，真的是"低碳高效"。

启迪之三：构建民主和谐的师生关系，理解和尊重学生，在平等对话中激发学生的个性化解读和创意。

为什么在课堂上学生兴趣浓厚，发言热烈，越学越积极？

为什么一堂课下来，学生就如此亲近喜爱周老师？那是因为周老师拥有一颗童心，知道怎样去理解尊重学生，同学生平等对话，从而营造了民主和谐的课堂生态氛围。因此，学生悦纳老师，悦纳语文，在学习中身心愉悦、个性张扬、才智焕发。

课堂上，学生的回答是真实的，也许不尽正确；老师的对话是平和而真诚的，善解人意，委婉得体，即使是引导和劝勉，也饱含善意，充满对学生的理解尊重和对学生自尊心的保护。

感受自不止于此，限于篇幅，就此打住。

王中敏 / 特级教师
江苏省无锡市滨湖区教研室

11. 语词的咂摸咀嚼

---------《与虫共眠》教学记录---------

教学年级 / 五年级

教学时间 / 60 分钟

执教日期 / 2011 年 10 月

一、课前师生玩问答

课前师生玩问答歌游戏:

什么虫儿像飞机?蜻蜓蜻蜓像飞机。
什么虫儿爱唱歌?蝈蝈蝈蝈爱唱歌。
什么虫儿路边爬?蚂蚁蚂蚁路边爬。
什么虫儿把针刺?蚊子蚊子把针刺。
什么虫儿草里跳?蚱蜢蚱蜢草里跳。
什么虫儿提灯笼?萤火虫儿提灯笼。

二、揭示课题

师：今天学习一篇很有意思的散文。（揭示课题，齐读课题。）下面，请大家听清我的问题朗读课题，注意通过强调课题中的某些字眼来表达你的理解。与谁共眠？

生：（齐）与虫共眠。（将"虫"读成重音）

师：与虫干什么？

生：（齐）与虫共眠。（将"共眠"读成重音）

师：为了强调"共眠"，除了读得响亮一些，还可以怎么处理？

生：还可以读得轻柔一些，因为是睡觉。

师：这叫重音轻读。请你试试。（生朗读）

师：既要读得柔和，又要强调虫子，是与"虫子"共眠，该怎么读？谁试一试。（指名朗读）

师：好，他在"虫"字后面稍微停顿了一下，这也是一种强调的方式，请你再读一读。（生读）

师："共眠"就是"一块儿睡觉"，那么，课题改成"和虫子一块儿睡觉"，感觉怎样？

生：我觉得不可以。"与虫共眠"很生动，"和虫子一块儿睡觉"让人看了没感觉了。

师：你是感觉派。这样，咱们把这两个题目读一读，体会一下感觉。（学生分别读原题和改题）

生：我觉得"和虫子一块儿睡觉"这个题目有点搞笑。

师：你的意思是带点游戏色彩吗？（生点头）那么"与虫共眠"呢？

生：给我感觉是很认真的。

师：是和游戏相对的另一面，是严肃的，有一种认真的感觉。

生：我觉得"与虫共眠"与"和虫子一块儿睡觉"意思是一样的，但是改了后没有原来的简洁。

师：你很会比较，"和虫子一块儿睡觉"比较口语化，"与虫共眠"则显得简洁。

生："与虫共眠"好像有诗意的美感，"和虫子一块儿睡觉"就没有诗意。

师：看来，一样的意思，不同的表述，会带给读者不同的体验。结合刚才同学说的，"与虫共眠"让人感觉郑重，还带着诗意，又很简洁。那么，作者用这个题目，他觉得和虫子睡觉这件事怎么样？

生：他从心里喜欢和虫子睡觉。

师：也就是他把这件事看得很重要。一起再读课题，读出庄重感。（生齐读课题）请记住作者——

生：（齐）刘亮程。

三、初读感知

师：先看课文中的一些词语。（出示第一组词语：夏季、催眠曲、酣然入睡。指名读。）怎样入睡叫"酣然入睡"？

生：就是很香甜地入睡。

生：连下雨了，虫子咬他都不知道，睡得很死。

师：对，"酣"是尽兴、畅快的意思。看"酣"字，左边是

"酉",可见跟"酒"有关;右边是"甘"。这个字的本义就是酒喝得很畅快。这三个词语让你想到课文里怎样的情景?

生:我想到,在夏天的夜晚,四周一片安静,作者睡在草地上,睡得很香甜。

生:我补充,草地上传来各种声音,就像一支催眠曲,"我"听着催眠曲,甜甜地睡着了。

师:想象得真美好。我们来读出这种安静美好,轻柔一点。(学生齐读)

(教师出示第二组词语:形态各异、卑小、酣然而睡。指名学生读。)

师:这组词语在课文中是描写什么的?

生:是写虫子的,有样子、大小,还有睡的样子。

师:样子怎么样?是大还是小?

生:样子很多。(师插问:哪两个字眼说"多")"各异"告诉我们样子很多,还很小,"卑小"。

师:"我""酣然入睡",虫子"酣然而睡",可见睡得都很香甜。(学生齐读)

(教师出示第三组词语:瘙痒、疙瘩。指名学生朗读,提醒"瘙"是第四声。)

师:"瘙痒""疙瘩",看这四个字的字形,有什么发现?

生:都是"病"字头。

师:是的。这两个词语是与虫共眠后留下的"纪念"。

(教师出示第四组词语:沉睡、宽容、怀抱。指名学生朗读。)

生:我发现这组都是赞美大地的。

师：通过前面几组词语的学习，你已经会总结了。这组是歌颂赞美大地的。（学生整体朗读四组词语）

师：来看看课文预习的情况。（出示句子）这是两个长句子，注意句中停顿。

若不是瘙痒得难受／我不会脱了裤子／捉它们出来。

大地／却不会因瘙痒和难受／把我捉起来扔掉。

（指名朗读，指导停顿。）

师：下面，请同学读自己觉得有意思的句子。（板书：有意思）

（学生找文中句子朗读，教师相机作指导，具体略。）

师：再请同学读自己觉得有意味的句子。（板书：有意味）什么叫有意味？

生：就是能让人想一想的。

生：就是耐人咀嚼的句子。

生：就是意味深长的地方。

师：说得好，就是耐人寻味的句子。

（学生朗读，教师相机指导。重点指导朗读最后一层："对这些小虫来说，我的身体是一片多么辽阔的田野，就像我此刻爬在大地的某个角落，大地却不会因瘙痒和难受把我捉起来扔掉。大地是沉睡的，它多么宽容。在大地的怀抱中我比虫子大不了多少。"）

师：夏天的夜晚，月亮升起来了，"我"和这些虫子共眠了一晚。作者的描绘给你留下了什么印象，是感慨、惊异，还是疑惑，或许还有别的？谁来说一说。

生：我很惊异。因为我是很怕虫子的，而作者却和虫子一起睡觉。

生：作者是在睡觉，怎么知道虫子在他身上干的事？

生：我来解答，作者很痒，身上有疙瘩。

师：有意思，明明酣然入睡，却又把睡梦中发生的事情描写得那么细致。

生：我认为有点可怕，因为有些虫子是有毒的，作者竟然不怕。

生：奇怪，难道虫子在他身上爬来爬去，他一点感觉也没有吗？

师：可见他睡得多沉！

生：我也很奇怪，作者没有脱裤子捉虫子，他就这么爱护小虫子？

师：也就是说，如果不是瘙痒难受，他愿意让那些小虫子——

生：在自己的身上爬。

师：不但共眠，而且一块儿生活。看来，与虫共眠真的是一种奇妙的、令人不解的体验。下面，就让我们走进文本，将目光集中到这些给我们带来奇特体验的小虫子身上……

四、角色体验

师：小虫在"我"身上玩耍睡觉的情形特别有意思，我们先来看文章第一层，一边读一边想象当时的情景。（出示，学生自由读。）

我在草中睡着时,我的身体成了众多小虫子的温暖巢穴。那些形态各异的卑小动物,从我的袖口、领口和裤腿钻进去,在我身上爬来爬去,不时地咬两口,把它们的小肚子灌得红红鼓鼓的。吃饱玩够了,便找一个隐秘处酣然而睡——我身体上发生的这些事我一点也不知道。

师:现在我们玩个角色交换游戏,请同学们就做那些小虫子。那么,这段文字就是这样的。(出示,指名学生读。)

我们从他的袖口、领口和裤腿钻进去,在他身上爬来爬去,不时地咬两口,把我们的小肚子灌得红红鼓鼓的。吃饱玩够了,便找一个隐秘处酣然而睡。

师:现在,我们就是那些小虫子。我是爬来爬去的蚂蚁,你是什么虫子?
生:我是小蟋蟀。
生:我是一只瓢虫。
生:我是会唱歌的金龟子。
生:我是蚊子,嗡嗡嗡……
师:夏天的夜晚,月亮升起来了,田野旁,草丛中,我们尽情地嬉戏着。这时,我们发现,有一个人静静地躺在那儿。小蚂蚁,你爬到哪儿去?小蟋蟀,你架着小提琴准备干什么?还有金龟子、小蝈蝈、小蚊子,提着灯笼的萤火虫——你们玩累了,吃饱喝足了呢……选择一个小动物说说,要注意这个小动物的特点。

（学生自由练说。）

生：我是小蚂蚁，和伙伴们一起爬到他身上玩一玩。

师：他脸上高高的鼻梁，对小虫来说，好像什么？头发呢？

生：我们在他脸上翻高山，钻草丛——那是他的头发，捉迷藏，真快活。

师：那就朗读这段文字吧，读出心中的快活。（学生朗读）

生：我是一只贪婪的蚊子，摸摸饥肠辘辘的肚子，发觉还没吃夜宵呢，一看，竟然躺着一个人，就吸他的血，哇，好好吃啊！

师：他的袖口窄窄的，你怎么进去的？

生：我们从他的袖口里钻进去的。

师：钻他长长的袖口好玩吗？给你们什么感觉？

生：感觉就像钻长长的山洞。

师：你们吃饱喝足了？

生：当然。

师：哪个字眼写出了吃饱喝足？

生："灌"，把"小肚子灌得红红鼓鼓的"。

师：也请你朗读，读出心中的满足。（学生朗读）

师：金龟子和蟋蟀呢？感觉怎么样？

生：我们开心地玩着，感觉他身上很有弹性。（师提示：蟋蟀会弹琴）我会在他身上拉我的琴，开演奏会，真尽兴。

生：他身上真有弹性，我们玩蹦蹦床。

（口头填空：他的身体成了我们的_____。）

生：他的身体成了我们的舞台。

生：他的身体成了我们的天地。

生：他的身体成了我们的王国。

生：他的身体成了我们的睡床。

生：他的身体成了我们的游乐场。

生：他的身体成了我们的家。

生：他的身体成了我们的避风港。

生：他的身体成了我们的取暖器。

生：他的身体成了我们的乐园。

师：小虫子们，把这种快乐读出来吧！（学生朗读）

师：你们这么尽兴，作者"我"也很尽兴。接下来，全班同学分成两大组对读，一半学生读原文，一半读改后的虫子口气的句段。（学生分组对读）

师：小虫子，你们这样放松、自由，是觉得这个人特别喜欢你们吗？

生：（齐）是！

师：错！亲爱的小虫，你们玩耍、休息时，他在干什么？（生齐：在睡觉）他说了，"我身体上发生的这些事我一点也不知道"。如果他意识清醒，你们根本不可能这么自由逍遥，说不定连小命都没了，是不是？（学生先是脱口而出"是"，随即纷纷说"不是"。）何以见得？文中找理由，圈画出关键词句。

生：作者是爱虫子的。他说："这些勤快的小生命，在我身上留下许多又红又痒的小疙瘩，证明它们来过了。我想它们和我一样睡了美美的一觉。"

师：这怎么能够看出作者的喜爱？

生：作者说它们是"勤快的小生命"。

师:"勤快"是褒义词,是夸呢!

生:"我想它们和我一样睡了美美的一觉",从这句话可以看出那个晚上他很快乐。

师:请你带着这样的体会,把这段文字读一读。(学生朗读)

生:这句也能看出作者爱虫子:"若不是瘙痒得难受我不会脱了裤子捉它们出来。"

师:这句话谁会换个说法?

生:实在是因为瘙痒得难受,我才脱了裤子把它们捉出来的。

师:实属万般无奈。

生:如果只是一般的痒,我不会捉它们出来。

师:就是说,作者愿意这些虫子一直留在自己身上。大家找了理由,但还是不能完全说服我,听听那个人对你们的称呼——"家伙",说身上留下你们咬过的"疙瘩"。"家伙",有一种不是很喜欢的感觉。你们看——(出示句子)

……在我身上留下许多又红又痒的小疙瘩……有几个小家伙,竟在我的裤子里待舒服了,不愿出来。

生:不对不对,上面说是"小家伙"。

生:还说是"小疙瘩"。

师:难道"家伙"和"小家伙"有什么不一样吗?这样,我们来读一读。

(师生对读:家伙——小家伙,疙瘩——小疙瘩。)

师:什么感觉?

生：感觉顽皮又可爱。

生：如果不加"小"，就感觉我们很讨厌了。

师：刚才老师忽视了"小"字，这个"小"字一读就让人感觉那么可爱。

生：就像爱称一样。

师：就是昵称。有人这么叫过你吗？

生：奶奶有时候就说"你这个小家伙"。

生：我看到电视剧里，有大人对孩子说"你这个小家伙"。

师：一个"小"字竟然有这样的魅力，能传达一种喜爱之情。那我们再找找，文章中还有哪些带"小"字的词语，画出来。

（学生找到"小虫子""小肚子""小生命""小疙瘩""小家伙"，齐读这些词语。）

（教师出示"小"字词语所在句段，"小"字词语用红色显示，指导学生读出喜爱的感觉。）

> 我在草中睡着时，我的身体成了众多小虫子的温暖巢穴。那些形态各异的卑小动物，从我的袖口、领口和裤腿钻进去，在我身上爬来爬去，不时地咬两口，把它们的小肚子灌得红红鼓鼓的。
>
> 这些勤快的小生命，在我身上留下许多又红又痒的小疙瘩，证明它们来过了。
>
> 有几个小家伙，竟在我的裤子里待舒服了，不愿出来。

师：看来，作者是一片真诚，满心欢喜。那么，作者是怎么想的呢？（出示，指名读。）

对这些小虫来说，我的身体是一片多么辽阔的田野，就像我此刻爬在大地的某个角落，大地却不会因瘙痒和难受把我捉起来扔掉。大地是沉睡的，它多么宽容。在大地的怀抱中我比虫子大不了多少。

师：对这段文字有不明白的地方吗？
生：为什么说"在大地的怀抱中我比虫子大不了多少"？
生：为什么说大地"多么宽容"？
师：这两个问题问得好，很关键。大地、人、虫到底是怎样的关系？如果这是大地（教师在黑板上画一道线），现在，我们要在"大地"上写"人""虫"两个字，怎么写能比较准确地表达作者的意思？再读读这段文字，想想两个字的位置、大小，中间也可以加上符号。同桌可以讨论。

（学生思考、讨论，而后指名数人在黑板上画图表示。）

（图示的情况：把"人""虫"并排写；"人"字写得比"虫"字大；"人""虫"一样大；"虫"写在"人"字上面；"虫"与"人"重合写；"人"＝"虫"。）

师：请问，你把这个"人"和"虫"放在一起是什么意思？
生："人"和"虫"差不多，人会令大地瘙痒，虫子会令人瘙痒，感觉大家都一样。
师：我观察了好几位同学，他们都是"人"字比"虫"字写得要大，唯独你写得一样大，为什么？

生：在大地的怀抱中，我们人和虫子都一样。

师：人明明要比虫子大嘛！

生：因为在万物中我们不分贵贱。

师：不分贵贱，众生平等。虫子在我身上，我在大地身上，看上去谁更小？

生：一样渺小，我的身体对于小虫子来说是一片辽阔的田野，而我此刻正在大地的某个角落，就像虫子在我身上的某个角落。

师：在大地的眼里，人就是一条大虫子。谢谢你。

师：（追问另一名学生）"虫"在"人"的上边可以理解，因为"虫"在"人"身上睡觉。你却把"人"和"虫"合二为一了，为什么？

生：因为人和虫是一样的，根本不分什么大小。

生：我补充，在大自然眼里，"人"和"虫"是平等的，所以，我在两个字中间画了个等号。

师：也就是说，生命都是一样的，大家都是大地的子民。"我"翻了一下午地，在大地眼中就是——

生：给它瘙痒了。

师：在大地的眼中，人就像一条大虫子。大地厌烦了吗？（生齐：没有）因而，作者说大地——

生：多么宽容。

师：这段话意味深长，建议大家背下来。两分钟，练一练。

（学生练习，指名试背，齐背。）

师：作者与虫共眠有了很多领悟，写下了这篇文章。再版时，第二句话做了改动，删去了一个字，"那些形态各异的卑小动物……"猜猜，删去了哪个字？

生：是"卑"字。

师：一下子就猜对了。你们同意作者删去吗？

生：我同意，因为虫和人一样，不应该有贵贱之分。

师：哦，"卑"是——

生：卑微。

生：作者与虫共眠后认识到了这点，所以删去了。

师：有没有认为不应该删的？

生：我认为不该删，因为"卑小"比"小"的程度更深。

师：你的意思是，程度更深，对读者产生什么影响？

生：就更能让读者明白，大家都是那么渺小。

师：有道理。

生：我认为前面用"卑小"，更能让我们体会到文字给我们带来的深刻感。

师：你是说更有冲击力？

生：对！

师：两种观点，无论是删派还是不删派，背后的想法其实是一样的。删也罢，不删也罢，传递的情感都一样。是什么？谁来总结一下？

生：都是认为"人"与"虫"是一样的，都是大地上的生命。

师：总结得好！这正是作者想表达的。"共眠"，是双向的，对"人"来说，是"与虫共眠"，对虫而言，就是——

生：与人共眠。

师：请你们以虫子的身份，对"我"说两三句话，写一写。[出示要求：（1）有意思；（2）争取有点意味。]

生：我们在他身上爬来爬去，他已经睡着了。等到第二天他醒来了，我们有些小兄弟还赖在他的裤子里不出来。他并没有很生气的样子，而是把我们轻轻地送回了草丛。真应该感谢他。

生：刘亮程，你真好。我们在你身上留下那么多小疙瘩，还喝了你的血，可你并没有生气，更没有把我们拍成肉饼，而是把我们轻轻放回草丛。

生：那天，我和几个兄弟一起去寻找食物，突然，发现了一个人，我们就在他身上美餐了一顿。吃完后，我不由得在他身上睡着了。第二天醒来时，发现他还未醒。我正想逃跑，他突然好像察觉到了什么，一下子坐了起来，把我们几个兄弟轻轻地放在身旁的草丛中。我觉得他和其他人不同，有的人会认为我们很卑小、很可怕，令人厌恶；而他不同，对我们是那么呵护，那么热爱。

师：让我们感受到了作为一只虫子的尊严。

五、推荐

师：与虫共眠，与人共眠，刚才我们所读的只是《与虫共眠》的开篇部分，后面的内容同样有意思——（出示片段，朗读。）有兴趣的同学可以读读全文。

因为在田野上睡了一觉，被这么多虫子认识。它们好像一下子就喜欢上我,对我的血和肉体的味道赞赏不已。有几个虫子,显然乘我熟睡时在我脸上走了几圈,想必也大概认下我的模样了。现在,它们在我身上留了几个看家的,其余的正在这片草滩上奔走相告,呼朋引类,把发现我的消息传播给所有遇到的同类们。

师:《与虫共眠》选自刘亮程的散文集《一个人的村庄》。(出示封面)请你们向爸爸妈妈推荐,这是一本能让他们内心平静的书。也向明天的你们推荐,有一本书,在前方等待着长大后的你们。

附阅读材料:

与虫共眠(节选)
/刘亮程/

我在草中睡着时,我的身体成了众多小虫子的温暖巢穴。那些形态各异的卑小动物,从我的袖口、领口和裤腿钻进去,在我身上爬来爬去,不时地咬两口,把它们的小肚子灌得红红鼓鼓的。吃饱玩够了,便找一个隐秘处酣然而睡——我身体上发生的这些事我一点也不知道。

　　那天我翻了一下午地，又饿又累。本想在地头躺一会儿再往回走，地离村子还有好几里路，我干活时忘了留点回家的力气。时值夏季，田野上虫声、蛙声、谷物生长的声音交织在一起，像支巨大的催眠曲。我的头一挨地便酣然入睡，天啥时黑的我一点不知道，月亮升起又落下我一点没有觉察。醒来时已是另一个早晨，我的身边爬满各种颜色的虫子，它们已先我而醒忙它们的事了。这些勤快的小生命，在我身上留下许多又红又痒的小疙瘩，证明它们来过了。我想它们和我一样睡了美美的一觉。有几个小家伙，竟在我的裤子里待舒服了，不愿出来。若不是瘙痒得难受我不会脱了裤子捉它们出来。对这些小虫来说，我的身体是一片多么辽阔的田野，就像我此刻爬在大地的某个角落，大地却不会因瘙痒和难受把我捉起来扔掉。大地是沉睡的，它多么宽容。在大地的怀抱中我比虫子大不了多少。

我教《与虫共眠》

一

接到一个研究机构约请,希望能参与他们的小学散文教学的研讨。散文是我国中小学阅读教学的主导文类,但是,小学语文教学多年来比较忽视文体意识,常将散文视同一般记叙文教学,对散文教学的个性特点研究不够。我想,这正是促进自己学习、思考、尝试的一个契机,便愉快地应下了。

首先要确定教学文本。我翻阅教材,同时翻阅该研究机构主持编写的诵读读本。在读本的五年级分册中,刘亮程的《与虫共眠》(节选)让我眼前一亮。

可以说,刘亮程的名字是与《一个人的村庄》紧密相连的,他也因此被称为"中国20世纪的最后一位散文家"。刘亮程曾获第二届冯牧文学新人奖,获奖评语说:"他的语言素淡、明澈,充满欣悦感和表达事物的微妙肌理,展现了汉语独特的纯真和瑰丽。"他用那些朴素纯真的文字,给我们描绘出一幅久违的人与自然的和谐画卷,让我们在心底萌生一种回归大地的渴求。刘亮程曾说:"我对世界和人生的认识首先是从一个村庄开始的。村庄是我进入世界的第一站。我在这个村庄生活了38年。我用漫长的时间让一个有着许多人和牲畜的村庄慢慢地进入我的内心,成为我一个人的村庄。"可见,这个村庄既是实体的,更是审美的、精神的。也因此,那些从村庄出来又复归村庄的文字里,其实浸染着作家强烈的生命意识与家园情怀。

《与虫共眠》正是这样一个具有典型意义的作品,情与趣交融,天人合一,内隐着作家对生命的深刻体认。如此审美力度的作品在小学语文教材中自然罕见,加之读本编者考虑到学生的年龄特点,节选了开篇部分,内容相对完整。我以为,让小学高年级学生适当接触一些这样的作品,对提升他们的文字感悟与生命体验当是很有裨益的。

二

教学这篇作品,我的一个指导思想,便是探索散文教学的路径,思考如何依着散文的特点教散文。

王荣生先生在《中小学散文教学的问题及对策》一文中认为,"散文阅读教学,要建立学生与'这一篇'课文的链接",要让学生"理解、感受'这一篇'所传递的作者的认知、情感","理解、感受'这一篇'中与独特认知、情感融于一体的语句章法、语文知识"。我赞同这一观点。

散文阅读教学需要唤起学生的已有经验。这时,我起了疑虑。照理,儿童与自然、与动物最为贴近,可是,今天城市的儿童早已疏离大地，他们还能认同这种情感吗？是南京女作家赵翼如女士对儿子的一段记述给了我信心：

  那是五年级，他跟我去连云港海边度假，突然一只小虫子飞进他耳朵，在里面"大闹天宫"。当时已是晚上9点多，同行的两位老伯火速送他上医院，用仪器把小虫子吸了出来。

  回去的路上，诗人赵恺老伯开玩笑：下次不来海边和小昆虫玩啦？

  儿子答：一定来，继续与虫共舞。我觉得小昆虫本来是要和我说悄悄话，咬个耳朵，谁知一激动，不知出口何处，于是干脆把我耳朵当窝安睡。

——赵翼如《有一种毒药叫成功》

具体的设计我则扣着体验情感和揣摩语言两个要点，因为情感与语言总是相互依存的。考虑到学生的年龄特点，我设计了角色置换的方式，让学生化身各种小虫子，以作者的描述为线索，想象、体验、表达，即"与人共眠"，既使得教学富于情趣，又将多种能力训练熔于一炉。

教学只想就着文本展开，至于作家的人生积淀、深刻的生命意识，等等，不想过多涉及，因为教学不是一次完成的，我的课只是给他们一个引子，开启一扇窗户，更多的景致需要他们随着人生阅历的增加自己慢慢领悟。

周益民

以切近儿童的方式教散文

品读刘亮程的《与虫共眠》,我们发现这篇至真至美的文字并不好教,因为文本的审美世界与儿童的经验世界基本是"隔离"的。在当下精致生活理念的倡导下,真正喜欢小虫子在自己身上爬来爬去的儿童恐怕不多。在日常生活中,我们所能见到的场景就是儿童一看到虫子就尖叫着四下里避让,唯独几个胆大的才敢越雷池一两步。所以,当儿童面对这样一个文本的时候,他们的内心深处首先升腾起的可能就是或疑惑或惊讶:这到底是不是童话作品?作者真的"与虫共眠"过吗?作者为什么要这样做呢?儿童发出这些疑问的本身就表示他们不太容易接受作者所传递的审美体验。

那么,《与虫共眠》这样的文本对于儿童的成长究竟有没有现实意义?答案是毋庸置疑的。儿童作为自然之子,天生就有与自然万物沟通、交流的能力。当然,与自然互通也是儿童生长发育的重要阶段。刘晓东教授曾认为,"要将'百草园'还给儿童"。

在儿童还处于生物性生长的时期，他们就应该与小花小草待在一起互诉衷肠，就应该与小动物在一起追逐嬉戏，就应该与风霜雨雪在一起享受四季。儿童应该亲近大地上的一切，用我们农村里的话来说就叫"接地气"。儿童只有先学会了爬行，然后才能直立行走。可是，随着人类生活的日趋集中、独立，儿童的这样一种"与虫共眠"等类似生活体验已经不再。所以，引领儿童体验、品味《与虫共眠》一文所传达的审美体验也就显得尤为需要。

那么，我们究竟该如何实现文本的审美世界与儿童的经验世界的"桥接"？从小学语文教学的角度，我们究竟该怎样做？带着这样的疑问，我们来观察周益民老师的课堂。在周老师的课堂上，儿童展现了最"自然"的一面，他们自如地穿行于虫子与作者的世界，时而如虫子样嬉闹，时而如作者般沉思……儿童已然走进了"与虫共眠"的生活世界与精神世界。周益民老师的课堂给予我们有益的启示：以切近儿童的方式展开散文教学。

一、尊重已有的阅读经验，切近儿童的先验

文本理解究竟从哪里开始？文本？儿童？教师？笔者以为，应该是儿童对文本的初解。儿童对文本的初解应该是教师教学的源起。教师在教学伊始，应该全面了解儿童对文本的初解，并在了解之后再度思考、调整自身的教学流程。否则，教学很容易陷入"无根漂浮"。尊重儿童阅读本文的已有经验，是教师切近儿

童的首要。本课教学开始，周老师就询问了学生一个问题："作者的描绘给你留下了什么印象，是感慨、惊异，还是疑惑，或许还有别的？"这个问题表面上看是教者出于让儿童整体感知文本的需要，但仔细观察，我们可以发现，这个问题其实是教者在探查儿童初读这篇文本之后的"先验世界"。通过这个"大"问题的启迪与唤醒，儿童展现了自己的初读感受：有的认为很疑惑，怎么和虫子在一起，难道不害怕吗？这样的回答正表明了儿童对文本存在着隔膜。有的觉得很惊讶，和虫子在一起睡觉，很奇怪的感觉啊。这表明了儿童对文本世界的阅读期待……周老师是一个高明的"导师"，他通过这样一个问题的"摆渡"，很快将儿童的初读经验与自己的教学构想对接："看来，与虫共眠真的是一种奇妙的、令人不解的体验。下面，就让我们走进文本，将目光集中到这些给我们带来奇特体验的小虫子身上……"儿童的理解之门遂此打开。

二、择取适切的体验方式，切近儿童的喜好

周老师一直认为，小学语文课堂一定要快乐一些。怎么才能快乐一些？周老师一般会采用儿童喜好的方式进入文本。本篇散文教学，周老师让儿童立足于虫子的视角，去感受、理解文中"我"的所作所为。课的开始，老师带领儿童玩了一个角色置换的游戏：夏天的夜晚，月亮升起来了，田野里，草丛中，你们尽情地嬉戏着，突然，你们发现，有一个人静静地躺在那儿——于是，所有的在课堂上的儿童都变成了一只只虫子，在刘亮程身

上舒活筋骨。有的在他身上捉迷藏，躲入了他的口袋；有的在他身上蹦几下，看看他到底有没有睡着；有的化身小蜜蜂，在他的身上想找出一点蜜糖……文本世界在悄然之中变成了儿童世界，儿童的体验正慢慢接近虫子的生活。更为巧妙的是，周老师还设置了一个可以调动所有"虫子"积极性的话题："你们这样放松、自由，是觉得这个人特别喜欢你们吗？"这样一个问题无疑是石投静湖，课堂上所有的"小虫子"都在努力地为自己的受宠寻找证据。周老师是巧妙的，他最终将儿童的视角引向了作者暗藏在语言背后的那颗热爱虫子的心，"小虫子""小肚子""小生命""小疙瘩""小家伙"等，这一个个"小"字都透露出作者的情感密码。儿童世界在悄然之中又变成了文本世界。真的很神奇，在这样一种无声的角色体验中，儿童已经在文本之中走了一个来回。周老师将这样一种体验方式贯穿教学的始终，打造了一个完整的情境体验。就连教学的最后，周老师还是让儿童以虫子的身份，对刘亮程说两三句话。儿童在这一环节中说出了"虫子们在作者身上的生活情节"，讲出了"虫子们对作者的情感"。为什么会这样？主要是周老师这样一种体验方式消弭了"人"与"虫"这两个世界的隔阂。

三、巧妙设置讨论话题，切近儿童的天性

儿童的天性是好问的，遇到他们所感兴趣的话题，即使问上十万个为什么都不嫌为过。但是，教师在课堂上的问题却不能机械地"千万次地问"，那样只会让儿童丧失了阅读的好胃口。周老师是巧

妙的，在这篇散文的教学中，他设置的问题并不多，但是，每一处都显得举重若轻。而这一处处问题又正好切中了儿童的心痒处。比如说，周老师在教学中，让学生们猜测在刘亮程的新版书中，作者对"那些形态各异的卑小动物"这句话删去了哪个字？觉得删得是否有道理？这个问题很新奇，也很有趣。新奇在平时的课堂中一般不会问到这么宏大的问题，作家是怎么修改自己的作品的，这件事用得着我们学生来管吗？这个问题也很有趣，作者会删去哪个字呢？确实有些嚼头，值得细细品味，谁猜到了就意味着和作家一样了。周老师的这个问题看似是不经意间提出的，但实际上却牵涉儿童对文本的真正理解。课堂上，儿童的理解走向了多元。有的认为作者将"卑"字删去了，因为"卑"代表着卑微、卑贱，如果作者的作品中还使用这样的文字，说明作者对虫子并没有真正的认同。有的认为不应该将"卑"字删去，因为所有的生命在自然面前都是一样的卑下、卑微，要好好珍惜。儿童的揣测其实也就是作者在删改文字时的思虑。无形之中，读者世界与作者世界实现了联通。

试想，假如这篇散文的教学让儿童单纯地从"人"的视角去解读，儿童凭借已有的阅读经验可能也会得出：面对虫子要宽容，要奉献，要热爱大自然等。这样的理解当然也不错，但是这样的理解是一种消极的解读，一种概念化的认知。儿童并没有获得真切、鲜活的"与虫共眠"的体验。周益民老师一直认为文本的理解一定要建立在"具象化"的基础上，因为儿童还处于形象化思维为主的阶段。所以，周老师在课堂上始终坚持以切近儿童的方式行走。笔者以为，周老师这样一种从儿童的视角出发的教学是与周老师对自己的定位有关的。正因为他的课堂从儿童出发,才体现了"真性情、真感受、真思考、真表达"。

瞿卫华
江苏省南通市通州区实验小学

12. 用语言唤醒与创造

---------《写出一个独特的"我"》教学记录---------

教学年级 / 五年级
教学时间 / 50 分钟
执教日期 / 2016 年 4 月

师：（出示作家曹文轩的照片）同学们认识这位作家吗？他写过《草房子》《青铜葵花》《山羊不吃天堂草》等很多作品。

生：我看过他的书，他是曹文轩。

师：对，作家曹文轩。前不久，曹文轩获得了国际安徒生奖，这是一件让人兴奋的事，我看到很多媒体进行了报道。尽管这么多人写曹文轩，但给我印象最深的，仍是几年前看到的一篇文章，题目叫《大话曹文轩》，作者是幻想小说作家彭懿。想听吗？

生：很想听。

师：那我就来读其中的两个片段。

片段一

文轩只会唱"文化大革命"时期的那些声嘶力竭的歌曲。

我是有幸在现场亲耳聆听过的,是清唱,刚一开始我还以为是什么人打起架来了,再一看,是文轩在怒发冲冠。唱到脖子粗脸红动情的时候,文轩还会辅以动作:一手握拳在前,两腿原地踏步。我跟你说,你笑都笑不出来!因为一秒钟之前,这位北大教授还在侃侃而谈儿童文学,一秒钟之后他已经在众人面前声嘶力竭了。

片段二

去年在天津,我,还有梅子涵等几个人走在一条黑暗的马路上。当然还有文轩了。走着走着,文轩就不见了,说是腰病复发去买药了。

十几分钟过去了,有人追上来气喘吁吁地说:"出事了!"文轩砸药店了?我还在迟疑的工夫,梅子涵已经一个恶虎调头在往回跑了:"走,我们去把文轩救回来!"路上的行人纷纷避让,一个小女孩吓得哭了起来,以为来了一群劫匪。当我们这伙子绿林好汉"呼啦啦"破门而入时,却发现文轩腼腆地站在柜台外面,脸红红地对里头的一个女人说:"我没给。"那女人嗓门特大:"你给了我!"文轩又说:"我没给。"那女人又大声喊道:"你给了我!"

看那样子，他们会站在那里一辈子重复下去。

梅子涵实在是看不下去了："什么我没给你给了我的，一个男的和一个女的推来推去像什么样子哦！"后来我们才知道，文轩买完药给过一百元钱了，可是取过药要走的时候，他已经忘记付过钱了，又拿出一百元钱递了过去。于是，那女的就说："你给了我！"文轩就说："我没给。"

生：我觉得曹文轩实在太好玩了。

师：哪儿好玩？你印象最深的是什么？

生：唱歌好玩，唱到脸红脖子粗，还两腿原地踏步。

生：买药的时候也好玩，很腼腆的，脸红红的。

生：我觉得应该是写得非常生动，很幽默。

生：这篇文章把曹文轩唱歌时的动作描写得十分生动。

师：把动作写得生动，也就是说注重了细节描写。这样的细节在两个片段里有好几处。确实，写文章要具体，要注意细节描写。如果一篇文章无细节、不具体，这篇文章将会是怎样的命运？

生：文章枯燥乏味不生动。

生：这样的文章我们不爱看。

师：如果你是老师呢？

生：我会给他差评。

生：我不会给他差评的，我会给他一点建议，写文章要有细节描写，要写具体。

生：我是老师的话，我会给他动个手术，就是把一些不具体的地方添一下，没有细节的地方加上去。

师：哦，作文美容。看来作文无细节、不具体，真的不行。我还给大家带来一段文字，仍是写人的，印在一本书的前勒口上。（出示文字）

齐邦媛。

一九二四年生，辽宁铁岭人。

武汉大学外文系毕业，一九四七年到中国台湾，一九八八年从台湾大学外文系教授任内退休，受聘为台大荣誉教授。

曾任美国圣玛丽学院、旧金山加州大学访问教授，德国柏林自由大学客座教授。教学、著作，论述严谨；编选、翻译与文学评论多种，引介西方文学到中国台湾，将台湾代表性文学作品英译推介至西方世界。

师：同刚才的《大话曹文轩》比较，这段文字具体吗？有细节吗？（学生纷纷摇头）这是怎么回事呢？

生：我觉得这里没有细节是比较正常的，因为这是一段人物简介。

师：你刚才的回答里有两个字特别重要。

生：简介。

师：人物简介，"简"就是——

生：简单。

生：简短。

生：简明。

生：简洁。

生：简要。

师：简单，简短，简明，简要。无细节，不具体，这是一般作文的缺点，却恰恰是人物简介的——（生：优点）和特点。

师：这样的简介，一般都是本人拟定的。我也查了网上关于齐邦媛的简介，发现在她自己拟的文字最后又被人加了四个字：卓有贡献。齐邦媛在国内外享有崇高的声誉，自己为什么不用这样的字眼呢？

生：她是个十分谦虚的人。

生：她如果自己这么说，给人感觉有点骄傲。

师：是的，齐邦媛为人谦逊。有人说，文品往往能看出人品。这就是大家，真正的大家。（显示封面）这本书叫《巨流河》，对同学们而言，还偏深些，建议到中学后再看，现在可以推荐给爸爸妈妈读。作者齐邦媛是我现在任职学校的校友，

我们为此感到非常自豪。下面再请看一则简介。

（出示，教师与一名学生合作对读。）

我是一个很矛盾的人。有时觉得自己很会写小说，有时又觉得自己很不会写；有时觉得自己很有幽默感，有时

发觉自己哪里有什么幽默感；有时觉得自己很年轻，有时觉得自己明明已经老了；有时认为自己到年纪很老的时候仍旧可以写出很好的作品来，有时觉得自己可能明天就再也写不了东西了；有时觉得自己真是读了不少的书，有时觉得自己怎么读的书那么少；有时觉得自己蛮富有的，有时觉得自己真贫穷；有时觉得自己心胸很开阔，有时发现其实特别狭隘；有时觉得自己真是酷得人人都爱，有时发现除了我自己爱自己，还有谁喜欢我……

这很多的矛盾没有摧毁我，而是推动着我，使我知道努力学习，努力提高，努力改变，努力地过完一天又一天。

师：这个人给你什么印象？
生：这个人矛盾的地方比较多，一会儿这样，一会儿那样。
生：他可能是有些时候认为自己很好，有些时候认为自己不好。
师：从这个矛盾当中你又看出什么？
生：这个人懂得反思自己。
生：他善于表达自己的内心。
生：他对自己认识得很深刻，善于表达。
生：从最后一段可以看出他很努力上进。
生：我觉得他会思考问题，换一个角度看自己的问题，他说很多矛盾没有摧毁他，他没有想矛盾对他造成的一些伤害，而是反过来想矛盾在提醒着他什么。

师：大家说了这么多，我还觉得这个人很率真，很真实地告诉大家他的内心想法。（学生连连点头）他是谁呢？他写过《女儿的故事》，写过《戴小桥和他的哥们儿》，对，他是作家梅子涵。同齐邦媛的简介比较，你觉得这则简介有什么特点？你更喜欢哪种方式？

生：这个简介抓住了一个词来介绍自己，就是矛盾，很集中，很幽默。

师：那我们把这种表达方式叫作"矛盾式"，可以吗？（板书：矛盾式）梅子涵用这种独特的方式写出了自己的独特。

生：我认为第一种更好。第一种用简练的语言写出了一个人的特点。

生：我还是认为第二种好。第二种读起来轻松、风趣，让人很爱读。

师：看来同学们各有所好。其实，这两种表达方式是两种风格，风格没有好坏之分，看场合。第一种表达方式比较庄重、严肃；第二种表达方式轻松、幽默、活泼。庄重型往往有一定的格式，而轻松型则要看各人的创意。这样的创意简介，常常体现出一个人的个性、喜好，表现出一个独特的"我"。今天，我给大家准备了一组创意简介。请小组四位同学一起阅读讨论。（出示要求）

1. 请1号同学组织阅读后的讨论。

2. 推举一名同学将本组所拟"特色简介名"写到黑板上。

3. 推举一名同学代表本小组发言。

[教师分发阅读材料。材料共六则，分为三组，每个小组拿到

的是其中的两则。材料下面有思考讨论题：（1）第____个简介给我们留下的印象较深。我们觉得作者是个这样的人：_____。（2）我们认为这个简介最有特色的是_____。我们将这种特色命名为_____。]

（学生阅读材料后，各小组自行讨论，并推举代表将所拟"特色简介名"写在黑板上。）

一、孙卫卫

1975年生于陕西周至。1998年南京大学中文系毕业。

喜欢买书，喜欢读书，喜欢写作，喜欢上网，喜欢逛文具店，喜欢干净整洁，喜欢江南，喜欢大海，喜欢慢慢地长大，喜欢说没事没事，喜欢说谢谢谢谢。

出过一些书，还要写很多的书，希望一本比一本好。

生：第一个简介给我们留下的印象较深，我们觉得作者是个热爱生活的人。他有很多的喜欢，这么多喜欢组合在一块，看出他是一个热爱生活的人。

生：我们认为这个简介最有特色的是作者用简单明了的语言描绘出了自己的内心世界。

师：简单明了的语言有很多种，这个简介里，什么字眼总是在你的眼前？

生：一连串的喜欢，我们组命名为"喜欢式"。

生：我们组给它命名的是"故意啰唆式"。

二、林世仁

人儿高,影儿瘦,写书不怕眉儿皱。

最爱清闲时候,三两好友,随处乱走。

年岁不小,心儿不老,犹爱青春好。

偶尔写诗,长忆往事,长似少年时。

心闲散,手脚慢,爱听唱片,爱爬小山;也爱人间,也羡神仙。

爱读书,爱写书,出过几本书。

希望春常在,人不老,写到老。

生:第二个简介给我们留下的印象较深。我们觉得这是一个充满童心、很风趣幽默的人。我们认为这个简介最有特色的地方是押韵,读起来很轻松。我们将这种特色命名为"押韵式"。

师:发言人表达得真流畅。看林世仁的这则简介,他都介绍了自己哪些方面?

生:"人儿高,影儿瘦",介绍了他的身材,还写到性格特点。

生:我们组的命名是"小诗式"。

三、彭懿

他在自己的名片上印着这样两行字:

一个命中注定的旅人。

一个徘徊在人、妖之间的幻想小说作家。

他是一位幻想小说家,他写幽灵,写妖孽,写大树成精,写那些在现实世界中从未发生过的凄美而又耸人听闻的故事。

他是一位狂热的摄影师,当他在幻想世界里陷得太深的时候,他就会背着沉重的背囊,一个人上路去浪迹天涯。他去过许多地方,写过许多本美丽、弥漫着一种幻想、诡异而又无比浪漫的摄影旅行笔记。

他现在任职于浙江师范大学儿童文化研究院。

四、孙幼军

照片上这个人,叫孙幼军。从小学起,同学们就叫他"孙猴子",一直叫到从北京大学中文系毕业。据说,主要不是因为姓孙,而是由于这人"猴了吧唧"。幸好他后来写了一本叫《小布头奇遇记》的童话书,小朋友和一些大朋友开始喊他"小布头",渐渐地把"孙猴子"忘了。现在,由于这本书,他的外号儿又变成"怪老头儿"了。"怪老头儿"就"怪老头儿"吧,反正比"孙猴子"好听!

五、汪曾祺

我事写作,原因无它:从小到大,数学不佳。

考入大学，成天泡茶。读中文系，看书很杂。
偶写诗文，幸蒙刊发。百无一用，乃成作家。
弄笔半纪，今已华发。成就甚少，无可矜夸。
有何思想？实近儒家。人道其理，抒情其华。
有何风格？兼容并纳。不今不古，文俗则雅。
与人无争，性情通达。如此而已，实在无啥。

六、常立

从前，有一个男孩，叫常立。十八岁时去了北京，学习计算机。四年后去了上海，学习文学。2004年，来到浙江师范大学，学习当老师。2007年，遇见了儿子，学习当爸爸。2009年，遇见了魔法师，学习写童话。业余和儿子一起学习如何发明时光机、不老药，还有如何把倒霉、烦人、一点都不好的一天变成快乐的一天。

（后续几则具体讨论略，学生的命名有神秘式、外号式、爆料式、顺口溜式、自嘲式、故事式、列年代式等。）

师：从这些简介可以看出，简介既可以面面俱到，也可以放大其中一点，使用第一、第三人称都可以。通过这样很有特色的表达，就把特点介绍出来了。作家们在写这样的简介时，心里想的是：我的特点是什么？我要通过什么特别的方式呈现出来？各位同学，下面请默思一分钟："我"的特点是什么？外貌、性格、爱好如何？哪种方式最适合介绍"我"？除了上面这些，你完全可以创造自己的方式。（显示课题：写出一个独特的"我"）

（学生思考一分钟，教师要求学生开始写作，两百字左右，时间八分钟。写后学生交流。）

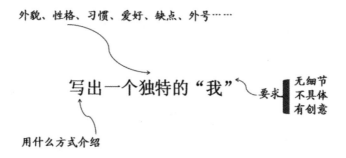

生：眼睛不大，眉毛上扬，身材中等，不瘦不胖。爱穿黑衣，爱披头发，喜欢耍酷，其实不酷。一杯午茶，满足生活，爱打电玩，爱看游戏。视力不佳，但还继续。成绩中等，数学除外，美术音乐，样样都行。广交朋友，表达善意，老人小孩，都需关心。

师：写得漂亮，模仿的是汪曾祺先生的简介。有两个建议：一是既然视力不佳，要控制打电玩；二是最后，"老人小孩，都需关心"，这是你自己的简介，要从你的角度出发，可以把"需"改成——

生：改成"愿"。

生：我，一个十一岁的男孩，被班上的人称为"孙猴子"。当然，我不是因为"猴了吧唧"，而是因为沾了一点孙大圣的光。我十分喜欢读书，可是"读书破万卷，下笔如有神"这句名言在我这里就是"下笔无有神"了。我还爱运动，但是不知怎的，肌肉都变成肥肉了,不管了,总比没肉强吧。

师:你多豁达啊,就是要有这种心态,爱生活,爱自己,爱这个世界。

生:2005年生于南京,2011年幼儿园毕业。喜欢搞笑,喜欢奔跑,喜欢读书,喜欢乱吵,喜欢陪父母逛超市,喜欢南京,喜欢快点长大,喜欢乱七八糟,喜欢自讨苦吃,喜欢没事找事。写过一些小作文,还要写更加好的作品。希望一天比一天更优秀,总是没事就跟朋友打打闹闹,使关系更上一层。总是忙中偷闲,尽力做一个好学生。

师:一个热爱生活,又有点顽皮的孩子。"喜欢乱吵"是否可以改成"喜欢热闹"?(生点头)

师:同学们可以利用时间进行一次交流,在文字里找找各自的特点。来而不往非礼也,我也得晒晒我的个人简介:一个资深宅男,一个外表冷静内心热情的人,一个追求真诚纯粹的人,一个把小学当作大学来读的人,一个长大的孩子,一个永远的文学儿童。(学生鼓掌)谢谢同学们,谢谢各位的掌声,今天我们上了一堂非常美好的课。

附学生创意简介:

她的字典里有一行字:穿上幻想的外套。

她喜欢让世界的每一个角落洒满跳跃的阳光,无论是被罚站还是恐怖的期末考试。

她幻想着不会做的数学题满天飞(就是别让老师逮住);教室里突然涌来一群鸽子(让课堂变得有趣);阳光

下开一场演唱会（让每个人的心变得开朗）……她希望世界充满欢笑。

她是一个有趣的问题小孩，经常幻想着去金色的麦田画几幅自己喜欢的画。

她总爱奇思妙想，接着实现它，然后接二连三地闯祸。她有时自言自语："是不是应该放弃幻想。"回答是："她想被幻想的外套裹住。"

——董垠彤

照片上的小屁孩，叫林子如。从幼儿园起，大家都叫她"包子"。那是因为以前的她特别胖。这样的型号一直持续到小学三年级。后来她参加了区运动比赛，获得了好成绩，同学们开始叫她"运动健将"。现在，因为她常与班里的"暴力女"混在一起，也干过不少苦活，同学们又开始叫她"女汉子"。呵呵，这是在夸她吗？

——林子如

人儿瘦，影儿矮，写作当成挡路虎。
最爱宁静时，坐在屋里，自己读书。
年岁不大，心儿总慌，犹爱童年好。
不会写诗，长忆往事，少年忧虑多。
心闲散，手脚慢，爱读书，却厌写作。

12. 用语言唤醒与创造

爱绘国画，爱爬名山，也爱人间，也羡神仙。

——邵宇凯

郭昊妍，俗称锅耗盐，意为这个锅非常消耗盐。

有时一个"啰唆的老太婆"，有时一个"文静的小朋友"，有时一个"爆发的小宇宙"，有时一个"伤感的黑妇人"……多面性在她身上反反复复地出现，不知道的以为她精神分裂，知道的只是觉得她太啰唆。

有人说我很文静，错！如果我很文静，世界上就没有活泼的人。有人说我废话连篇，错！我只是不太会用语言合理表达。总之，如果你让她概述一件事儿，没准会说得天花乱坠；如果给十个字评价：条理不清晰，逻辑混乱中。如果她说话很欠揍，就让天来收拾她吧！

虽然缺点众多，却希望得几知心好友。缺点改了不少了，加油吧！

——郭昊妍

"随遇而安"是她最爱的成语，"随便"是她面对选择的反应，"还行"是她对一件事的评价。这促成了她"中立"的态度，也促成了随性的性格。但随性不是随意，她所追求的是"随遇而安"。

一个爱幻想的人，当别人与同学玩耍的时候，她就把心思放在书和动漫上。看动漫爱的都是反派，虽然少了些与同学的交往，但却通过它们接触到了想象的天空。

梦想是不当一个空想家。

——黄晞辰

全身上下两个字，"没肉"，皮包骨。你不用可怜他，因为他觉得挺好。浑身都是病，他也无所谓。下课像疯子，满操场到处跑。

成绩真一般。尤其是奥数，每天晚上被"河东狮吼"。自己也想好，没办法，加入补习党，每天从东跑到西，真恨没长八条腿、八只手。放学回家成老爷，一捧瓜子一口茶。老爸回来成孙子，点头哈腰。晚上成了夜猫子，白天成了大熊猫。哎！

——韩卓辰

我是一个"前不巴村，后不着店"的人。比起作家，我少了一点幽默感。比起数学家，我少了些脑细胞。比起雄辩家，我少了些啰哩啰唆。比起公司白领，我少了些沉默寡言。比起领导阶级，我缺了心眼。比起工人阶级，我没有力量。性格方面，比老实人少了些耐心。比唯恐天下不乱之人，我缺了些放肆。比工作狂清闲，比自在人繁忙。在逗趣的人面前，我挺没趣；在无聊的人面前，我还蛮有意思。

没有文化的人满肚墨水，丢了乡下人的自在悠闲……

也许，我仅仅适合做我自己吧。

——华之超

我叫丁冠文，丁冠文的丁、丁冠文的冠、丁冠文的文。龙的传人，华夏儿女，女娲的后代，祖国的花朵，共产主义的接班人，马克思主义的继承者，祖国未来的栋梁。

喜欢努力。努力睡觉，努力玩耍，努力吃零食，努力看电视，努力默默读书，努力锻炼长高，努力放放松松学，努力大大方方说，努力开开心心玩耍，努力吃喝玩乐齐全。

等努力完了，我就"长大"了。

——丁冠文

生于金陵，求学于此。喜文，好史，自小与书结伴。对古之事情有独钟。究历代内政外战，抒己见，实为些许谬论。饶是如此，尤徘徊于古典，时不忘写作。

今年至二六，有幸结交几位同窗好友，激再执笔于文大志。虽无何成就，仍执着。遇面生之人，常不言，喜默，守"万言不当一默"之训。居于钟山多年，实神清气爽，书读来便别有一番情趣与意味。

——宋旭烨

要说我这人，特点其实没啥。偏要说有，腿粗头大。

喜欢语文，喜欢数学，喜欢英语，但考得不太好。喜欢写作，因为肚子里有点墨水儿，想写好，写不好时硬说写得好也够不上。爱看书，爱看电视，爱唱歌曲，也爱画画。

想学李白，秀口一吐，便是半个盛唐；想学爱因斯坦，脑筋一转，就蹦出啥相对论；想学牛顿，苹果一砸，便想出什么是地心引力。

成绩嘛，一般般，名列前茅不现实，拖班级后腿也算不上，就是个中不溜的胖妞。

————黄梓靖

生性淡然。不喜欢快生活，不喜欢吵闹，不喜欢疯玩，不喜欢打架，不喜欢漫无目的；不喜欢早起，不喜欢长大，不喜欢空虚，不喜欢走太多的路；不喜欢高处，不喜欢人多，不喜欢严肃，不喜欢挤公交；不喜欢考试，不喜欢奥数，不喜欢责备，不喜欢唠叨，不喜欢没书看；不喜欢水产，不喜欢柳絮，不喜欢凌乱，不喜欢房间里没有植物；不喜欢没有小米用。

2005年2月22日星期二出生，当时发出两声响亮的啼哭。

————王贺之

在知识学习中生成创意写作

——评周益民《写出一个独特的"我"》一课

《义务教育语文课程标准（2022年版）》创造性地提出了"文学阅读与创意表达"任务群，开展创意表达教学。这里的"创意表达"包括具有创造性的口头表达与书面表达，所谓"创造性的书面表达"指的就是创意写作。创意写作是运用语言文字或多媒体技术进行的创造性写作的统称，它既包含虚构类创作(主要指文学写作)，也包括非虚构类写作(如应用写作、技术性写作和多媒体写作等)。小学创意写作具有创意优先、注重实践、综合融通、强化交际四大基本特征，主要包括儿童诗、童话、寓言、观察游记、个人成长故事、想象作文以及实用类创意表达，如创意广告、社团招聘、启事、社团活动海报、个人简介等类型。周益民先生的《写出一个独特的"我"》一课的教学，尽管早在2016年4月就已诞生，但对2022年的新课标中实用类创意表达中的"个人简介"写作指导，仍有诸多启发。

一、创意教学重视知识学习

王荣生先生曾发文指出中国大陆几乎没有写作教学,如果有,那也只能说是阅读教学的附庸。其原因在于写作教学缺乏写作课程内容,没有规定必学的写作知识,表现在课堂上就是简单的审题指导—范文学习—自由写作—教师批改—课堂讲评这一单向的写作指导流程。而且很多老师也认为不需要学什么写作知识,只需要多读多写就可以了。

事实证明,一门课程是否有存在的价值,是否值得学生学习,和该门课程是否有合宜的课程内容密切相关。正因为如此,21世纪的语文课程改革中,以王荣生团队为核心,发起了语文课程内容重建运动。《普通高中语文课程标准(2017年版)》和《义务教育语文课程标准(2022年版)》也先后以"语文学习任务群"为名称,突出课程内容。这对于写作课程的发展,显然是个很大的进步。

当然,作为语文学习任务群,其中的语文课程知识尚显抽象而不具体,操作起来还有一定困难。

以此背景观照周先生的《写出一个独特的"我"》的教学价值,很容易发现该课的贡献之大——对当今课标所倡导的实用类创意表达教学,可供借鉴的地方多多。

在该课中,周先生十分重视对写作知识学习的引导。一是将写作知识的学习指导贯穿始终。周先生从引导学生认识散文注重细节描写起手,使学生通过比较发现个人简介的基本特点,接着发现自我简介与别人介绍的区别,再到认识自我简介的两种风格、六种形式,写作知识学习可谓层层深入,具体明了。二是重在程序性写作知识的学习。在教学中，周先生不是将精力放在陈述性知识的学习上，去引导学生学习什么是散文、什么是个人简介、什么是自我简介等知识，而是将重点放在个人简介写作规则的学习上，如个人简介的特点、个人简介根据不同的需要采用不同的表现手段。这些程序性知识的学习有助于学生根据相关规则自主操作。

正是因为这样，在周先生的写作课上，学生有了可学的知识，有了实实在在的收获，进而证实了写作课程应有课程内容，应着重突出程序性写作知识。

二、写作知识突出随境学习

如何学习写作知识？是抽象地学习一堆写作规则，还是引导学生在语境中学习？不同的老师可能有不同的做法。不过现代知识观表明，写作知识的学习应放在语境中学，这样效果更好。

首先，知识产生于特定的环境。"任何一项知识都产生在一定的环境之中，都带着知识产生时候那个具体的生活场景、问题情境、思想语境"（韩雪屏语），在知识呈现时要提供与之相应的情景语境或虚拟语境，因而语文教学要利用各种学习环境。

其次，语文学习是在各种环境中进行的。语文学习不仅要学习语言规律，而且要从范例中学习成功的"动态言语经验"，而动态的言语经验是"以适应题旨情境为第一义"（陈望道语）的，具有突现语旨、适应语境、符合语体等特点。因而语文教学要利用或创设各种学习环境，引导学生在社会实践中使用语文。

再次，知识学习具有情境性特点。由于"任何知识、任一学习者，都是存在于一定的时间、空间、价值体系、语言符号等社会文化环境之中"（韩雪屏语），因而语文知识的学习需要提供或创设与该语文知识运用相一致的情景语境、社会文化语境以及虚拟语境，让学生感受到语文知识的学习是解决特定语境中相关问题的需要。基于此，在语文学习中，语文知识的学习也就不必过分系统化，而应努力做到随文学习，根据理解课文的需要，在具体的上下文语境和特定的情景语境中学习。

显然，周先生的写作知识指导充分体现出"境中学"的特点。

其一，提供了显性的文本语境。周先生紧密结合相关短文，让学生从相关短文中总结相关做法与要求。周先生先请学生阅读作家彭懿《大话曹文轩》中的两个片段，谈感受印象，了解写人散文在细节描写上的要求，思考讨论这篇写人散文有无细节描写的表达效果，认识写人散文细节描写的价值。然后，让学生比较《大话曹文轩》和印在一本书的前勒口上的人物简介，认识人物简介的特点：简单、简短、简明、简要、无细节、不具体。周先生上网查阅齐邦媛的简介，发现在她自己拟的文字最后被别人加了四个字：卓有贡献。他鼓励学生思考齐邦媛在国内外享有崇高的声誉，自己为什么不用这样的字眼呢？进而引导学生发现自我简介和别人介绍的区别，了解人物简介与写人散文的区别。接着，师生合作对读作家梅子涵写的自我简介，让学生谈谈对该则简介的印象，发现梅子涵率真的性格特点。再与齐邦媛的简介作比较，又鼓励学生思考这则简介有何特点，说说更喜欢哪种方式。周先生告诉学生："这两种表达方式是两种风格，风格没有好坏之分，看场合。第一种表达方式比较庄重、严肃；第二种表达方式轻松、幽默、活泼。庄重型往往有一定的格式，而轻松型则要看各人的创意。这样的创意简介，常常体现出一个人的个性、喜好，表现出一个独特的'我'。"认识简介有不同风格，引出话题，周先生再分发阅读材料。材料共六则，分为三组，每小组拿到的是其中的两则。材料下面有思考讨论题：（1）第＿＿＿个简介给我们留下的印象较深。我们觉得作者是个这样的人：＿＿＿＿＿＿＿。（2）我们认为这个简介最有特色的是＿＿＿＿＿＿。我们将这种特色命名为＿＿＿＿＿＿。学生合作讨论几则创意简介，拟出"特色简介名"。如结合孙卫卫的简介，看出作者是一个热爱生活的人。这则简介的特色是作者用简单明了的语言描绘出了他自己的内心世界。因为写了一连串的喜欢，故命名为"喜欢式"或"故意啰唆式"。结合林世仁的简介，认识到作者是一个充满童心、风趣幽默的人，写了自己的身材和性格特点，最有特色的是押韵，故命名为"押韵式"或"小诗式"。结合彭懿、孙幼军、汪曾祺、常立等简介的特点，可命名为神秘式、外号式、爆料式、顺口溜式、自嘲式、故事式、列年代式等，使学生明确：简介既可以面面俱到，也可以放大其中一点，使用第一、第三人称都可以。通过阅读这些自我简介，学生基本掌握了有创意的自我简介需要抓住自己的特点，可以运用适宜的语言风格来表现。这里周先生结合一系列文本语境，让抽象的写作知识有了具体依托；而且一系列文本的呈现，也为学生提供了操作范型，减轻了学生学写作的负担。

其二，周先生还为学生写作提供了一个隐性的虚拟语境——为自己的作品集编写一则个性化作者简介。这一虚拟语境隐含着特定的写作目的——吸引读者关注，特定的读者对象——达观风趣的读者群体，文体样式——自我简介，特定的交际话题——个性化的作者本人状况，等等。这一语境就将掌握个人简介写作知识变成学生学会写作的真实需要，从而容易调动学生写作的积极性。

三、知识运用重在读写迁移

学习写作知识的目的是为了"用"，所学的知识要好用、适用，便于迁移。在该课中，周先生立足学生主体，引导学生在迁移运用中掌握写作知识，在运用写作知识中生成创新。

周先生充分发挥学生好奇的天性，通过呈现富有创意的自我简介，激活学生的探索热情，引导学生思考、讨论，自主总结出自我简介写作的技能要点，如要写出自我特点，可以运用适宜的语言风格，可以运用不同的人称，等等。在此基础上，引导学生思考自己的特点和最适合介绍自己的方式，当堂为自己写出一则自我简介——写出一个独特的"我"，现场确证了这些写作知识的价值。接着又选择三到四位同学写的创意简介，根据创意性、简洁性、人物个性等评价标准开展课堂交流、评价，实现教、学、评一体化。最后教师现身说法，晒出自己的个人简介，言传身教，行为世范，恰到好处地说明了所学的写作知识确实有用。

四、巧借创意资源学知识

周先生写作知识的教学之所以非常成功，还得力于他善于挖掘和利用教学资源。周先生独具慧眼，颇具创意地整合自己所积累的个人简介，逐步引导学生通过阅读总结如何学会写作创意性自我简介。

周先生娴熟地运用读写结合法和比较法，充分发挥创意资源的价值，让学生在比较中悟得写作知识。如比较彭懿《大话曹文轩》中有无细节描写对写人散文的价值；比较彭懿《大话曹文轩》与齐邦媛的个人简介，认识人物简介的特点；比较发现齐邦媛的自我简介和别人介绍的区别，了解齐邦媛的谦虚品格；比较齐邦媛和梅子涵的自我简介，发现两者的不同风格；比较孙卫卫、林世仁、彭懿、孙幼军、汪曾祺和常立等人简介的人物特点以及不同的语言风格与写作人称。这样，通过一系列比较，从而轻松掌握创意性自我简介的写作技巧。

此外，该课例还预见性地反映出语文学习任务群的综合性、实践性和情境性特点，将任务、活动、情境和谐地统一于一体，收到了事半功倍之效。周先生立足文本情境和写作个人简介虚拟情境，通过了解写人散文和人物简介的区别、认识简介不同风格、合作讨论一组创意简介、为自己写一则自我简介四大系列任务和一系列读写讨论活动，让学生了解写作知识，学会运用写作知识，为实用类创意写作提供了经典范例。

孔凡成 / 教授
淮阴师范学院文学院

13. 望见"月亮里的中国"

---------- 《望月》教学设计 ----------

教学年级 / 五年级
教学时间 / 45 分钟
执教日期 / 2015 年 5 月

一、"望月"

最近,我们学习了三篇与月亮有关的课文——《二泉映月》《月光启蒙》《望月》,还阅读了文化小说《两根弦的小提琴》和诗集《跟在李白身后》。今天,我们继续"望月"。

同是"望月",感觉并不相同。我们试着通过朗读表现这些不同的感觉。

(出示三篇课文中的相关语段与词串,学生诵读。)

二泉映月

1. 月亮似水,静影沉璧,但阿炳再也看不见了。

2. 起初,琴声委婉连绵,有如山泉从幽谷中蜿蜒而来,缓缓流淌。这似乎是阿炳在赞叹惠山二泉的优美景色,在怀念对他恩重如山的师父,在思索自己走过的人生道路。随着旋律的升腾跌宕,步步高昂,乐曲进入了高潮。它以势不可当的力量,表达出对命运的抗争,抒发了对美好未来的无限向往。月光照水,水波映月,乐曲久久地在二泉池畔回响,舒缓而又起伏,恬静而又激荡。阿炳用这动人心弦的琴声告诉人们,他爱那支撑他度过苦难一生的音乐,他爱那美丽富饶的家乡,他爱那惠山的清泉,他爱那照耀清泉的月光……

3. 月光如银、月光似水、静影沉璧、月光照水、水波映月。

月光启蒙

1. 童年的夏夜永远是美妙的。暑热散去了,星星出齐了,月亮升起来了,柔和的月色立即洒满了我们的篱笆小院。

2. 此时明月已至中天,母亲沉浸在如水的月色里,像一尊玉石雕像。

望 月

月亮出来了,安详地吐洒着它的清辉。月光洒落在长江里,江面被照亮了,流动的江水中,有千点万点晶莹闪烁的光斑在跳动。江两岸,芦荡、树林和山峰的黑色剪影,在江天交界处隐隐约约地伸展着,起伏着。月光为它们镀上了一层银色的花边……

小外甥调皮而富于幻想,在他眼里,月亮就是眼睛,就是天的眼睛。这个夜晚,他幻想的翅膀又飞起来了,小外甥在——"望月"。

在诗人孙友田心中,月亮就是母亲,看到月亮,就会想起童年的美好时光。夏天的夜晚,恬静,清凉,那声音,只有诗人自己听得到,只有月亮听得到。诗人在——"望月"。

阿炳也深爱着月亮。中秋夜,阿炳来到二泉。上天残酷地夺走了他的视力,却也打开了他心灵的眼睛。他心潮澎湃,想起了自己的师父,心中满是怀念,他在——"望月"。他向往着未来,他要同命运抗争,他要激奋地倾诉,倔强地呐喊,阿炳在——"望月"。

同一个月亮,同一片月色,却表达着不一样的感觉,这是为什么?

(月亮充满了灵性。"月亮代表我的心。"一切景语皆情语。)

二、景语与情语

《二泉映月》已成为中华民族音乐的典范,阿炳的故事打动了无数人,被改编成各种艺术形式,有电影、芭蕾舞、越剧,等等。今天,我们一起来欣赏锡剧中的两个片段。请大家关注这两个片段中"月亮"这一景语的运用。

播放片段。请学生说说两处背景道具的变化以及如此设计的原因。

(一处是童年阿炳无忧无虑的生活,作为背景的是一轮满月;另一处是成年阿炳不幸的生活,至失明,作为背景的月亮越来越细,最终消失。)

我们回到课文中,一起再次回味那些景语、那些情语。

(学生诵读《二泉映月》第4、5自然段,《月光启蒙》第1、6自然段,《望月》第2、13自然段。)

这些文字借月寄情,寓情于景,值得我们品味、研究。选择一个内容,小组讨论。

(1)微研究:三段文字对月亮的描写各有不同,但也有相似处。找到相似处,简单说说这样表达带给我们的感受。

(2)微创作:结合三篇课文内容,以"假如没有了月亮(光)"为题,写一首小诗。

猜测,下面的描写背后,寄托着怎样的情感。

(1)疲倦的月亮躲进了云层,夜空中,只留下几颗星星。

(2)月亮红着脸,羞答答地钻进树叶里藏了起来。

(3)月光惨淡,影族那广阔的地盘里,不时闪现几双绿莹莹的眼睛。

(讨论至最后,告知大家第三句摘自本班王心阳同学的一篇想象性作文。)

三、"中国的月亮"

中国人自古就对月亮情有独钟，我们来看看古人对月亮的称呼：银钩、玉钩、玉弓、弓月、金轮、玉盘、玉镜、素娥银兔、蟾宫、桂月、桂宫、广寒、婵娟、冰镜、夜光。

月亮带着中国人特有的审美方式，这是独有的"中国的月亮"。

下面是我国一名青年音乐家的演奏专辑，名为《中国的月亮》。大家看看专辑中的曲名：

1.《春江花月夜》

2.《三潭印月》

3.《灯月交辉》

4.《月夜》

5.《月儿高》

6.《平湖秋月》

7.《跳月》

8.《彩云追月》

9.《汉宫秋月》

10.《二泉映月》

我们从《月光启蒙》和《望月》中一起来寻找"中国的月亮"。

学生欣赏两篇课文中与月亮有关的民歌和古诗。

播放歌曲《中国的月亮》片段,诵读歌词。

哪里月不圆

何处月无光

我却深深地爱着你中国的月亮

你传说美丽的嫦娥

你讲述勤劳的吴刚

你那母亲的微笑

洒给炎黄儿女多少慈祥

啊 月亮 中国的月亮

啊 月亮 自己的月亮

自古月是故乡明

你深深的爱

你甜甜的情

总珍藏在我心上

四、月亮是诗

在中国人心中,月亮已经成了挂在空中的一首诗。请选择一个你认为最有诗意的动词填空:(　　)月。

(课上学生提出的有:望月、揽月、吟月、听月、绣月、追月、盼月、咏月、拜月、探月、捞月、托月、拍月、抱月、种月……)

附学生课堂微创作的小诗:

假如没有了月亮
/ 王贺之 /

假如没有了月亮,
阿炳的二胡
便没有了韵味,
童年最美的记忆将不复存在;
天空中那颗美丽的眼睛
也不会睁开。

假如没有了月亮
/ 宋旭烨 /

假如没有了月亮,
那是多么昏沉的景象,

万物皆是无措彷徨。
天的眼睛，你在哪里？
故国之月，不堪回首！

假如没有了月亮，
那是多么心痛的景象，
游子不再望月思乡，
明月之圆，何时共有？
酒后之月，胜似青天！

教育家的教学设计
——周益民《望月》教学设计评析兼谈其"诗化语文"探索

江苏是出教育家的地方。民国时期和中华人民共和国成立之后,在这片土地上涌现了俞子夷、吴研因、沈百英、斯霞、李吉林、于永正等一大批从事小学语文教育和研究的教育家。周益民则是新时期的教育家。以"教育家"称呼他,是期许,更是基于实情的判断。我和他第一次见面是2012年10月27日"亲近母语"在青岛主办的有关儿童文学教育的论坛上,此前我们已有交往。在那次论坛上,我们一同作为嘉宾被邀请,我讲清末民国时期儿童文学教育的发展历程和当代价值,他执教《九色鹿》。在互动环节,徐冬梅女士问:"种子教师如何成为未来的教育家?"我在回答时强调:"未来的教育家可能就坐在台下!"当时益民坐在前排。如果说当时的判断还是凭直觉的话,那么现在重提则是在这几年不断阅读他的著作、与他交往渐深后的认识。

一

我想从教育家与教育学家、教书匠的区别来谈谈我这个认识。教育家与教育学家的区别表现在两方面：一是知与行。孔子的《论语》和陶行知的论著也许不如其他教育学家的论著全面、系统、深入，不过我们称孔子为"伟大的教育家"、称陶行知为"人民教育家"而不是"教育学家"，是因为教育学家重知而教育家重行。教育学是一门应用性学科，所以研究时应脱离书斋玄想而躬行求知，如参与教育法律法规的研制、编写各种教材、进行教改实验、设计课堂教学等，这样可能求到的是真知，对教育的发展也许更有益。二是思想与理论。思想可以只有观点、命题而没有全面、严密的论证过程，而理论则相反。例如孔子提出的"因材施教""学而时习之"等话语、陶行知的"千教万教，教人求真；千学万学，学做真人""捧着一颗心来，不带半根草去"之类的格言，多不是教育学的术语，也没有论证其科学性与合理性，但这是他们多年实践和思考的结晶。这种简约而温情的表述更容易被接受，传播的范围会更广阔，产生的效果也更大。

教育家与教书匠的不同也表现在两方面：一是个人与他者。教育家提出的观点与设计的教学，多是"自我"多年深入思考、反复实验的结果，具有鲜明体验的色彩。教书匠呈现出"他者"的特征，观点与设计多来自他人的论著，只是觉得这个观点新颖而去借鉴、设计精巧而去仿效。二是艺术与技法。之所以教育家的言行呈现出个人风格，是因为他将教育（教学）当成艺术，而教书匠则将其当成技术。艺术的形成与技术的掌握相同之处在于都会反复实践，不同之处在于前者是在研究并遵循教育规律的基础上进行教育实践，而且是一种创造性的实践，而后者因为多重视技巧，又少个人心得，而在实践中呈现出盲目性、随意性的特征。教育家的教育如庖丁解牛，因其"所好者道也（科学规律），进乎技矣（模式、方法）……依乎天理（结构）……因其固然（结构）……"最后达到"恢恢乎其于游刃必有余地矣（艺术风格）"的境界。

正因为如此，教育学家和教书匠满街皆是，教育家则属凤毛麟角。

我曾请益民概述自己的教学及学术研究经历、成果，概括一些主要的看法，提炼一些精彩的说法，因为我想教育家除了具备上述与教育学家、教书匠不同的特征之外，还应该有一种从实践中生发出来的核心主张或理念（当然同时具有极强的包容性），然后一以贯之，在实践中逐步拓展、细化、深化。我知道早在2002年时他就提过"诗化语文"的命题。但是，益民认为"教育家"的头衔会让他不安，他也不愿提"诗化语文"这个名称。他说："'诗化语文'的提法缘于2002年。学校嘱我申报南通市'十五'规划增补课题，于是整理了自己对语文的一点想法，受'诗化哲学'启发，提出了这一命题。那时小语界尚无人提'某某语文'，现已成时尚，故我不再提。请您也勿在文中提此说法。""我现在自己很少提'诗化语文'，觉得宣传这种命名的意义不大。"我想他之所以不愿再提，一是为了避嫌。这几年语文界城头变幻大王旗似的一下子冒出几十种"某某语文"。好比在语文这座大厦的外墙上反复涂刷各种材料，只是在不停地变换着光鲜的外表，又好比是不停地摘下又换上门楣的匾额，只是换了店名。这让人想起"劣币驱逐良币"的定律：当低于法定重量或成色的金属货币进入流通领域之后，人们倾向于将足值货币收藏起来。最终，良币被驱逐，市场上流通的就只剩下劣币了。其实，现在学界不是没有珍品，只是几乎被湮没了。所以，我觉得有必要在这里重提他的"诗化语文"。二是防止误解。他在给我的回信中强调："在'诗化语文'的思考实践过程中，我一直提醒自己：诗化语文，不是指语文教学的艺术化表现，不是指语文教学课堂用语的优美化追求，也不是指语文教学理念的诗性表述；诗化语文，并非在'语文'前加上所谓修饰语，将语文窄化；更非作茧自缚，或为树旗立派。"也就是说，其实他一直在践行自己"诗化语文"的理念，但是不太愿意再用"诗化语文"这个名称：一方面，会让人以为"诗化语文"会像高校学者们提出的某些概念那样移植并阐释中外有关"诗教"的抽象理论，或者像中小学老师提出的某些主张那样追求教学的艺术化、课堂语言的优美化以及理念表述的诗意化等形式方面的东西；另一方面，让人以为"诗化语文"与其他"某某语文"一样因为追求标新立异而使语文窄化、僵化。确实，教育家不必刻意打出某种标志性的旗号，但是一定要有一以贯之的理念，又不排斥异己，不故步自封，一切以探求真理为务。

"诗化语文"是什么？益民在《诗化语文：与儿童共同寻找语言家园》（以下简称《诗化语文》）中写道：在多年的教学实践和广泛阅读的基础上认识到，儿童性即诗性，儿童不用概念、判断与推理，而是如诗人一般（我认为正确的表达应该是"诗人如儿童一般"）充满旺盛的想象力，具有诚挚的情感，怀着艺术化的生活态度。汉语即诗性语言，汉语非"法制"语言，词汇上的多义性、模糊性，语法上的灵活性、随意性，语音上的因声调、节奏变化而带来的音乐性等特点，虽然无助于逻辑性的表述和科学性的思维，但恰恰有利于形象性的表述和艺术性的思维。当"诗性儿童"与"诗性汉语"相遇时，儿童与汉语之间也呈现出一种诗性关系："一个精神的寓所向着他们敞开，语言成了他们的存在家园。于此，儿童通过语言跟世界缔结一种和谐、完满的关系，这样语言就不仅是一种信号，更成为一种象征。儿童与语言的这种关系就是一种诗性关系。"语文教育的最终目的就是通过汉语的学习让儿童过上一种"文学生活"："引领儿童诗意地栖居大地，倾听她的无声言说，沐浴她的恩典，滋养一颗纯净丰饶的心。"他通过对儿童、汉语以及语文教育的本质的探求，从而得出语文教育应该"诗化语文"即"与儿童共同寻找语言家园"的核心理念。这就是上文所说的"学""道"。如果在"学""技"的层面体现这个"学""道"，就要在课程建设方面以文学的阅读（尤其是整本书阅读）为阅读课程的核心，在教学方法方面让孩子学会运用诵读、聆听、表演等方法，要让课堂流动着"孩子气"，飘散着"文学味"，生长着"冥思力"！虽然益民此后很少提"诗化语文"这个名称，但正是在这篇《诗化语文》中所确立的理念的基础上，他进行了多项专题教改实验。作为儿童阅读推广人，他在多地上展示观摩课，编写了多种阅读教材和课外读物，发表了大量的论文和课例，出版了《做个书生教师》《回到话语之乡》《儿童的阅读与为了儿童的阅读》《周益民讲语文》《步入诗意的丛林》等语文教育论著和教学案例集，对"诗化语文"进行了拓展、细化和深化。

二

再看教育家与教育学家、教书匠教学设计的不同。教学设计是教师依据一定的教育思想和教学原理，针对具体的教学材料和教学对象，对整个教学（确定教学目标、选择教学内容、安排教学环节、运用教学方法、检测教学效果等）所进行的系统规划过程。俞子夷在《教学法的科学观和艺术观》中说："教学法是艺术。教员是和学生共同活动的，是领导学生生长发展的，所以教员的活动比戏剧家、文学家、美术家等什么都困难，都复杂……他一方面要尽情表现，他一方面又不能不把学生当中心……教学法又是科学。教员的活动，比工程师、医生、矿物师等什么都困难，都复杂……教员更当懂得心的科学……我们教学生，若没有科学的依据，好比盲人骑马，实在危险。但是只知道科学的依据而没有艺术的手腕处理一切，却不能对付千态万状、千变万化的学生。所以教学法一方面要把科学作基础，一方面又不能不用艺术做方术。教学法是一种学，也是一种术。"那什么是学，什么又是术呢？梁启超说："学也者，观察事物而发明其真理者也；术也者，取其发明之真理而致诸用者也。"比如以石投水则沉，投以木则浮。通过对这种现象的观察，得出水有浮力的结论，这是物理学；将浮力定律运用到船舶驾驶上，就是航海术；研究人体之组织结构，辨别各器官的功能，这是生理学；将所得生理知识运用到疾病治疗中，就是医术。"科学也者，以研索事物原因结果之关系为职志者也，事物之是非良否非所问；彼其所务者，则就一结果以探索其所由来，就一原因以推断其所究极而已。术则反是。"总而言之，"学者术之体，术者学之用。二者如辅车相依而不可离。学而不足以应用于术者，无益之学也；术而不以科学上之真理为基础者，欺世误人之术也"（《学与术》）。可见，"学"是前提，"术"是结果；"学"较抽象，"术"较具体；"学"多存在论著中（理论、知），"术"多体现在实践中（方法、行）。就教学设计来说，应该是科学与艺术、学与术的融合，教什么（教学目标与内容）与怎么教（教学过程与方法）多属"术"的范畴，而为什么教这些与为什么这样教则属于"学"的范畴。

　　面对教学设计，教育家与教育学家、教书匠在思想上可能同样会有上述认识，但他们的设计路径是不同的。教育学家（包括高校从事语文课程与教学论研究的学者）会从理论出发，把理论运用到实践中，采用的是自上而下的路径，虽然有高度，很像样，但是所设计的方案给人的感觉很"隔"，就像一些新诗研究者写的诗一样。教书匠耽于经验，其所设计的方案因缺乏理论的追求而显得"平"，或因多出于模仿而流于"巧"。教育家的教学设计兼取二者之长而去其短：自下而上与自上而下反复推究，追求道与技的交融无碍，理论深度与个人巧思的完美统一。用益民自己的话来说，这种教学设计会呈现出一种"无法预约的精彩"。《人民教育》编辑部在刊发其《无法预约的精彩》（2004年第1期）一文时通过按语的形式点出其"精彩"的秘妙——"思想的深度"和"教学技巧的娴熟"。下面，我想从他早年提出、一直践行的"诗化语文"思想入手来分析其在《望月》教学中的精彩呈现。他在《诗化语文》中说："从课程与教学论的意义上，诗化语文主张语文课程与教学的概念重建，提倡文学生活是语文课程的核心，儿童是课程开发者，语文学习的过程是儿童体验、想象、创造的过程，是'诗化'的过程。"《望月》的教学设计正是为了达到这个目的。为此，他从让儿童体验文本的诗性与表达自己的诗性两方面来设计。

先说让儿童体验文本的诗性。月亮是有诗意的物象。诗评家谢冕先生说："多情善感的中国人'发明'了诗意的月亮。"(《月光光，照厅堂》，载《文汇报》2016年9月14日)《二泉映月》《月光启蒙》和《望月》三篇课文的作者及其文中的诗人、作曲家们是通过文字和声音把月亮的诗意表达了出来，其中的秘密有两个，益民也是抓住这两个传达诗意的方式来组织教学，让学生体验文本的诗性：一是移情。把个人的情感寄寓在对月亮的描述中，即"一切景语皆情语也"。二是用典（互文）。月亮是古诗文中特有的文学（文化）意象，在创作时引入反映历代文人和读者共同心理体验的有关月亮的别称、诗句，必然能引发读者（孩子）曾经的阅读体验，在想象和联想中感受到其中的诗意。为了让孩子体验月亮的诗意以及作者表现诗意的方法，益民一开始让孩子诵读富有诗意的语段。诵读时，孩子不仅脑海中会不断浮现语段中叙写的画面，而且能通过声音的高低快慢停连把自己的体验表达出来；再通过听音乐片段、读课文选段，体验其中的情感，真正做到入乎其内。同时，出乎其外，不时地点出"一切景语皆情语"，就是提醒学生鉴赏诗歌时可以此为抓手。然后，通过了解中国古人对月亮的称呼，听《中国的月亮》中的名曲，欣赏课文中与月亮有关的民歌和古诗，让孩子感受汉语语境中的月亮及有关月亮的文本所体现出的特殊的诗意。益民的诸多教学设计有个共同的特点，就是让师生在传统文化的长河中游弋，什么诗词啊、谜语啊、歇后语啊、民间故事啊，簇拥而至,课堂如同一场文化(语词)的盛宴。

再看让儿童表达自己的诗性。目前所呈现的是教学设计,不是教学视频和文字实录,所以我们不能完全感受到孩子所表达的自己的诗性,但是在充满诗意的文本诵读中,在回答老师的问题与表述自己的体验时,肯定会表现得淋漓尽致。其中结合三篇课文的内容以"假如没有了月亮(光)"为题写一首小诗的微创作,设置"月亮是诗"的情境让学生用最有诗意的动词在"月"字前填空,就是直接让儿童表达自己的诗性。经过他的设计和实施,小学五年级的孩子竟然能当堂写出挺有诗意的小诗!

总之,就像他在《诗化语文》中说的,在这样的课堂上,"儿童沉浸在语言编织的世界,像把玩魔术一般在语言所展示的瑰丽神秘里嬉戏、流连,体验着精神的狂欢,语言把儿童的虚构与真实、生活与幻想交融在了一起"。

我曾请人审读我写的这篇评析文字,她建议把标题改为"教育家式的教学设计",我还是坚持不改。虽然从教育家这点来看,与前辈们相比,他还需要在理论与实践方面继续努力,如提炼自己的理论、参与课标研制、编写成套的教材、领导大规模的教育改革,等等,但是单从教学设计这个角度来看,前辈们可能并不比他做得更好。我希望以后能够看到更多的"教育家的教学设计"。多次观摩过益民课堂教学的林志芳博士说他是"诗性教师":"益民深具诗人气质,他的课堂里永远具备'陌生化'的诗意,且简洁、纯粹。"我也希望以后能有更多的机会去感受体现了他"诗化语文"理念的课堂教学。

今天是中秋节,借为益民评析《望月》设计的机会,我得以欣赏三篇充满诗意的有关月亮的美文，研读了他有关诗化语文的论述，欣赏了他充满诗性的教学设计。说实话，以前每到中秋我首先想到的诗歌是李白的《静夜思》、文章是苏轼的《记承天寺夜游》，而以后的中秋我肯定会想起课文《二泉映月》，想起童谣《月光光》，这应该归功于汉语的精深和益民设计的精湛！

张心科 / 教育学博士
华东师范大学教授、博士生导师

附 录

朋友周益民

益民兄又出新书了,《故事、儿童和作家的秘密——走近儿童阅读》。这是一本儿童文学作家访谈录,访问了28位作家,我有幸忝列其中。最早访问时间是2004年秋天,也是我们认识的时间。

那是在中国现代文学馆,中国作家协会与江苏省委宣传部、江苏省作家协会共同举办"未成年人思想道德建设文学在线系列活动"启动仪式,之后召开江苏儿童文学获奖作家作品研讨会。在京的重要儿童文学作家都出席了,我是作为报社记者参加。印象中益民兄有一个很好的发言,他还带了一名学生,学生也发了言。给我印象深刻的是,他和他的学生都说到黄蓓佳,学生说蓓佳阿姨什么什么的,那个会上第一次推出黄蓓佳的《中国童话》一书。

记不得是在会议间隙，还是临走的时候，我们互相打了招呼，我给了他名片。两个月后，收到他寄来的《读书郎》报纸，是他主办的。他那时候还在江苏海门实验学校小学部教书，那么年轻，已经是特级教师。我上中学的时候，我们学校只有一两位特级教师，所以，特级教师在我眼里很神圣，我对益民兄也是充满着敬意，一直称他周老师。他后来在邮件里说，以后是否可以不要称呼"周老师"了，我才改称益民兄。

《读书郎》阅读小报，有一个栏目是《阳光书吧》，是对作家、评论家的访谈。益民兄要访问我，让我受宠若惊。在我之前，他已经先后访问过金曾豪、秦文君、程玮等著名作家。对程玮的访谈可谓有历史意义，是程玮定居德国后首次在国内接受采访。我后来才知道，程玮是益民兄少年时代的偶像，他一直在追踪她。他提的问题都很专业，像答考卷一样，我一字一句认真琢磨，不敢因为它是学校自己办的小报而有丝毫的敷衍和马虎。

后来，我们的联系逐渐多起来。

他在班上组织读书会，读我的书，并发动学生写读后感，一些文章后来编入《上读书课啦——班级读书会案例精选》。

他把我的书列为推荐目录，被各个学校引用。书不出了，这个目录还在广泛流传，以致盗版书大行其道。

他把我介绍给出版社编辑,希望编辑约我的稿子。

他经常给我推荐一些好文章。

我也时不时麻烦他:

他去台湾访问,我让他帮我买一本台版的《麦田里的守望者》,他回来后,寄给我的是《麦田捕手》,原来台湾翻译的是这个名字。我要给他钱,他也推辞不要。

我面临职业选择,给他发去邮件,希望能听听他的意见。

一些我认为比较重要的文章,也会先让他看,请他提意见,他认为可以了,我才有信心寄出。整理完《推开儿童文学之门》的书稿,我立即发给他看,虽然出版社早已答应出版。

连给孩子起名这样的事,我都想到让他帮着把把关。

我的每一件事,他都认真答复。

工作调动的事,他虽然对我面临的两个单位的具体情况不甚了解,但是他说有个基本前提,就是对于自己今后发展的有利因素要分析好。他后来还帮我当面征求了一位老领导的意见。

对于我的书稿,他说:"坐下来,安安静静地读完了,尽管很多都是熟悉的,但熟悉的风景里自有新的味道。这本书是你走在儿童文学路上的印迹，于你，是个小结。于读者，也是个全面的了解。"

对于给孩子起名，他说："我则在一般的内涵外，关注平仄谐和。"在我提供的几个备选名字中，他一一作了解析。

但是，我们却很少见面。

我先前到南京曾联系过他两次，不巧他都在外地讲学。后来就不再先告诉他，而是在我走的时候才给他发个短信，怕打扰他。他来过北京多次，也往往是坐在了离京的火车或者到了机场，才短信告诉我已胜利吻别首都。有时候，我是看了媒体的报道才知道他刚刚在北京参加了某某活动。

2010年夏天的一个晚上，在北京，祁智先生请吃饭，并说要给我介绍一个人，他一再强调，你们一定会谈得来。到了吃饭的地方，推门进去，看到益民兄居然在，才知道祁智先生介绍的正是益民兄，真是意外之喜。祁智先生并不知道我和益民兄早就熟悉，他觉得我们两个挺像，尤其是气质，想利用这个机会让我俩认识。益民兄也是刚刚知道我要来，他说他接到祁智先生约请的时候，就想着是否提出邀请我一块参加。后来想我可能离得太远，没有提出。哪想到如此巧遇。这是我们时隔六年后的又一次见面。

第三次是在南京，我提前打了招呼，正好那段时间作家程玮回国,他约上程玮,约上作家韩青辰,还有南京师范大学教授谈凤霞女士,在一个咖啡厅见面。中午,我因为要赶着回母校和同学聚会,只好匆匆和他们告别。晚上,益民兄又专门送我一些书,我没在宾馆,他放在了前台。他后来说,那天是时间太短,若是下午,能充裕好多。这之后,我们再没有见面,但是,好像又觉得经常在一起。以前发邮件多些,现在常用微信,我有事就给他发去信息,他很快会回复,这和同住在一个城里似乎没什么区别。

我喜欢他印在一本书上的简介:

> 周益民,出生于江滨小城海门,工作在六朝古都南京,得到很多人的关心,也正把那关心接力。

我也喜欢《故事、儿童和作家的秘密——走近儿童阅读》这本书上的简介,其中写道:

> 如今,我的愿望是开一家小小的书屋。书屋最显眼的地方,摆放着我的学生们写的故事。在一个不起眼的角落,也放着我自己写的书。

是的，益民兄有一颗感恩的心，他总是把自己看得很小很小，把别人看得很重很重。他为人诚恳，做事认真，我从没听过有人说他的不是。我们交往以来，他就像一面镜子，照出了我的不足。虽然我不再称呼他为老师，但是，在心里，他一直是我的老师。我为有这样的良师益友感到高兴，我从心底里尊敬他，感谢他。

孙卫卫/儿童文学作家

童话阅读：体验、想象与思索
——兼谈周益民老师的童话阅读教学

童话是小学语文课程的优质资源，也是阅读教学的重难点。通过对周益民老师童话教学课例的集中分析，我们发现：童话阅读教学首先要关注学生在阅读中的体验，给予学生体验的多种可能，让他们感受阅读的乐趣与美好，引导学生对童话内蕴的情感进行品悟；其次，要推动学生在童话情境中想象，将文字的描述具象化，填补文本的空白进行再创作，进而把被动的接受性阅读变为主动探索和发现的建构过程；最后，在中高年级的童话阅读教学中，引发学生在意义的挖掘和再建中，在话题的讨论与思辨中，获得精神生命的成长。

一、关注阅读体验

（一）给予体验的多种可能

随着生活体验和阅读经验的积累增长，人们在不同阶段阅读同一部作品，理解与体会可能不尽相同，特别是对于那些意蕴丰厚、耐人寻味的作品。

譬如，被誉为"它有多浅，就有多深"的《去年的树》，那种"永远的失去"以及人生的困境，小学生可能无法准确言说，但并不代表他们没有相通的体验。只是这些情感和体验大多是隐约的、模糊的，但是在未来的某一刻，相关的阅读记忆将会被唤醒，进而获得真正的领悟。

周益民老师在执教《去年的树》时，结尾就有这样一段表述："听上去是不是好像有点似懂非懂？没有关系，有些东西是随着年龄的增长而有所体会的，这篇文章就是这样！以后的日子里，大家也试着想想，自己的身边有鸟儿和树吗？"

童话好似"明亮的、深邃的、美丽的水镜"，其中蕴蓄了人类的智慧，需要读者慢慢去体会，所以在"慢慢走啊，欣赏——"的路途上，给予孩子体验的多种可能，是很珍贵的。

（二）感受阅读的乐趣与美好

童话阅读的乐趣很多，比如满足心愿的乐趣、扮演角色的乐趣、经历奇异幻境的乐趣、发现的乐趣、想象的乐趣、游戏的乐趣、感受曲折故事情节的乐趣、获得悲喜交加情感共鸣的乐趣、冥思默想体悟诗意的乐趣，等等。让学生感受到童话阅读的乐趣与美好，是引领他们踏上阅读之旅的最佳方法。

在《老头子做事总不会错》的阅读教学中，周益民老师设定的教学目标除了丰富学生对安徒生童话的了解外，重点就是熟悉故事、感受乐趣；体会一种乐观、满足的生活态度，友善、信任的亲情关系以及另一种价值观。在《小王子》的读书课上，周益民老师也尽可能地让学生体验这篇童话中诗的味道与情的丰厚，引领他们将自己的生命体悟融入其中。于是，学生在童话阅读中看到的不仅仅是别人的故事，还有自己的镜像，乃至自己的生命。

周益民曾说："'诗化语文'的建设着眼于童年生态的呵护，力求在语言与儿童的存在家园之间构建一条有效通道，我称其为'回家之路'。"童话教学的意义，不仅仅在于教师教了一篇或数篇童话，而是在童话的阅读中，激发了学生的阅读兴趣，丰富了学生的阅读体验，并在他们的生命中撒播下文学的、诗意的、情感的种子。这是最重要，也是最美好的。

（三）品悟内蕴的情感

童话中常用的艺术表现手法之一是拟人，拟人体童话也占了童话的大部分。但是，不少人误以为小花小草、小猫小狗张口说了话，那就是童话。殊不知，这只关涉了童话的艺术表层，而忽略了童话中思想与情感的表达。

譬如，《去年的树》开篇就写道："一棵树和一只鸟儿是好朋友。"其中"一棵""一只"其实不只是简单的数量词，而是特指这一棵、这一只——这一对你唱我听、我唱你听的好朋友,他们一一对应、彼此唯一,文中三处用了"好朋友"的表述。作者不仅让它们像人一样对话,更赋予了它们最珍贵的人际关系——朋友。当我们理解了其中的情感表达,就不难体会故事中一方失去另一方之后的痛楚以及作者在有关"失去"的书写中深藏的那份对永恒和爱的渴望。周益民老师在执教《去年的树》一课时,把重点放在了体验情思与获得感动的层面,这是非常到位的。

在《小王子》的读书课上,周益民老师很注重学生的阅读感受:"请各位同学去选择你感受最深的一段读给大家听,同学之间可以是一样的,可以是重复的,关键是读你真的认为确实打动了你的句子。"当几位同学不约而同地喜欢狐狸说的那段话,特别是喜欢其中那句"麦子,黄澄澄的,会使我想起你。我会喜欢风吹麦田的声音……"时,周益民敏锐地捕捉到这个句段,启发同学读出狐狸无限向往的感觉:"注意省略号,看到这个省略号,你想想似乎看到狐狸怎样的一双眼睛。"让同学在读中悟情,以情读文,充分体会童话的诗意与情意。

情感是文学艺术的生命之所在,也是文学艺术的美学感染力所在。从某个层面来说,对于那些极富诗歌气质的童话作品而言,体验情思比抽取意义更为重要。

二、推动情境想象

（一）把文字的描述具象化

《儿童文学的乐趣》一书中指出："具象化是许多大人已经忘记的一个技巧。许多读者已经接受了这样的教导，太过注重把文本当作实际知识和抽象意义的资源，而忽略了文本引发视觉、嗅觉和听觉意象的潜质。这是一个遗憾，因为这些读者不仅感觉不到乐趣，也无法理解所读文本的丰富和精妙。"

在《去年的树》这篇童话里，鸟儿有三次问话，文中却没有细述鸟儿的神情语气，如惊异、疑惑、焦虑、期待、感伤抑或无奈；还有鸟儿的三次"飞去"，最后的"飞走了"，简约的文字里略去了很多细节，留下了很多有待读者想象的图景，如鸟儿飞翔的姿态、飞翔的速度及高度，还有细微至鸟儿翅膀挥动的力度、节奏。这些都可以引发读者在视觉、听觉层面的具象化，让鲜活的形象留存在读者的记忆中。

（二）填补文本的空白参与再创作

童话是充满了想象的非写实性文体，同时又是一个可以进一步激发想象的故事性文本。《去年的树》里有很多空白点，捕捉并填补这些空白点，既可以加深对作品的理解，又能激发儿童的想象力，这也正是童话教学的目标和重点。

周益民老师在执教《去年的树》时,抓住"想象心理""想象眼神"等关键部分,激发学生的探索发现与深度理解。

师:鸟儿苦苦找寻着好朋友树,一路打探树的行踪。一路上她的心头一定只默念着一句话,只有一个念头——(出示——选择下面的一组关联词语说说:不管……都……,哪怕……也……,只要……就……)

生:哪怕飞到天涯海角,我也要找到树。

生:不管遇到多少艰难险阻,我都要找到好朋友树,实现我的心愿。

生:只要有万分之一的希望,我就要找到树。

师:哪怕只有万分之一的希望,也要找到树。这就叫"忠贞"。鸟儿正是怀着这样的念头执着寻找着。

另一篇童话《皇帝的新装》,由于是以第三人称的视角、以旁观者的身份讲述故事的,没有直接告诉读者每个人物对事件的真实想法,人物的心理活动隐藏在动作言语之下，所以需要读者去揣摩和体会每个人物的性格和心理。周益民老师在执教这节课时，适时地通过情境设定、角色体验和视角转换，以"我"就是其中的某个人，从"我"的视角讲述"我"的内心想法，引领学生一步步走进文本深处，填补文本空白，建构更加清晰的人物群像。

师：这个"假"故事发生后，成了人们茶余饭后的谈料。人们遇到故事里的人也都免不了询问一番。你们想想，不同的人讲这个故事时，会不会讲得完全一样？

生：不会。他们会站在自己的立场上来讲这个故事。

师：是的，各人都有各人的角度，尽管是同一个故事，他们所讲的并不会完全一样。现在，你就是其中的一个人，皇帝、忠诚的老部长、骗子、小孩，选择其中有"你"的一个片段，从你的角度来讲讲这个故事。

（出示两点要求：用第一人称，说出当时人物内心的想法。先默读相应的内容，再练习讲述。）

推动学生进入情境展开想象，一方面引领学生深度理解作品,另一方面让学生借由填补空白积极参与这部作品的再创作。这使得阅读不再是单方面的被动接受,而变成了读者去探寻、去发现的一个主动建构的过程。

三、引发深层思索

就小学中高年级学生而言,对于那些意蕴丰厚的作品,教师不仅要引导学生在阅读中体验,还要在阅读中追问与思索。

(一)意义的开掘与再建

《皇帝的新装》是一个经典的、"老掉牙"的童话故事。学龄前后的学生听读时,获取的更多是好玩、有意思的感受。他们在形象化的思维中,常常会把故事的语言文字转化成他们可以感受的画面和声音。因此,那个光屁股皇帝在镜子前面扭来扭去的漫画式的场景,留给他们的印象最深。与此对应,纳入教学视野的,主要还是童话夸张的、具象化的情节或形象以及所有的奇思妙想。

但是,面对小学高年级的学生,我们就要思考如下问题:对于学生年幼时已经听读过的、熟悉的童话作品,是否有必要再读、再讲?如何在语文课堂上激发学生的再读兴趣以及从再读中获取新的意义？教师如何选择适宜的教学内容，又该怎么教？

以周益民老师执教《皇帝的新装》为例，他从学生已有的阅读经验入手，唤醒他们的记忆与体验，继而开启当下的深度探究。周老师引领学生不断地对故事情节、人物形象以及内在意蕴进行追问，譬如：说假话、办假事的不仅仅是那两个骗子，还有皇帝、老大臣、内臣、老百姓……为什么？为什么除了那两个骗子外，其他卷入这场骗局的人也不约而同、不由自主地充当起了骗子的帮凶？通过一系列直抵真相的追问，原本只觉好玩的童话故事，此时凸显出了其中的荒诞，而荒诞的背后又直指人性的弱点。这与低年级童话教学中浅近的阅读与初步的体验有很大不同。

（二）话题的讨论与思辨

阅读教学活动中，讨论不仅可以让发言人的思路逐渐变得清晰，也能激活参与讨论的其他人的思维，最后形成大家对整个话题的深入思考。对于小学高年级的学生来说，在阅读中学会质疑、判断、分析，进行新旧信息的重组、图式的再建，是重要的能力养成与能力体现。当然，它们往往是在跳出文本又回归文本的"讨论"中生成的。

对于叙事性的童话来说，"要建立一个人物的连贯性形象，读者需要注意文本中好几个方面的信息：

人物针对自己说了什么、暗示了什么，其他人物怎么说的，叙事者怎么说的，人物做了什么"（《儿童文学的乐趣》）。在执教《皇帝的新装》时，周益民老师不仅指导学生关注文本中人物的言行举止，还引领学生去挖掘文本表层没有显示的那些"潜台词"和意义，帮助他们更深入地理解文本，获取新的意义。

师：皇帝骄傲而又心虚地走完了游行大典，事后想想觉得窝囊透顶。回想整个事情的经过，皇帝决定追究责任，原本的"论功行赏"变成了"论罪行罚"。请你们分析，谁是第一责任人。

……

师：呵，对于这样的皇帝，你不用十分内疚。他竟然想用一件衣服来检测人的称职与聪明，太荒唐了。

师：皇帝也好，大臣甚至百姓也罢，你们是否发现了他们共同的地方？这样，我们回头再读读开始找到的写"假"的句段，体会体会。

……

师：是的，钱财、官职、荣誉，是这些利益诱惑着大人们不敢说出自己真实的想法。皇帝最终会判谁有罪我们不能肯定，但是有一点提请注意，最后皇帝为了自己的尊严竟然更加骄傲地继续游行，由此你有怎样的推测？

生：我想皇帝不会怪罪大臣们，那样的话就等于扇自己的嘴巴了。

生：我想皇帝会怪罪孩子。因为他揭穿了皇帝没穿衣服的事实，皇帝一定会觉得非常窝火。

师：你给他定个什么罪？

生：我觉得这个皇帝为了穿衣服不惜花掉所有的财产，他会胡搅蛮缠的，他肯定不知道定什么罪，只好定欺君犯上的罪。

……

学生们在角色体验与讨论中，开始了对他人和自我内心的审视。

周益民老师在执教《老头子做事总不会错》时，设计了如下板块：看看老头子做事、听听老头子心思、想想老两口默契、辨辨老太婆真假；和学生讨论了这样一些问题：你喜欢这个老头子吗？如果他是你爷爷，你同意他这么做吗？老头子的这些想法，都是从哪些角度来想的？老头子拎着一大堆烂苹果回家，老太婆会有什么表现？老头子临出门的时候，老太婆是怎么样的？老头子带着老太婆的什么走在了路上……通过对一个接一个问题的讨论，师生共同感受到了：

　　老头子带着老太婆的这些（吻、爱与信任）走在了路上。这条路好长哦，从年轻时走到今天。走到集市，再回来，而且还要一直走下去。老太婆就一直陪伴在老头子的心里。这是老两口共同走的一条路。

　　从单纯地听童话到主动地阅读童话，从感知童话到理解童话，从阅读童话到思索童话，学生获得的不仅仅是语言能力，还有感受力、想象力、思维力与生命力的发展。在童话阅读教学中，推动学生去体验、去想象、去思索，让他们充分感受童话对人类经验与情感的艺术表达，这样的做法亦与童话的精神品质相得益彰。

　　一次，在"书香温暖童年"的班级读书会上，周益民老师和学生共同阅读了金波先生的童话《乌丢丢的奇遇》。学生写下了这样的诗句，周老师用"阅读留痕"来表述，真是再合适不过。

　　喜欢在阳光下独自体会书里的美丽多姿
　　似乎有一种蕴含的美在其中翩翩起舞

喜欢把奇遇中的魅力、神秘、缤纷

都放飞在

已幻想好的画面

喜欢用心灵想象

书中的生命

去寻觅书中最温暖的家园

在您的童话里走了很久很久

我聆听

微风中的歌声

流水中的朗诵

也许

您是住在

充满幻想、童趣、诗意

里的一个人

——王思君

"咚咚咚，咚咚咚"

心在蹦跳，我们的心愿

踏上丝绸路

到哪去追寻

渴望灵魂更鲜活

去寻找那颗心

搜寻心在空中的位置

测量爱在森林的方向

刮风下雨

不能阻挡我们的步履

我们渴望心，我们拥抱心

我们的决心暗暗下定

在水里，在火里

我的决心不变不移

世界让我读懂生命

坚持到底，探寻不止

——顾淇瑞

　　学生用诗语表达了童话阅读触动心弦的感动，阳光、美、歌声和心的渴望，这些都将成为他们生命中的一部分。周益民老师说，他愿意做学生阅读之旅上那个虔诚的点灯人。我们也有理由相信，那些在路灯指引下的学生，将来或者现在已经成为另一个阅读与生命的点灯人。温暖而明亮的灯火，是童话阅读中最真最美的图景。

陈　莉 / 文学博士
北京教育学院

后 记

我对教育的理解与感情，最初是通过或别人或自己的一节节"课"建立的。

如今，我愈益强烈地认识到，一节课，丝丝缕缕布及着执教者的主张、理念、情怀，走近课，就是走近作为教师的那个人。

一

这个集子收录的，是我近年所上的一些课。现在，我很珍视这样的课。

这么说，自然有其原因。

刚参加工作那几年，课堂是我心中的至上，日思夜念磨砺教学的技艺。当时的校长是著名数学特级教师张兴华，他对教学甚是严苛，要求我们"把每一节随堂课当公开课上"，不许有丝毫懈怠。大至教学结构，小至教学语言，乃至课堂上的举手投足，我们都精雕细刻，反复琢磨。如今回想，这样的打磨让我受益良多。

有一天，这一切被打破了。"讲台没了，座位变了"，新课改开始了，课程的概念从未如此隆重地进入我们的视野。我察觉到原先精致课堂存在的控制过严的不足，同时领悟到，课堂教学并非语文课程的全部。在这种背景下，我的课堂开始发生变化，努力增加弹性因素，更重要的是，课堂的地位在我心中发生了反转。我觉得一名有思想、有理想的教师，应该致力于课程的建构，而不必过于看重一节节具体的课。说得直白一点，就是觉得所谓的课不能代表一名教师的水准。不管如何定位课的意义和价值，每天的课还是要认真上的。渐渐地，我发现，再前沿、再"先进"的理念，大多通过课堂才能得以真正落实；再前沿、再"先进"的理念，要真正落实到课堂，都须进行有效的转化和组织，即所谓"有思想的操作"和"有操作的思想"。不少时候，某些所谓的理念、主张说得天花乱坠，一旦走进课堂，最真实的一面便暴露无遗。我还发现，我与学生的交往，最经常、最普遍的是在每天的课堂上。这样看来，课堂虽非课程的全部，但至少在当下，仍是课程得以实施的主阵地，也因此，有学者呼吁，课改要从"改课"开始。至此，课堂重回我的视野。我甚而觉得，就像作家要有自己的代表作一样,每一名教师也都应该在学生的帮助、合作下,努力形成几节自己的代表课。

二

收录在这个集子里的,基本上是公开课。因是公开课,始得摄录保存,从而整理成文字。最后一节"望见'月亮里的中国'"不是正式意义的公开课,没有摄录,故以教学设计的形式呈现。

公开课,是一个颇具争议的话题。

我认为,任何事物的实际面目,都比抽象、概念的论述丰富得多,绝非简单的肯定或否定所能涵盖。

有人说公开课假,答案事先都告诉学生了,一遍遍排练,最后只是一场表演。

我说,内行看门道,那种排演过的公开课你不是一眼就洞穿了吗?这样的课堂占比到底有几成?我和我的朋友们面临的,常常是陌生的学校、陌生的学生,一般临上课才互相见到,哪来时间做假?

有人说,一节公开课,身边无数的"婆婆"管着,上课者早已失去了自我。

我说,这话固然不错,但换个角度,凭借这节课,我们听到了各种声音,大家真诚地帮助你,坦率地提醒你,让你兼听则明,这该是幸事!自然,起初，在各种声音的包围下，你或许会迷茫，会无从，最后的课简直是"四不像"。这又何妨？失去自我让人警醒，失去自我正是找到自我的必经之路。

有人说，公开课花费了太多的精力，不值得，应该把这些精力放在每日的随堂课上。

我说，两者不是矛盾的对立，而是一种促进。我们以公开课为抓手，集中研究一堂课，获得规律性认识，从而带动一类课的教学，这样的投入很有必要。尽管我这13节课没有一节经过所谓的"试教"，但是，我仍然肯定"试教"的意义，对于年轻教师，这种打磨很有必要。

有人说，有些人一课成名，凭着这课吃老本、走天下，公开课成了名利场。

我说，一课成名的现象固然存在，但是，在资讯发达的当下，欲以一课"走天下"，只怕是天方夜谭。看看时下"走天下"的那些名师，哪个不是"课多不压身"？

有人说，名师们所上的公开课离随堂课太远，基本没有40分钟就下课的。

我说，不是40分钟就下课，正体现了老师们对教学规律的尊重。平时，我们常会利用诸如晨读、自习等"小时间"检查下预习，布置个作业，等等。临时借班的公开课，师生需要稍稍熟悉，教学时双方需要不断磨合，教学内容需要相对完整，时间无法框定在 40 分钟，完全正常。

"我说"了这么多，貌似故意抬杠，实因看到太多对公开课的武断否定。公开课作为课堂的一种特殊形态，当然有其问题，我们需要明辨的是，其中哪些属于个别现象，哪些源于形态自身。我们需要做的是，扬其优势，避其弊端，而非横加指责、全盘否定。

再说回我的这些课。如果细心些，大家可能会发现，我所选用的教学材料大多是教材以外的。这是为什么呢？

大概在 2003 年以前，在我的认识里，语文课程基本等同于语文教科书，自然，所上的大量公开课也以教材课文为主。随着对语文课程认识的不断深入，视野的不断打开，我惊讶地发现了小学语文的博大，于此，公开课在我心中的价值定位悄然发生了变化。原先，多少有一点通过公开课表现、证明自己的念头，现在则想以之作为自己思考、探索的一块试验田，作为向同道汇报、交流的一个平台，甚至是向大众发出呼吁的一个窗口。

譬如《冰冻声音》一课，就是源于我对当下童话写作教学的反思。语文教材中有童话写作的安排，编者通过例文以及作为写作素材的图画，展示了一条"犯错误—被教训—获改正"的童话写作思路。另有一些老师认为，童话写作要解放儿童的天性，因而，想象可以漫无边际。我认为这两种观点都存在偏颇，童话应该是一种规则下的想象游戏，要遵从自身的荒诞逻辑，于是，产生了用课例来表明观点的冲动。

这个过程充满艰辛和挑战。没有现成的材料，全赖自己大量阅读，偶然相遇。没有丰富的参考，需要向书本、专家、网络多方求教。鲜少同行的实践参考，需要用心推敲，敢于尝试。当看到有人因为我的课开始打量民间文学的教育意义，当看到我编选的主题阅读材料被某些读本选用，当看到一些老师就我的课折射的观点进行思考和争辩时，我觉得这些课的价值已经超越了课本身。

三

回想这里的每一节课，似乎都有值得说道的小故事。有一回，在一个体育馆教学《诗中的声音》，我让学生闭眼聆听音乐，想象林中夏夜音乐会的情景。偌大的场馆内，回响着《苗岭的早晨》那清脆跳动的音符。音乐渐止，空中竟传来阵阵鸟鸣。我以为是幻觉，细听，竟真的是你呼我应、鸟声啁啾。这正是最为美好的诗歌和音乐！在场的人都被深深打动了。

《夸父逐日》一课，有个请学生用方言讲述的环节,这个设计传递着我对乡情文化的忧虑。教学现场的确反映出情况的不容乐观,大部分孩子已无法流畅地运用自己的方言。那回在广州上课,其他孩子沉默之际,有个孩子突然举手,问:可以用韩语讲述吗?这是个韩国孩子。随即,他流利地用韩语讲述了这个故事,台上台下一片赞叹。当然,韩语于他、同方言于我们的孩子不全相同,然而,他对母语的那份自豪打动了我。

仍是《夸父逐日》一课。在另一地上时,一小男生几度唱反调,一会儿说这些神话谁会信以为真,一会儿说越努力工资就越高,一会儿又说这些故事是哪个小坏蛋编的,都是为了提高收视率。终于,有个小女孩站起来说:"我觉得你已经不天真了!"这时,现场听课的老师不约而同地热烈鼓掌。说句实话,我也大大地松了一口气,在心里感谢那个小女孩"救"了我,但马上就觉得有点儿不对劲。课后互动交流时,我坦率地说,此处不该有掌声,小男孩只不过说出了自己真实的想法,哪怕这种想法是错误的,我们也应该肯定这种真实表达的行为。然而,刚才的掌声却对他造成了一种集体压迫。久之,我们的孩子就学会了察言观色,迎合奉承。现场马上有老师表示异议,认为小男孩不是真实的表达,而是另一种迎合。小男孩知道我们希望听到孩子说与众不同的话,知道怎么才能获得高关注度。

这时，梅子涵先生说，当我们不能确定孩子内心真实的想法时，我们应该怀着最大的善意来理解。

这一课早已结束，我却时常忆及。它提醒着我，教育是最为精妙的、与人的精神世界交往的工作，我们的学习与思考永远没有尽头。

四

要感谢的人很多，只提与这13节课直接相关的。

首先感谢与我合作的那些孩子，他们才是本书最主要的作者，他们在课堂上迸发的智慧火花一再让我惊叹。他们对于执教者的感情远甚于我对他们的付出。有一回在广州，刚上完课，孩子们就围了过来。带班老师告诉我，三年里，这是我第三次跟这个班合作上课。孩子们即将毕业，这是最后一次合作，大家希望跟我合影留个纪念。我十分惭愧，对这样的缘分竟然毫无察觉。

感谢我所合作班级的语文老师们。上完课，每当有孩子向我道谢时，我都会真诚地说，最要感谢的，是你们的老师。孩子们课堂上的表现，固然有现场调动的因素，但更多地倚赖原有积累，背后是老师们日复一日地默默耕作。

这些课的设计灵感，很多是在与我自己班级学生的日常教学交流中逐渐形成的,感谢他们。同时,感谢我的同事——这几年我所任教班级的班主任孙敏老师。她是一位优秀的数学教师,一直坚定不移地支持我在班级推行阅读。

这些课,尽管署着我这个执教者的名字,其实凝聚了众多老师、朋友的智慧。

感谢学校,对我教学上的任性总是无条件包容。事实上,我的这些课也正是学校"活力课堂"研究的产物。只要我在学校开课,戚韵东、胡志宏两位校长总会来到课堂,总会坦率地交换各自的看法。听完《九色鹿》一课,戚校长给我发了一条长长的短信,探讨如何进一步凸显"义"字。教学《童话庄子·独脚兽与百足虫》时,我心有畏难,尽管临时恶补,阅读了几本关于庄子的书,终究心虚。同事吴媚老师喜好古典文学,曾得名家指点,她细致地给我讲解老庄哲学的特点,分析教学所用文本的特质,帮助我很快确定了教学思路。

上文提及,《冰冻声音》一课反映了我对童话写作的认识。起了这个念头后,我想,应该请教一下真正的童话作家。我想到了昆明学院的余雷教授。听了我的设想,余教授十分赞同,并以自己的创作为例,为我讲述童话写作的思维过程。待教学方案确定,我又传给新锐童话作家汤汤审阅。汤汤说,这是懂得童话的人所上的课。二位童话作家的首肯给了我信心。

王小庆先生学问中西兼通,是我的文化辞典,我备课时有疑难常会求教于他。《诗和图画的婚礼》一课,我引用了英文图像诗《天鹅与影子》(*Swan and Shadow*),尽管教学时并不需要讲解意思,但小庆先生秉持教者应有文化大视野的初衷,坚持为我翻译了该诗。

周春梅老师任教于南师附中,视野宏阔,思想独立,著述丰富。她对我的选文和教学立意所发表的意见常令我豁然开朗。记得为了帮助我完善《一起看声音》的教学设计,她甚至找了学校的一位化学特级教师共同探讨。

感谢苏州大学陈国安先生。陈先生素以豪放旷达闻名于江湖,他曾戏称赵志祥、笔者、其本人、李庆明为江苏"精灵古怪"四仙,不才忝为"灵"。其实我哪"灵"啊,每每遇着困惑,只有死缠烂打跟陈先生们讨点灵气罢了。我准备《谐音》一课时,他就提醒我去翻翻冯梦龙编的《挂枝儿》和民歌,去阅读萧涤非的《汉魏六朝乐府文学史》中论谐音的专章。

感谢特级教师张学青,有时,我以为无论教学内容还是教学方案的设计已很周全,她总有火眼金睛,给出令人信服的建议。

还有虞淑娟女士,《南京社会科学》杂志文学与教育学资深编辑。有一回，她看了我备作候选的教学材料，一顿评论，让我既有的文学审美标准差点儿土崩瓦解。

感谢刘锡诚、陈家琪、金文伟三位学者对我执教《九色鹿》一课的指点。书中已有详述，不再重复。

感谢朱自强教授和李学斌博士。朱教授的儿童文学理论一直是我教学与思考的重要资源，多年来，他持续不断地鼓励并指导着我，在其所著《小学语文儿童文学教学法》一书中，数处就我的课例进行分析评论。李学斌博士将《诗中的声音》实录全文收入其主编的《儿童文学应用教程》。

尤要感谢几位前辈，他们总是对我满怀期待，热忱扶持。

成尚荣先生，我所迈出的每一步都投射着他关注的目光，那些宏观的引领和具体的点拨是我心中温暖的记忆。他在刊物上看到我的《冰冻声音》实录，第一时间发来了短信，这则信息我一直保存着："'啊'与'哦'有着内在的关联和张力，阐释了荒诞的合理和合理的荒诞，同儿童的生活联系起来，成了隐喻。你可以建构一个系列，写成关于童话创作的书。"

顾美云老师是江苏省首批特级教师，她甚至会注意到我发表在刊物上的短文。2015年5月，她带领一群青年教师来我校听课。于是，我的那节原本在教室里上的教研课（《望月》）被搬到了大教室。课毕，我自己并不满意，感到与预期有比较大的落差。未料，顾老师回无锡后没几天，就来信息索要教学设计，说要给青年教师们再仔细分析一下。我当然知道这并不意味着课的出色，但传递给我一个信息，这节课呈现的某些探索还是有点价值的。正是在顾老师的鞭策下，我将原先凌乱涂写在纸上的教学思路整理成了较为详尽的教学设计。

张光璎老师是北京市老一辈特级教师，已80多岁高龄，精神矍铄，思维敏捷。十多年来，我们成了忘年交。那次在北京，她听说我刚上了一节作文课《写出一个独特的"我"》，就拉着我的手，再三关照，一定要把整理后的实录传给她。我回来后并未遵嘱，一则事多，没有时间整理；二则想到张老师年事已高，不便多扰，同时想着时间一长，张老师兴许就忘了这事。孰料一个月后，张老师竟来信息催要。我忙回复说明情况，并表示歉意。如此每隔月余，张老师又催两三次，老人家是诚心要看呢。我整理传了过去，一周后，接到张老师电话，她足足跟我谈了40多分钟，并告诉说，她还把材料分发给有关年轻教师，要大家一起讨论。

这13节课中，周一贯先生听过其中的10节。课堂上，我偶尔瞥向听课席，总能看到老先生一头鹤发下深邃的眼神。每一次，他都给予热情的肯定和中肯的建议。他认为我在做一种很有意义的探索，鼓励我一定要坚持。听完《九色鹿》一课，他连连称赞课中闪现的文化色彩。我趁机请求他写个课堂评论。老人家一口应下，嘱把实录寄给他。过后冷静下来，想到周老年事已高，又不用电脑，全是手写、邮寄，作为晚辈，不该为一己虚荣去烦扰，便打消了这个念头。

于漪老师，一直是心中的景仰，她的情怀与思想影响了无数教师。在特级教师景洪春的牵线下，于老师竟然邀请我去上海的某个重要活动执教研究课。能够得到于老师的指点，真是喜从天降，但同时我也产生了很大的心理压力。2017年1月4日下午，在年近九旬的于老师面前，我抑制住紧张和不安，上完了《夸父逐日》一课。随后，于老师发表了热情洋溢的讲话，语调铿锵，期望殷殷。

感谢各位撰写评论的学者、老师。

这些评论，有的是现场即兴点评的记录（如成尚荣先生评《诗中的声音》，于漪先生评《夸父逐日》）；有的是活动主办方组织的书面评论（如谈永康先生评《谐音》，王中敏先生评《诗和图画的婚礼》）；有的是蒙评论者厚爱，听课后撰写相关论述用于报刊，被我觅得（如成尚荣先生、刘咏春老师评《声音的故事》，刘咏春老师评《童话庄子·独脚兽与百足虫》);也有的是我主动相邀,求赐忠言。不管哪种情况,我都希望评论的文字多一点客观的分析,帮助读者也帮助我借助一节具体的课去逼近教学的本质,而少一点直接的赞誉。但凡有让我耳热心跳的词句,我都请求删除或调换。不过,也有例外。整理这个集子时,经同事提醒,想起了《望月》一课。但我对此课并无把握,知张心科先生一贯耿直率真,便请他审阅。心科似乎认为还不错,建议收入。我得寸进尺,请求撰评。其时心科另有扰事,仍一口应下,不几日即传来文稿。他的分析鞭辟入里,然文题让我不安。心科坚持,那么,权作永不可及的高标吧。

感谢高晶、刘咏春、冯卫东、谈永康、宋飞、郭史光宏、季晟康、瞿卫华、刘璟等学者、老师的用心评论,阅读这些文字,让我深受启发。

实录的整理是件琐事,为减轻我的负担,高晶博士竟然连我教学所用文本都是对着录像一句句记录整理的。

整理《夸父逐日》实录时,后面所附的讲述文本,我当然直接贴上准备的文字稿。未料,宋飞老师与光盘对照,一一标出我现场讲述与准备稿之间的差异,并建议改用现场版。

感谢冷玉斌先生。我绞尽脑汁想过多个书名,均被编辑否定。山穷水尽,求助小冷。现书名即小冷所拟，编辑们一致通过。

感谢叶水涛先生。他的略带乡音的普通话于我格外亲切（我们是同乡），他的犀利话锋一直给我启迪。先生曾现场即兴点评过拙课，其精彩不缔一场见解迭出的学术报告。惜未能寻着录像资料，无法整理成文。蒙先生不弃，惠赠佳序，多有谬奖，不能至，向往之。

感谢作家孙卫卫和博士陈莉，两位不同文体的文字是给我的珍贵纪念。

最后，感谢"亲近母语"团队，多年来，我从"亲近母语"平台获得了太多的文化滋养。

周益民

2017 年 2 月于南京